나만의 GPTs 앱으로 생산성 10배 늘리기

나만의 GPTs 앱으로
생산성 10배 늘리기

초판 1쇄 발행 2024년 06월 03일

지은이 용혜림
발행인 한창훈
발행처 루비페이퍼

등록 2013년 11월 6일(제 385-2013-000053호)
주소 경기도 부천시 길주로 252 1804호
전화 032_322_6754   팩스 031_8039_4526
홈페이지 www.RubyPaper.co.kr
ISBN 979-11-93083-17-8

- 이 책은 저작권법에 따라 보호받는 저작물이므로 무단 전재와 무단 복제를 금하며,
  이 책 내용의 전부 또는 일부를 이용하려면 저작권자와 루비페이퍼의 서면 동의를 받아야 합니다.

- 책값은 뒤표지에 있습니다.

- 잘못된 책은 구입처에서 교환해 드리며, 관련 법령에 따라서 환불해 드립니다.
  단, 제품 훼손 시 환불이 불가능합니다.

나만의 GPTs 앱으로 생산성 10배 늘리기

10X AI Club 용혜림 지음

ChatGPT생성 AI로 만드는
14가지 업무 자동화와
검색 엔진 연동 애플리케이션

추천사

　이 책의 저자 용혜림 대표는 뉴욕대(NYU)에서 컴퓨터 사이언스를 전공했고 대학 때부터 두 개의 AI 스타트업을 시작한 재원이다. 특히 2023년 블록체인 해커톤 대회에서 GPT를 사용해서 만든 프로젝트로 우승할 정도로 실력을 겸비했음을 증명했다.

　현재 생성 AI 플랫폼은 기존의 정보를 제공했던 검색 플랫폼의 생태계를 바꾸어 버리고 있다. 그 결과 이제는 AI를 잘하는 사람 때문이 아니라 AI를 잘 쓰는 사람 때문에 일자리를 잃어버리는 시대가 왔다고 해도 과언이 아닐 정도이다.

　지금 수많은 생성 AI 플랫폼이 하루가 다르게 출시되고 있다. 그 기능 또한 한 사람 개인의 창의력을 이미 넘어서고 있다. 아니 이미 넘어섰다고 볼 수도 있다. 최근 발표된 동영상 생성 플랫폼인 OpenAI의 Sora가 그 한 예이다. 이제 몇 명의 창의적인 젊은이들이 모여 무한한 상상력을 바탕으로 영화 〈반지의 제왕〉 수준의 세계관과 스펙터클한 장면을 담은 영화도 만들 수 있게 되었다. 이제 그 누구보다 나의 목적과 업무에 맞는 생성 AI 플랫폼을 사용하여 원하는 결과물을 만들 수 있다. 어쩌면 이것이 이 시대의 경쟁력일지 모른다.

　이 책을 쓴 저자는 고등학교 시절 때부터 나와 멘토-멘티 관계를 유지해온 사이이다. 이런 그가 이제 AI 전문가가 되어 세상에 널리 알리는 역할을 해 얼마나 자랑스럽고 뿌듯한지 모른다. 용혜림 대표가 쓴 〈나만의 GPTs 앱으로 생산성 10배 높이기〉는 나의 경쟁력, 더 나아가서 기업의 경쟁력을 만드는 데 도움이 될 것으로 확신하기에 여러분에게 적극 추천한다.

이용덕(서강대학교 교수, 바로 AI 대표)

추천사

ChatGPT 출현은 청동기 시대를 넘어 철기 시대가 도래한 것 이상으로 가히 문명사적 사변이다. 그때의 변화는 지배층만의 관심사였지만 ChatGPT 출현은 온 인류의 모든 생활 방식을 급속하게 바꿀 것이다.

앞으로 인류 사회는 ChatGPT 출현 이전과 이후로 구분될 것이다. 산업혁명 이후 지속되어온 교육 제도가 혁명적으로 바뀔 것이다. 과거에는 오랫동안 지식을 습득하고 경험이 많은 어른이 스승이었다. 이제부터는 젊은 영재들이 스승이다. 이들이 빠른 속도로 ChatGPT 활용 기법을 개발하기 때문에 어른들은 젊은 스승들에게 배워야 한다. 또한 미래의 세상은 그들이 주도해 나갈 것이다. 잭 웰치 회장이 얘기했다. "미래를 정확히 예측하기는 신도 불가능하다. 변화에 빨리 익숙해지는 자가 승자가 될 것이다"라고.

용혜림 대표는 그런 점에서 이 시대를 앞서가는 ChatGPT의 선구자다. 이 책이 널리 보급돼서 모두 혜택을 누렸으면 좋겠다.

(수산그룹은 일주일에 이틀씩 전국 사업장을 방문해서 특강을 해주고 계신 큰 스승 용혜림 대표께 감사드린다.)

정석현(수산그룹 회장)

저자 서문

저는 ChatGPT가 세상에 공개되기 전까지, 이토록 빠른 속도로 기술이 발전할 줄 상상조차 하지 못했습니다. 하물며 OpenAI의 ChatGPT 업데이트 속도 때문에 이 책의 내용도 계속 업데이트해야만 했습니다. 2022년 11월, GPT가 처음 공개되었을 때 저는 대학교에서 이 기술을 처음 접했습니다. 처음에는 그저 별다른 생각 없이 받아들였지만, 점차 이 기술이 수학 문제를 스스로 해결하고, 니체 스타일로 철학 에세이를 쓰며, 오랜 시간 고민하던 코딩 문제를 여러 방법으로 해결해주는 모습을 보면서 경외감을 느끼기 시작했습니다. 교수님들 사이에서는 이미 ChatGPT가 학생들 사이에서 어느 정도 퍼져 있는지 알고 있었고, 에세이를 GPT로 작성할 경우 0점 처리하겠다는 엄격한 규정도 생겨났습니다. 그 이후 사람이 아닌 ChatGPT가 쓴 텍스트를 감별할 수 있는 프로그램도 등장하기 시작했죠.

그러던 중 2023년 4월, Langchain이라는 새로운 AI 프로그래밍 언어를 접하게 되었습니다. Langchain 언어의 개발 문서를 읽고 단 몇 시간 만에 스스로 생각하며 할 일 목록을 만들고 실행해가는 인공지능 에이전트를 개발할 수 있었습니다. 이를 트위터에 공유했더니 순식간에 바이럴이 되어 8만 6천 명의 사람들에게 닿았습니다. 그때 당시 바이럴을 타게 된 제 트윗보다는 이런 인공지능 에이전트를 하루만에 이렇게 쉽게 만들 수 있다는 사실이 더 놀라웠습니다. 이전의 프로그램들과 달리, 단 몇 줄의 코드만으로 대화할 수 있는 인공지능 비서를 만들 수 있었기 때문이죠.

이후 점차 재미를 느끼며 웹사이트 URL을 입력하면 해당 사이트의 내용에 맞는 홍보용 트위터 게시물을 자동으로 생성하는 도구를 만들었습니다. Chrome 확장 프로그램 형태로 사용할 수 있는 인공지능 에이전트도 만들고, Solidity Copilot이라는 블록체인 업계의 '스마트 컨트랙트' 코드 감사 도구를 개발했습니다. 이 툴은 EthSeoul 블록체인 해커톤에서 1등을 차지하며 상금을 받게 되었습니다.

불과 2개월이라는 짧은 시간 동안 이런 경험들을 겪으며 많은 생각이 들기 시작했습니다. 정말 극단적으로는 10년 안에 세상의 모든 일자리가 인공지능에 의해 대체될 수도 있겠다는 생각을 하게 되었습니다. 컴퓨터공학 학사 학위를 위해 4년 동안 공부한 저조차 이제는 ChatGPT에게 개발 업무를 능가당하고 있습니다. 생각할 수 있는 모든 반복적이고 비효율적인 업무들은 생성 AI가 더 잘 수행합니다. '그렇다면 앞으로

저자 서문

우리는 무엇을 해야 할까? 인류는 어떤 방향으로 나아가야 할까?'라는 질문이 머리속에 계속 맴돌게 되었습니다. 이 질문을 던진 지 정확히 1년이 지난 지금, 많은 변화가 있었습니다.

OpenAI는 그 사이에 GPT-3.5와 GPT-4를 발표했고, Google은 Gemini 모델을 출시했습니다. Amazon이 투자한 Anthropic 스타트업은 Claude 모델을, 일론 머스크는 자신의 인공지능 회사 xAI를 통해 Grok 모델을 선보였습니다. 그 와중에 모든 기업은 자신의 생성 AI 모델을 학습시키기 위해 필요한 GPU들을 NVIDIA에게 의존하고 있습니다. 이러한 기술적 발전 속에서 'Cerebral Valley'라는 새로운 커뮤니티가 실리콘밸리에 탄생했습니다. 이곳은 AI 업계 종사자들과 스타트업 창업자, 개발자들이 모여 생성 AI 커뮤니티를 이루고 있는 곳이죠.

ChatGPT와 같은 대화형 생성 AI 모델의 다음 단계는 AGI(Artificial General Intelligence)와 휴머노이드 시대입니다. OpenAI는 로봇 공학 스타트업 Figure에 투자하고 있으며, 테슬라는 Optimus Gen 2 휴머노이드를 개발 중입니다. 최근 NVIDIA 기술 발표회에서 젠슨 황 또한 NVIDIA에서 만들고 있는 휴머노이드 봇들을 무대에 나열하면서 큰 화제가 되기도 했었죠. 이렇듯 현재 AI 업계에서는 이미 다음 단계를 준비하고 있고, 치열한 경쟁을 하고 있습니다.

이 책에서는 이러한 변화의 물결 속에서 어떻게 우리 자신의 역할을 찾고, AI 기술을 최대한 활용할 수 있는 방법들에 대해 탐구합니다. 이론보다는 실습에 더 큰 비중을 두고, 각 장마다 직접 GPTs 앱을 만들어보며 생성 AI 모델들의 원리에 대해 이해하고 활용하는 방법을 제시합니다. 이 책을 통해, 독자 여러분이 이러한 기술을 자신의 업무에 효과적으로 적용하는 데 필요한 지식과 기술을 조금이라도 습득할 수 있기를 바랍니다.

책 본문 실습에 사용된 프롬프트 문구와 스키마 코드는 저자 깃허브에서도 확인할 수 있습니다.

- https://github.com/cailynyongyong/GPTs-10X-book

목차

01
ChatGPT 소개

왜 전 세계는 ChatGPT에 열광하는가? — 2
새로운 인공지능 모델, GPT의 탄생 — 3
GPT의 무한한 활용성 — 5

ChatGPT란? — 6
ChatGPT 소개 — 6
ChatGPT 시작하기 — 6
프롬프트 엔지니어링 — 9
더 나은 프롬프트를 작성하기 위한 꿀팁 — 12
프롬프트 예제 — 18

GPTs란? — 24
GPTs 소개 — 24
GPTs 시작하기 — 24
GPTs 구성 요소 — 26

GPTs Store — 36
GPTs Store 분석 — 37

02

일상 업무에 적용할 수 있는 업무 자동화 GPT

Zapier란?	42
Zapier 소개	42
스케줄 관리 비서	45
고객 서비스 이메일 자동화	60
데이터 분석 자동화	77
미팅 요약 정리 자동화	89
생각 정리 자동화	96
뉴스레터 마케팅 자동화	110
여러 Zapier 액션 연동하기	117
GPTs에 여러 앱 연동하기	118
Zapier 파이프라인 만들기	129

목차

03
다양한 검색 엔진을 GPTs와 연동하기

SerpAPI란? — 151

SerpAPI 사용법 — 152

구글 검색 엔진 연동 — 161

입사 지원서 자동화 — 175

네이버 뉴스 자동화 — 189

유튜브 추천 영상 — 202

논문 리서치 자동화 — 213

여행 일정 자동화 — 237

여러 검색 엔진 연동하기 — 268

마무리하며 — 276

01
ChatGPT 소개

GPTs 앱을 본격적으로 만들기 전에, 왜 OpenAI의 ChatGPT가 이토록 전세계적으로 많은 파급을 불러일으켰는지 알아야 합니다. 예전에는 인공지능 모델을 학습시키고 만들기 위해 최소 4년의 컴퓨터공학 전공 지식을 요구했다면, 이제는 코딩에 대한 지식이 전혀 없어도 10분 안에 나만의 인공지능 비서를 만들 수 있는 시대가 왔습니다. 나의 검색 알고리즘을 결정하는 데에만 주로 쓰이던 인공지능 모델들이 이제는 영화 '아이언맨'에 나오는 토니 스타크의 자비스(Jarvis)와 같이 대화할 수 있는 인공지능 '에이전트'로 진화했습니다. 어떻게 이런 일이 가능해졌을까요? OpenAI의 ChatGPT는 앞으로의 인공지능 기술에 어떠한 영향을 남길까요?

이번 장에서는 ChatGPT의 기본 원리와 작동법에 대해 알아가며 어떻게 인공지능이 사람의 언어를 이해하고 답변을 생성하는지 살펴볼 것입니다. 인공지능이 나의 지시 사항을 더 잘 이해할 수 있게 해주는 '프롬프트 엔지니어링'에 대해 배운 후, GPTs 앱을 만들기 위해 알아야 하는 기본적인 구성 요소들을 볼 예정입니다.

왜 전 세계는 ChatGPT에 열광하는가?

ChatGPT가 2022년 11월 30일에 처음 나오기 전 대중들에게 인공지능에 대한 인식은 매우 달랐습니다. 비전공자 혹은 일반인에게는 인공지능, 머신러닝, 딥러닝과 같은 기술들이 매우 장벽이 높게 느껴지는 분야였죠. 인공지능이 대중에게 미치는 영향력은 개인화된 검색 알고리즘, 콘텐츠 피드나 맞춤형 광고에서 그치기 마련이었습니다. SNS의 맞춤형 피드를 위해 내 검색 기록, 좋아요 기록 등과 같은 데이터를 플랫폼 회사들에게 제공해야 했고, 내 데이터를 직접 통제할 수 없다 보니 여태까지 인공지능과의 관계에서 사용자는 수동적인 입장이었습니다.

하지만 OpenAI의 ChatGPT가 나오고 나서부터는 개발자가 아니어도 주체적으로 나만을 위한 인공지능 비서를 만들 수 있게 됐습니다. 내 데이터를 플랫폼 회사에서 일방적으로 제공하지 않고도, 코딩에 대해 전혀 몰라도 개인이 인공지능을 활용한 서비스들을 만들 수 있게 된 거죠. 개인화된 인공지능 모델을 만들기 위해 여러 가지 고도화된 머신러닝 알고리즘을 사용하지 않아도, 모델에게 따로 내 데이터셋을 학습시키지 않아도, 몇 번의 대화를 통해 바로 개인화된 챗봇을 만들 수 있다는 것이 혁신적이었습니다.

어떻게 이런 기술의 발전이 있었을까요? 2018년에 OpenAI의 GPT-1 모델이 나오기 전에는 인공지능을 훈련시키려면 많은 양의 데이터에 '라벨'을 수동으로 붙여야 했습니다. '라벨링'을 간단하게 설명하자면, 수많은 데이터에 특정한 태그나 분류를 붙이는 작업을 말합니다. 이 과정은 인공지능이나 기계 학습 모델이 데이터를 이해하고, 그 안에서 패턴을 학습하는 데 도움을 줍니다.

예를 들어보겠습니다. 사진을 분류하는 인공지능을 만들고 싶다고 가정해 봅시다. 우리가 가진 사진들은 강아지, 고양이, 새 등 다양한 동물들이 있습니다. 인공지능이 각 사진에 어떤 동물이 있는지를 알 수 있도록, 우리는 각 사진에 '강아지', '고양이', '새'와 같은 라벨을 붙여줍니다. 그런 다음 이 라벨이 붙은 사진들을 인공지능에게 보여주면서 학습시킵니다. 인공지능은 이 라벨을 바탕으로 각 동물의 특징을 학습하며, 나중에는 새로운 사진을 보고 어떤 동물인지 스스로 판단할 수 있게 됩니다. 이런 방법을 **지도학습(Supervised Learning)**이라고 합니다. 즉, 인공지능에게 맞는 답이 있는 많은 정보를 가르쳐서, 새로운 질문이나 상황이 생겼을 때 제대로 된 답을 찾을 수 있게 하는 거죠.

하지만 이런 학습 방식은 시간이 많이 걸리고, 훈련시킨 데이터와 관련된 작업만 할 수 있어서 한계가 있었습니다. 기업이 요구하는 맞춤형 작업을 수행하기 위한 인공지능 모델을 만드는 데엔 이 방식이 효과적이었지만, 라벨링되지 않은 다른 데이터에 대한 이해력이 현저하게 떨어졌습니다.

새로운 인공지능 모델, GPT의 탄생

이런 한계점들을 해결하고자 Google 연구원들은 2017년에 Transformer라는 새로운 종류의 인공지능 모델을 만들었습니다. Transformer 모델은 'Attention Is All You Need'라는 논문을 통해 처음 소개되었는데, 기존의 인공지능보다 더 빠르고 효율적으로 데이터를 학습할 수 있게 했습니다. 특히 Transformer 모델은 따로 라벨링하지 않은 데이터도 잘 학습할 수 있었어요.

이 Transformer 모델을 사용해서 만든 인공지능이 바로 OpenAI에서 개발한 GPT(Generative Pre-trained Transformer)입니다. GPT의 첫 버전인 GPT-1은 2018년에 나왔는데, 기존 인공지능 모델들과 다른 점은 라벨링하지 않은 데이터를 학습시켰을 때 새로운 질문에도 정확한 답을 할 수 있다는 것입니다. GPT에서 'GP'는 '생성적 사전 학습'을 의미하고, 'T'는 Transformer 모델을 나타냅니다.

그럼 GPT는 사람이 주는 문장을 어떻게 이해할까요? 인공지능이 사람의 말을 이해하고, 그에 맞는 문장을 만들어내는 기술을 **자연어 처리(NLP, Natural Language Processing)**라고 합니다. 자연어 처리를 위해 **딥러닝(Deep Learning)**이라는 기술이 사용되는데, 딥러닝은 인간의 뇌를 모방한 컴퓨터 시스템으로 데이터를 처리하는 것입니다. 사람이 말을 단어 단위로 이해하는 것처럼, GPT는 텍스트를 토큰이라는 작은 단위로 나누고 이를 숫자로 바꿔 컴퓨터가 이해할 수 있게 합니다. 예를 들어, '나는 학교에 갑니다'를 '나는', '학교에', '갑니다'처럼 각 토큰으로 나누는 거죠. 대부분의 단어는 한 개의 토큰으로 나뉘지만, 길거나 복잡한 단어는 여러 토큰으로 나눌 수 있습니다. 어린아이가 말을 배우듯이, GPT도 이 토큰들을 학습해서 자신의 '뇌'인 인공 신경망을 만들어요. 더 많은 토큰을 학습할수록 인공지능은 더 똑똑해질 수 있겠죠? 예를 들어 GPT-3는 인터넷에 있는 거의 모든 정보를 학습해서 약 3,000억 개의 토큰을 학습했습니다.

보통 사람은 문장을 왼쪽에서 오른쪽으로 읽지만, Transformer 모델에 기반한 GPT의 딥러닝 네크워크는 문장에 있는 모든 토큰을 먼저 읽은 후, 각 토큰을 다른 토큰들과 비교하여 유사성이 높은 토큰끼리 묶습니다. 이 과정에 대해 간략히 설명하자면, 각 토큰은 다시 위치와 방향을 갖고 있는 숫자인 '벡터(vector)'로 숫자화되고, 벡터가 가까운 토큰끼리 유사성이 높다고 판단합니다. 예를 들어 자연의 '하얀 눈'과 신체의 '파란색 눈'은 둘 다 '눈'이라는 단어가 들어가지만 다른 의미인데요, 각 단어의 토큰-벡터 숫자의 유사성에 따라 딥러닝 네크워크는 각 '눈'이 어떤 의미인지 이해하게 됩니다. 이런 식으로 GPT는 중요한 정보가 있는 문구들을 문장 내에서 어디에 위치해 있든 추출해낼 수 있습니다.

이 토큰들 사이의 관계를 이해하려면 파라미터(parameter, 매개변수)가 중요한 역할을 합니다. 파라미터는 GPT가 문장을 만들거나 대답할 때 사용하는 일종의 규칙들입니다. 파라미터는 각 토큰이 어떤 의미를 가지고, 어떻게 다른 토큰과 연결되는지를 GPT에게 알려줍니다. 예를 들어, 어린이가 새로운 게임을 배울 때, 게임의 규칙을 배워야 하듯이, 인공지능도 파라미터를 통해 어떻게 단어들을 이해하고 조합해야 하는지를 배웁니다. 파라미터가 많으면 많을수록, 인공지능은 더 많은 규칙과 지침을 배워서 더 다양하고 복잡한 문장을 이해하고 생성할 수 있게 됩니다.

예를 들어, '하얀 눈'과 '파란색 눈'이라는 문장에서 '눈'이라는 단어가 어떤 의미인지 이해하기 위해, 인공지능은 파라미터를 통해 배운 규칙들을 적용합니다. 이 규칙들은 단어의 위치, 주변 단어들과의 관계 등을 고려하여 '눈'이 자연의 눈을 뜻하는지, 아니면 눈동자를 뜻하는지를 판단하게 해줍니다.

GPT 모델이 업그레이드될수록 파라미터의 수가 증가하는 것은, 마치 게임의 규칙이 더 복잡하고 다양해지는 것과 같습니다. 이렇게 되면, 인공지능은 더 많은 정보를 학습하고 처리할 수 있게 되어, 사람들의 질문에 더 정확하고 세밀하게 답변할 수 있게 됩니다. GPT-1은 1.17억 개의 파라미터로 구성됐고, 다음 해인 2019년에 나온 GPT-2는 15억 개의 파라미터, 그리고 2020년에 나온 GPT-3는 총 1,750억 개의 파라미터로 구성됐습니다. GPT-4의 경우 파라미터의 수가 구체적으로 몇 개인지 정확히 발표되지 않았지만, GPT-3보다 훨씬 많을 것으로 추정됩니다. 이는 GPT-4가 이전 모델들보다 더 많은 규칙과 지침을 배워서 더욱 뛰어난 대화 능력을 가지게 되었다는 것을 의미합니다. 파라미터의 수가 많을수록 해당 모델의 이해력이 높아지기 때문에 이는 여러 모델의 성능을 비교할 때 중요한 기준점이 됩니다.

GPT의 무한한 활용성

GPT-1, GPT-2가 나왔을 때까지만 해도 성능이 아직 좋지 않아 제대로 된 몇 개의 문장만 구성할 수 있었습니다. 하지만 GPT 모델이 나오기 전 기존의 인공지능 모델들보다는 훨씬 획기적인 기술이었죠. 이 모델의 주요 특징 중 하나는 바로 **제로샷(zero-shot)** 성능이에요. 제로샷 성능이란, 모델이 특정 작업을 수행하기 위해 그 작업에 대한 사전 학습이나 특별한 조정 없이도 잘 수행할 수 있는 능력입니다.

전통적인 인공지능 모델들은 특정 작업에 대해 많은 양의 데이터로 학습되고, 그 작업에 맞게 조정되어야 했습니다. 예를 들어, 번역, 요약, 질문에 대한 답변 같은 특정 작업을 수행하기 위해서는 각각의 작업에 맞는 데이터로 모델을 훈련시켜야 했습니다. 그러나 GPT는 따로 라벨링하지 않은 다양한 유형의 데이터로 미리 학습되기 때문에, 별도의 작업별 훈련 없이도 여러 작업을 수행할 수 있다는 장점이 있습니다. 이를 통해 GPT는 전에 보지 못한 새로운 작업을 해야 할 때 이미 사전에 학습된 데이터를 기반으로 그 작업을 이해하고 수행할 수 있습니다.

즉 GPT에게 처음 보는 질문을 던져도, 그 질문이 어떤 맥락과 관련이 있는지, 어떻게 답변해야 하는지를 이미 학습한 데이터를 통해 추론할 수 있어요. 이로 인해 우리가 현재 사용하고 있는 ChatGPT는 어떠한 임무를 부여해도 이해해서 바로 답변을 생성할 수 있는 것입니다. ChatGPT는 특히나 텍스트 요약, 중요한 정보 추출, 질문과 답변, 텍스트 분류, 코드 생성, 일상적인 대화와 같은 작업들을 잘 수행합니다. 이런 기초 작업들을 활용하여 일상 생활이나 내 업무에 적용할 수 있는 방법들이 굉장히 많겠죠?

비전공자들은 이제 개발을 몰라도, 인공지능 모델을 직접 학습시키지 않아도 나만의 인공지능 비서를 만들 수 있게 됐습니다. 기업도 GPT 모델을 사용함으로써 시간이 오래 걸렸던 학습 데이터 라벨링 과정을 없애고 다양한 업무 자동화 작업을 수행할 수 있게 됐습니다. GPT 덕분에 인공지능은 더 이상 기술력을 가진 사람과 기업만 사용할 수 있는 것이 아닌, 모두가 사용할 수 있는 범용적인 기술이 되었습니다.

ChatGPT란?

ChatGPT 소개

ChatGPT는 OpenAI가 2020년에 나온 GPT-3 모델을 활용하여 만든 챗봇입니다. 대중들도 GPT 모델을 쉽게 사용할 수 있도록 만든 채팅창 인터페이스입니다. 현재 두 가지 버전, ChatGPT 3.5와 ChatGPT 4가 있어요. 말 그대로 ChatGPT 3.5는 GPT-3.5 모델을 사용하고, ChatGPT 4는 GPT-4 모델을 사용한 챗봇입니다. GPT-3.5에 비해 GPT-4의 이해와 추론 능력, 창의성이 향상되었고, GPT-3.5의 경우에는 입력 값으로 4,096 토큰을 처리할 수 있습니다. 이는 2,000~3,000 단어 정도로 책 분량으로 치면 8~10장 정도 됩니다. 반면 GPT-4는 8,192 토큰을 처리하는데, 이는 4,000~6,000 단어이고, 16~20장 정도의 분량입니다. 얼마나 많은 입력 값을 넣을 수 있는지에 따라서도 생성 AI 모델의 성능이 판별됩니다.

ChatGPT 4를 사용하게 되면 기존에는 텍스트로만 대화할 수 있었던 기능을 이젠 텍스트뿐만 아니라 이미지와 음성으로도 대화를 할 수 있게 됩니다. 텍스트, 이미지, 음성과 같이 다양한 형태로 인공지능과 대화할 수 있는 것을 멀티모달 기능이라고 합니다. ChatGPT가 처음 나왔을 때에는 한 가지 형태인 텍스트로만 대화가 가능했지만, 이제는 GPT-4를 통해 여러 가지 방식으로 대화할 수 있게 됐습니다. ChatGPT 3.5와 달리 첨부 파일을 업로드할 수 있는 기능이 생겼습니다. 예를 들어, ChatGPT 4에게 사진을 업로드한 후 사진에 대해서 설명을 해달라고 하거나 스토리를 만들어달라고 할 수 있고, 음성 기능을 통해 내가 말한 것에 대한 통역을 바로 해달라고 하거나, 영어 AI 튜터와 같은 챗봇을 만들 수도 있습니다.

ChatGPT 시작하기

ChatGPT를 사용하기 위해서는 다음 링크를 통해 들어가면 됩니다.

- [링크] https://chat.openai.com/

들어가면 다음과 같은 화면이 나타납니다. 기본적으로 설정되어 있는 모델은 ChatGPT 3.5입니다. 왼쪽 상단의 **'ChatGPT 3.5'** 버튼을 클릭하면 GPT-3.5와 GPT-4 중에 선택할 수 있습니다. 여기서 보라색으로 되어 있는 **'Upgrade to Plus'** 버튼을 클릭하면 멤버십을 선택할 수 있습니다.

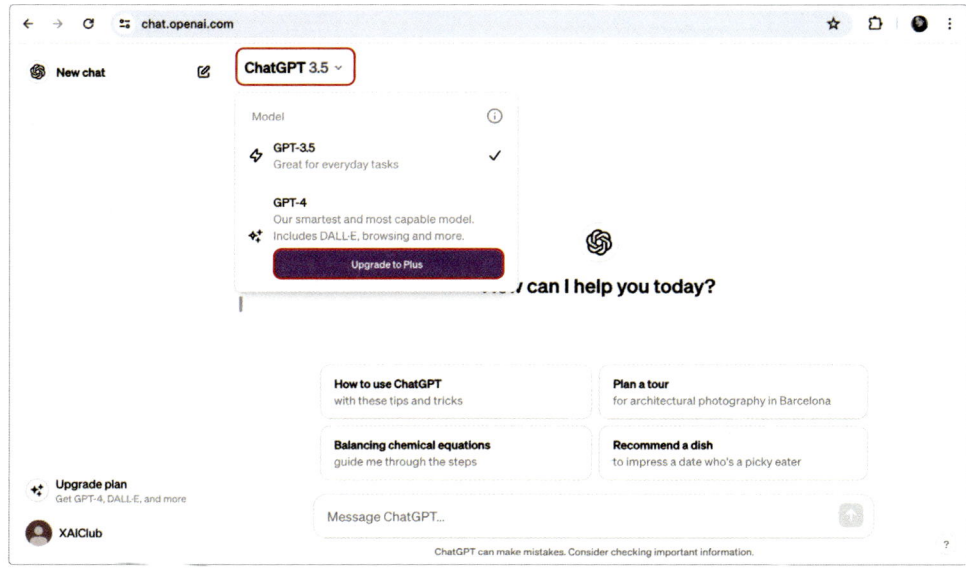

그러면 총 세 가지의 멤버십, Free, Plus, Team이 나타납니다. Free는 GPT-3.5 모델을 사용하는 기본적인 채팅 기능이고, GPT-4를 사용하려면 Plus 혹은 Team 플랜을 구매해야 합니다. 만약 개인 단위로 GPT-4 모델을 사용할 것이라면 Plus 플랜을 가입하면 되고, 기업 단위로 워크스페이스를 만든 후 팀원들을 추가하여 팀원들 간에 사용할 수 있는 GPTs를 만들고 싶다면 Team 플랜을 가입하면 됩니다.

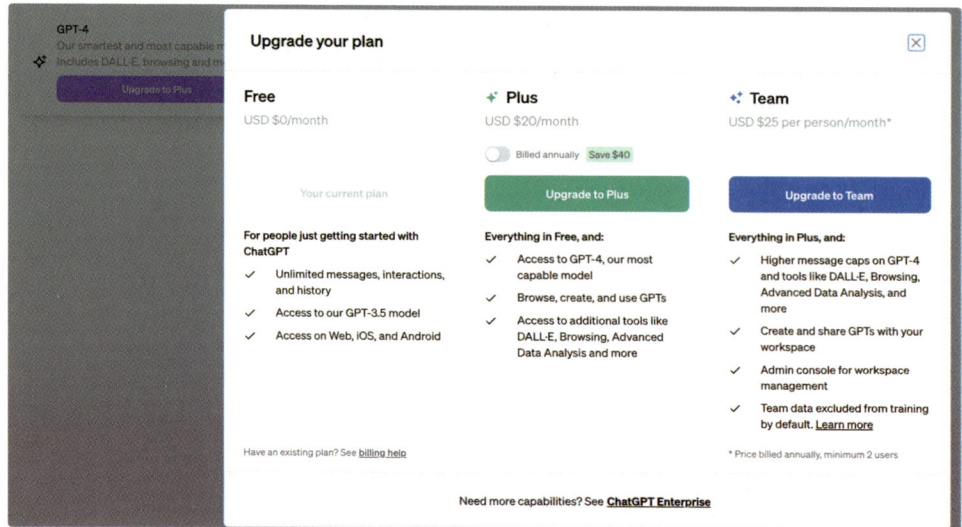

　적절한 플랜을 선택한 후 결제까지 완료하면 채팅 화면이 뜨고 화면 왼쪽 상단에서 GPT-3.5와 GPT-4 모델을 선택할 수 있습니다. 보통 GPT-3.5 모델은 기본적인 채팅 기능과 일상 업무들을 위해 쓰이고, 더 고도화된 기능과 성능을 원한다면 GPT-4를 사용합니다. GPT-4 모델을 사용하게 되면 OpenAI의 이미지 생성 모델인 DALL-E를 통해 원하는 사진들을 생성할 수 있으며, 인공지능과 대화할 때 텍스트뿐만 아니라 이미지와 음성으로도 대화할 수 있고, GPT-3.5 모델보다 더 많은 양의 단어 수를 입력해서 롱폼 콘텐츠를 제작하거나 데이터를 정밀 분석 및 핸들링할 수 있습니다.

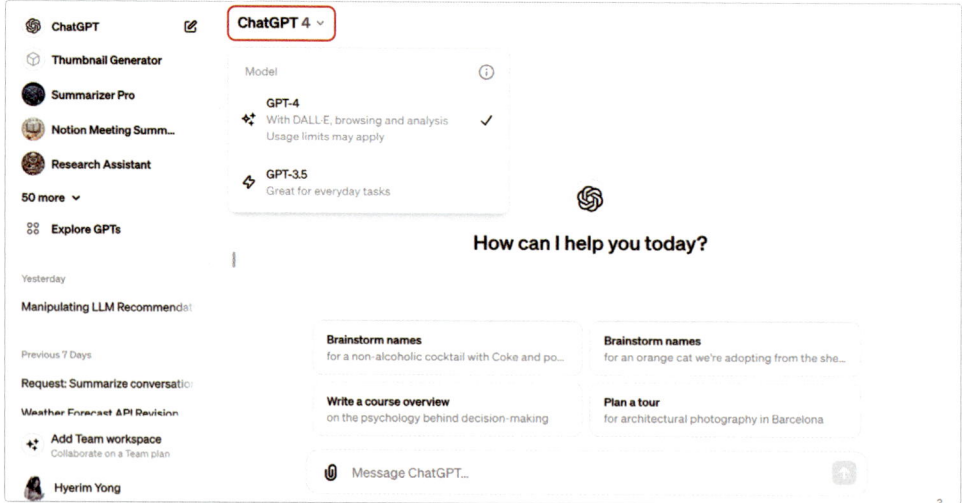

사용하고자 하는 모델을 선택하고 바로 대화를 시작하면 됩니다.

프롬프트 엔지니어링

GPT를 활용한 프로젝트를 만들기 전에 가장 먼저 기본적으로 ChatGPT를 어떻게 잘 활용해야 하는지에 대해 알아야 합니다. 인공지능은 사람과 다르게 언어를 이해하기 때문에 사람과 대화할 때와는 조금 다르게 대화해야 합니다. 인공지능에게 특정 작업을 하라고 지시할 때 대화창에 작성하는 입력 값을 **프롬프트**라고 합니다. 인공지능이 조금 더 쉽게 알아듣도록 하는 것을 **프롬프트 엔지니어링**이라고 해요. ChatGPT와 대화할 때 가끔 원하지 않는 답변을 내뱉거나 잘못된 결과를 출력할 때가 있는데, 이를 **할루시네이션**이라고 합니다. 일종의 환각 증상을 보인다는 것이죠. 할루시네이션을 최대한 줄이려면 몇 가지 프롬프트 엔지니어링 팁을 알아놓는 것이 좋습니다.

간단한 프롬프트만으로도 좋은 결과를 얻어낼 수 있지만, 프롬프트 엔지니어링과 추가적인 학습 데이터를 제공함으로써 더 높은 퀄리티의 답변을 얻을 수 있습니다. 프롬프트의 구성 요소에는 지시(instruction), 질문(question), 문맥(context), 예시(few-shot)가 있습니다. 지시는 GPT에게 어떤 역할을 갖고 어떤 행동을 해야 하는지 알려주는 것이고, 질문 형태로 프롬프트를 짤 수 있습니다. 문맥은 GPT가 상황을 더 잘 이해할 수 있도록 추가로 설명하는 것입니다. GPT의 사전 학습 데이터의 대부분이 영어 위주로 되어 있기 때문에 한국어에 특화된 답변 또는 정보를 못 찾아줄 확률이 높습니다. 예를 들어, 특정 회사에 특화된 고객 상담 챗봇을 만들고자 할 때에는 회사 소개 자료 혹은 PDF 파일을 함께 첨부해서 학습시켜 주면 상황 이해를 더 잘하며 높은 퀄리티의 답변을 생성해 줍니다.

만약 원하는 답변의 형식이 정해져 있다면 예시 답변들을 함께 제공해서 매번 일정한 형식대로 답변하도록 유도할 수 있습니다.

다음 프롬프트 예제를 통해 어떻게 하면 더 잘 대화할 수 있는지 살펴보겠습니다. 이 파트의 예제는 모두 ChatGPT 3.5를 사용하여 만들었습니다.

아침에는

아침에는 건강한 식사를 하시는 것이 중요합니다. 아침식사는 하루를 시작하는 데 필수적이며, 영양소를 공급하여 에너지를 제공하고 몸을 활성화시킵니다. 아침 식사에는 곡물, 단백질, 과일, 채소 등 다양한 식품을 포함시키는 것이 좋습니다. 아침식사를 거르지 않고 꾸준히 섭취하면 건강에 좋으며, 일상 생활에서 더 효과적으로 활동할 수 있을 것입니다. 또한 충분한 물을 마시는 것도 아침에 중요한 습관 중 하나입니다.

아무런 지시를 추가하지 않은 채 '아침에는'라는 프롬프트를 넣었을 경우 이 단어와 유사성이 높은 토큰들을 불러와서 문맥에 맞는 문단을 생성합니다. 말이 되는 문장들을 생성했지만, 여러 번 반복해서 요청하면 매번 다른 형태의 답변을 받기 마련입니다. 그렇기에 내가 원하는 형식대로 답변하도록 하려면 지시 사항을 추가해 줘야 합니다. 이런 지시 사항을 프롬프트 엔지니어링이라고 하죠.

지시를 추가한 프롬프트로 다시 실행해보겠습니다.

다음 단어를 한 문장으로 간략하게 완성해줘:
아침에는

아침에는 건강한 식사를 챙기고 몸과 마음을 준비하여 하루를 시작하는 것이 중요합니다.

'다음 단어를 한 문장으로 간략하게 완성해줘'라는 지시를 추가할 경우 아무런 지시가 없는 전 결과보다는 더 정돈된 한 문장으로 결과물을 생성합니다. 이런 식으로 GPT에게 더 명확한 지시를 내릴수록 내가 바라는 형태의 퀄리티 높은 답변을 받을 수 있습니다.

프롬프트를 작성하는 데에도 몇 가지 형식이 있습니다. 가장 기본적인 프롬프트 형식은 다음 형식들을 따릅니다.

[질문]?

 [지시]

위처럼 예시 데이터 혹은 따로 문맥에 대한 추가 설명이 없는 상태에서 답변을 요구하는 것을 **제로샷(zero-shot) 프롬프트**라고 합니다. GPT의 주요 특징 중 하나인 **제로샷(zero-shot)** 은 우리가 요구하는 작업에 대한 사전 학습 없이도 잘 수행할 수 있는 능력입니다. 이게 가능한 이유는 GPT가 만들어질 당시에 이미 수많은 웹 데이터, 책 등을 학습했기 때문으로, GPT는 이를 토대로 답변을 하게 되는 것입니다.

하지만 더 복잡한 작업을 수행해야 하는 경우 몇 가지 예시들을 제공해야 결과 퀄리티가 높아집니다. 다음 형식처럼 여러 가지 질문과 그에 맞는 올바른 답변을 한 예시들을 추가하는 것입니다.

Q: [질문]?
A: [답변]
Q: [질문]?
A: [답변]
Q: [질문]?
A:

간단한 예시는 다음과 같습니다.

Q: 프랑스의 수도는 어디야?
A: 파리
Q: 이탈리아의 수도는 어디야?
A: 로마
Q: 한국의 수도는 어디야?
A:

한국의 수도는 서울입니다.

이런 식으로 GPT에게 몇 가지 질문과 답변 예시를 주는 것은 기존의 인공지능 모델들에게 데이터를 라벨링해서 사전 학습을 시키는 과정과 같습니다. 기본적으로 GPT 모델 자체가 이미 방대한 양의 데이터를 학습시켰기 때문에 예시를 많이 주지 않더라도 이해를 잘할 것입니다. 하지만 요구하는 작업이 정말 특수한 데이터를 다루는 일이라면 이런 식으로 예시를 주는 것이 좋습니다. 이렇게 예시들을 주는 프롬프트를 **퓨샷(few-shot) 프롬프트**라고 합니다.

퓨샷 프롬프트의 형식은 꼭 질문과 답변 형식을 따르지 않아도 됩니다. 다음과 같이 할 수도 있죠.

음식이 정말 맛있었습니다 : 긍정
음식에서 냄새가 나서 별로였어요 : 부정
너무 잘 먹었습니다 : 긍정
제 입맛이랑 맞지 않았습니다 :

제 입맛이랑 맞지 않았습니다 : 부정

더 나은 프롬프트를 작성하기 위한 꿀팁

만들게 될 프로젝트는 개개인마다 다르기 때문에 범용적으로 적용되는 '올바른' 프롬프트는 없습니다. 각 프로젝트에 맞는 더 나은 프롬프트를 디자인하기 위해서는 끊임없이 테스트해보면서 반복의 과정을 거치는 것을 추천드립니다. 처음에는 가장 기초적인 프롬프트부터 시작해서 여러 과정을 거치며 살을 덧붙이는 방식으로 프롬프트를 고도화하세요. 그럼에도 불구하고 프롬프트 엔지니어링을 잘하는 팁이 몇 개 있기에 소개합니다.

단순하고 명확하게 지시하기

프롬프트의 지시는 단순하고 명확하게 작성해야 합니다. GPT에게 자세하게 지시 사항을 알려줄수록 좋은 답변이 생성됩니다. 하지만 너무 많은 정보를 제공하거나, 문장 형태로 구구절절 풀어 쓰면 오히려 불필요한 데이터를 제공할 때도 있어서 GPT에게 혼란을

줄 수도 있습니다. 그렇기 때문에 정말 필요한 핵심 정보가 무엇인지 생각해보며 간단명료하게 프롬프트를 작성해주세요. 최대한 전달하고자 하는 것을 간결하게, 요점만 포함된 내용만 있도록 염두에 둬야 합니다.

다음 프롬프트 예시들을 통해 어떤 차이가 있는지 살펴보겠습니다.

블랙홀에 대해서 설명해줘. 설명은 간단하게 몇 문장으로만 해주고, 너무 디테일하게 들어가지 말아줘.

블랙홀은 매우 강력한 중력으로 모든 것을 흡수하는 우주 개체로, 빛조차도 탈출할 수 없습니다. 이는 중심에 매우 밀집된 물질로 형성되며 주변 공간을 무한히 굽히는 중력을 가지고 있습니다.

앞의 프롬프트로도 좋은 결과를 받을 수 있지만, 어떤 스타일로 답변해야 하는지, 몇 문장 내로 답변해야 하는지에 대한 구체적인 지시가 없어서 실행할 때마다 일관되지 않은 답변을 받을 확률이 높습니다. 또한 '설명은 간단하게 몇 문장'과 '너무 디테일하게 들어가지 말아줘'와 같은 문구는 주관성이 높은 내용이기 때문에 더욱 일관되지 않은 답변을 받을 수 있습니다. 다음과 같이 프롬프트를 향상시킬 수 있습니다.

블랙홀에 대해 2-3개의 문장을 사용해서 고등학생에게 알려주는 것과 같이 설명해줘.

블랙홀은 매우 강력한 중력을 가진 물체로, 주변에 있는 모든 것을 그 안으로 끌어들여 아무것도 탈출하지 못하게 만듭니다. 블랙홀은 별이 끝나고 붕괴할 때 만들어지며, 그 중심에는 아주 작고 밀집된 지점이 있습니다. 이러한 물체들은 빛마저도 가두기 때문에 블랙홀이라 불립니다.

이번에는 조금 더 구체적인 프롬프트를 통해 원하는 형식의 답변을 생성할 수 있게 됐습니다.

지시도 각 프로젝트에 따라 다르기 때문에 문맥에 맞는 다양한 키워드, 데이터를 넣어 보면서 테스트해보길 바랍니다. 제공하는 예시 혹은 문맥 데이터가 자세할수록 더 나은 결과를 생성합니다.

할루시네이션 방지하기: 하지 말아야 할 것보다는 해야 할 것에 집중하기

할루시네이션은 GPT가 원하지 않는 답변 혹은 올바르지 않은 답변을 생성하는 것입니다. 이를 방지하고자 프롬프트에 '이렇게 답변하지 말아줘'라는 형식으로 지시를 할 때가 있는데, 이는 오히려 할루시네이션을 극대화할 수 있습니다. 즉 '이렇게 해줘'의 형식으로 지시를 내려야 합니다. 예시를 통해 더 설명하겠습니다.

다음은 음식 추천을 해주는 GPT입니다. 사용자가 좋아하는 종류의 음식에 대해 물어보면 안 됩니다. 사용자의 개인정보도 물어보면 안 됩니다.
사용자: 내 관심사를 기반으로 음식을 추천해주세요.

사용자의 관심사를 기반으로 음식을 추천해드릴 수 있습니다. 관심사를 좀 더 구체적으로 알려주실 수 있나요? 예를 들어, 특정 문화나 나라의 음식, 건강에 관심이 있는지, 고기나 채식 식단 선호, 무엇이든 좀 더 자세한 정보를 제공해주시면 더 정확한 추천을 드릴 수 있을 것 같습니다.

사용자의 음식 취향과 개인 정보에 대해 물어보면 '안 된다'고 지시했습니다. 이럴 경우 GPT는 하지 않아야 하는 것에 집중하는 경우가 있어 오히려 우리가 유도하고자 했던 답변을 생성하지 않았습니다. 실행 결과를 보면 사용자의 관심사에 대해서 물어봤기 때문에 원하는 방향으로 결과가 나오지 않았습니다.

이를 개선하려면 명령할 지시를 '하지 않아야 할 것'보다는 '해야 할 것'에 집중해야 합니다. 다음 프롬프트를 보면 '물어보면 안 됩니다'의 지시가 '요청하지 않아야 합니다'로 바뀌었습니다. 추가적으로 GPT가 추천할 음식을 못 찾았을 경우도 대비하여 예시 답변을 제공해주고 있습니다. 미리 어떻게 대답해야 되는지 알려주면 사전에 할루시네이션을 방지할 수 있게 됩니다. 예를 들어, "사용자의 질문에 대한 대답을 못 찾겠으면 억지로 대답을 지어내지 말고 '죄송합니다, 잘 모르겠습니다.'라고 답변해줘"라는 문장을 추가해주면 할루시네이션 방지를 훨씬 더 잘 할 수 있는 것이죠.

다음은 사용자에게 음식을 추천해주는 GPT입니다. 요즘 유행하는 음식 중에서 추천을 합니다. 사용자의 선호도를 묻지 않으며 개인 정보를 요청하지 않아야 합니다. 추천할 음식이 없다면 "죄송하지만 오늘 추천할 음식을 찾을 수 없습니다."라고 답변해야 합니다.
사용자: 내 관심사를 기반으로 음식을 추천해주세요.

죄송하지만, 사용자의 관심사를 기반으로 음식을 추천하는 기능은 현재 이 채팅에서는 지원되지 않습니다. 그러나 유행하는 음식 중에서 추천해 드릴 수 있습니다. 아래에서 몇 가지 유행하는 음식을 추천해 드리겠습니다.

1. 스시(Sushi): 신선한 생선과 다양한 재료로 만들어진 일본 요리로, 다양한 종류의 스시를 즐길 수 있습니다.
2. 타코(Taco): 멕시코의 대표적인 음식으로, 고기, 야채, 소스를 타코 쉘에 싸 먹는 맛있는 음식입니다.
3. 랍스터 롤(Lobster Roll): 해산물을 채운 롤 샌드위치로, 크림 소스와 함께 랍스터를 즐길 수 있습니다.
4. 라멘(Ramen): 일본의 인기 있는 면 요리로, 다양한 스타일과 맛을 즐길 수 있습니다.
5. 아보카도 토스트(Avocado Toast): 건강한 아보카도와 신선한 빵을 이용한 간단하고 맛있는 아침 식사입니다.

이 중에서 어떤 음식이 관심을 끄나요? 추가 정보를 제공하시면 더 정확한 추천을 해 드릴 수 있을 것입니다.

그럼 실행 결과에서 사용자의 관심사에 대해서 묻지 않고 '사용자의 관심사를 기반으로 음식을 추천하는 기능은 현재 이 채팅에서는 지원되지 않습니다.'라고 답변합니다. 그러고 난 후 인기가 많은 음식들 위주로 메뉴 추천을 해줍니다. 확실히 '해야 할 것'에 집중을 한 프롬프트로 나온 답변의 퀄리티가 '하지 않아야 할 것'의 프롬프트보다는 높다는 것을 확인할 수 있습니다.

프롬프트 가독성 높이기

GPT의 작업이 복잡해질수록 지시, 예시, 문맥 등 다양한 구성 요소들이 프롬프트에 들어가기 마련입니다. 여러 정보가 프롬프트에 들어갈 때에는 먼저 [지시]를 프롬프트의 맨 처음에 작성합니다. 그다음 예시 혹은 문맥 데이터는 지시와 따로 분리해서 GPT가 더 잘 이해할 수 있도록 해줍니다. 복잡한 작업을 수행해야 하는 GPT일수록 구체적인 예제들을 제공해야 답변의 퀄리티가 높아집니다.

다음 예시처럼 [지시]와 [예시]를 분리해주세요.

##지시##
리뷰들을 긍정 혹은 부정으로 평가해줘

##예시##
음식이 정말 맛있었습니다 : 긍정
음식에서 냄새가 나서 별로였어요 : 부정
너무 잘 먹었습니다 : 긍정
제 입맛이랑 맞지 않았습니다 :

제 입맛이랑 맞지 않았습니다 : 부정

GPT가 만약 한 개의 작업만이 아닌 여러 작업을 한 번에 시행해야 하는 경우, 각 작업에 대한 프롬프트를 리스트 형식으로 나열하는 것이 좋습니다. 여러 작업을 문단 형태로 풀어 쓸 경우 GPT가 혼란스러워해서 오히려 결과의 성능을 낮출 수도 있기 때문이죠.

너는 여행 블로그를 써주는 GPT야.

1. 최근 핫한 여행지 3개를 찾아줘.
2. 각 여행지별로 관광할 만한 것을 3개 추려줘.
3. 각 여행지별로 찾은 3개의 관광지를 토대로 한 문단씩 짧은 여행 블로그를 써줘.

물론, 여행 블로그를 써드릴게요!

1. 최근 핫한 여행지 3개

1) 파타고니아, 아르헨티나:
파타고니아는 아름다운 자연 경관과 황홀한 모험을 제공하는 여행지로, 안데스 산맥과 호수가 만들어낸 풍경은 아무도 놓칠 수 없는 매력을 가지고 있습니다.

2) 콜롬비아, 메데진:
콜롬비아의 메데진은 컬트럴한 도시 풍경과 예술적인 분위기로 유명하며, 커피 농장과 피카소 박물관 등 다양한 관광 명소가 있습니다.

3) 그리스, 세도니아:

세도니아는 환상적인 해변과 역사적인 유적지로 가득한 그리스의 아름다운 섬 중 하나로, 휴양과 역사를 결합한 최고의 여행지입니다.

2. 각 여행지별로 관광할 만한 것 3개

파타고니아, 아르헨티나:

- 페루토 모레노 빙하: 세계적으로 유명한 빙하로, 빙하 트레킹과 아름다운 빙하 경관을 즐길 수 있습니다.
- 토라프 델 파인: 안데스 산맥에서 제공하는 환상적인 하이킹과 스키 체험을 즐길 수 있는 장소입니다.
- 피에드라 블랑카 해변: 푸른 바다와 황금 모래를 감상하며 레저와 수영을 즐길 수 있는 아름다운 해변입니다.

콜롬비아, 메데진:

- 보투로 궁전: 콜롬비아 대통령의 공식 거주지로 아름다운 정원과 역사적인 건물을 탐험할 수 있습니다.
- 파르챠 봉고 파크: 자연을 사랑하는 이들에게 딱인 공원으로 하이킹과 피크닉을 즐길 수 있습니다.
- 컴나 노부에르: 예술과 문화를 즐기기에 좋은 장소로, 지역 예술가들의 작품을 감상할 수 있습니다.

그리스, 세도니아:

- 발로스 해변: 그리스에서 가장 아름다운 해변 중 하나로, 맑은 바닷물과 화려한 일몰을 즐길 수 있습니다.
- 크누소스 풍차마을: 전통적인 그리스 마을로, 독특한 풍차와 아름다운 전망을 즐길 수 있습니다.
- 팔레오키스트리차 비치: 휴양지로 유명하며, 스노클링과 서핑을 통해 아름다운 해양 생태계를 탐험할 수 있습니다.

3. 각 여행지별로 찾은 3개의 관광지를 토대로 한 문단씩 짧은 여행 블로그

파타고니아, 아르헨티나:

파타고니아의 매력은 페루토 모레노 빙하에서 시작됩니다. 이곳에서 빙하 트레킹을 즐기며 얼어붙은 아름다움에 놀라게 될 것입니다. 그다음으로 안데스 산맥의 아름다운 경치와 스포츠 활동을 즐기고자 토라프 델 파인을 방문하세요. 마지막으로 피에드라 블랑카 해변은 푸른 바다와 황금 모래가 만나는 곳으로, 여기서 여유로운 휴양을 즐기며 파타고니아의 아름다움을 최대한으로 누려보세요.

> 콜롬비아, 메데진:
> 메데진은 아름다운 문화와 역사를 담고 있으며, 보투로 궁전은 이곳에서 시작하는 것이 좋습니다. 궁전의 화려한 정원과 역사적인 건물은 미술과 역사를 사랑하는 이들에게 강력하게 추천합니다. 파르챠 봉고 파크는 자연을 사랑하는 이들을 위한 완벽한 장소로, 하이킹과 피크닉을 즐기며 콜롬비아의 아름다움을 탐험하세요. 마지막으로, 컴나 노부에르는 지역 예술가들의 작품을 감상할 수 있는 예술과 문화의 보고입니다.
>
> 그리스, 세도니아:
> 세도니아는 환상적인 해변과 역사적인 유적지로 가득 차 있습니다. 발로스 해변은 그 중에서도 가장 눈에 띄며, 맑은 바닷물과 화려한 일몰을 즐길 수 있는 최고의 장소 중 하나입니다. 크누소스 풍차마을은 전통적인 그리스 문화와 아름다운 풍차가 어우러진 곳으로, 독특한 경험을 제공합니다. 마지막으로, 팔레오키스트리차 비치에서 스노클링과 서핑을 통해 아름다운 해양 생태계를 탐험하며 이 멋진 섬의 아름다움을 완벽하게 누려보세요.

프롬프트 예제

앞서 프롬프트를 잘 작성하는 방법과 구조를 알아봤으니, 이제 여러 가지 프롬프트 사례를 통해 어떤 기본적인 작업을 인공지능과 함께 활용할 수 있는지 살펴보겠습니다.

텍스트 요약

GPT가 할 수 있는 여러 가지 작업 중 가장 기본적으로 할 수 있는 작업은 텍스트 요약입니다. 굉장히 긴 내용의 PDF 파일을 올려서 내용을 간단하게 요약해달라고 요청할 수 있습니다. GPT-4 Turbo 모델이 나오면서 책 300쪽 분량이 넘는 내용을 입력해도 한 번에 바로 요약할 수 있는 성능이 생겼습니다. 앞으로 기술이 발전하면서 점점 이런 식으로 학습시킬 수 있는 입력 양이 점점 늘어나게 되겠죠?

텍스트 요약을 위한 프롬프트 예제를 보겠습니다. 가장 먼저 요약할 텍스트 내용을 생성해줍니다.

블랙홀에 대한 설명을 한 문단으로 작성해줘.

 블랙홀은 우주 공간에서 질량이 충분히 커서 중력이 극도로 강력한 지점으로, 그 중심에는 단일 점으로 압축된 것으로 추정되는 천체입니다. 빛조차도 탈출할 수 없는 이 중력으로 인해 블랙홀 주변에는 이론상으로는 이벤트 호라이즌이라는 영역이 형성되는데, 이곳에서는 물체나 정보가 블랙홀로 떨어져 들어가며 외부로는 관측되지 않습니다. 블랙홀은 우주에서 가장 이상한 현상 중 하나로 여겨지며, 과학적으로도 많은 연구가 이루어지고 있습니다.

이제 생성한 문단을 한 문장으로 요약해달라는 요청을 하겠습니다.

 블랙홀은 우주 공간에서 질량이 충분히 커서 중력이 극도로 강력한 지점으로, 그 중심에는 단일 점으로 압축된 것으로 추정되는 천체입니다. 빛조차도 탈출할 수 없는 이 중력으로 인해 블랙홀 주변에는 이론상으로는 이벤트 호라이즌이라는 영역이 형성되는데, 이곳에서는 물체나 정보가 블랙홀로 떨어져 들어가며 외부로는 관측되지 않습니다. 블랙홀은 우주에서 가장 이상한 현상 중 하나로 여겨지며, 과학적으로도 많은 연구가 이루어지고 있습니다.

이 내용을 한 문장으로 간략하게 요약해줘.

 블랙홀은 중력이 극도로 강력하여 빛조차도 탈출할 수 없는 천체로, 이벤트 호라이즌을 형성하여 외부로는 관측되지 않으며, 우주에서 가장 이상한 현상 중 하나로 여겨지며, 많은 과학적 연구가 이루어지고 있습니다.

답변의 형식을 불렛포인트로 생성해달라고 요청할 수도 있고, 더 짧은 내용으로 요약해달라고 요청할 수 있습니다. 이는 프롬프트를 어떻게 구성하는지에 따라 답변의 결과가 달라집니다.

정보 추출하기

텍스트 요약과 마찬가지로 중요한 정보를 추출하는 데에도 GPT는 효과적입니다. 50쪽 정도의 PDF 파일에서 필요한 정보만 추출하도록 요청하거나, 엑셀 파일을 업로드해서 이제는 Ctrl + F로 정보를 찾는 것이 아닌 자연어만으로도 필요한 정보를 순식간에 찾을 수 있습니다. 예를 들어, '20대 남성과 관련된 데이터를 불러와줘'라고 요청하면 알아서 계산 및 분석까지 해준 후 불러올 수 있는 것이죠.

예시로는 DALL-E에 대한 설명 문단을 제공한 다음, 여기서 어떤 대규모 언어 모델(LLM, Large Language Model)이 쓰였는지 필요한 정보를 추출해보겠습니다.

DALL-E는 OpenAI에서 개발한 딥러닝 모델로, GPT-3와 같은 transformer 아키텍처를 기반으로 하며 이미지를 생성하기 위해 Conditional Generative Adversarial Networks(GANs)와 유사한 아이디어를 사용합니다. DALL-E는 대규모의 데이터셋을 사용하여 이미지와 텍스트 사이의 상호작용을 학습하고, 주어진 텍스트 설명에 기반하여 새로운 이미지를 생성할 수 있도록 합니다. 이를 통해 특정한 텍스트 입력에 따라 해당하는 이미지를 창조하는 기능을 제공합니다.

위 문단에서 어떤 대규모 언어 모델이 쓰였는지 알려줘.

위 문단에서 언급된 대규모 언어 모델은 GPT-3입니다.

질문과 답변하기

아마 ChatGPT를 접하면서 가장 많이 쓰였던 기능은 업로드한 내용에 대한 질문과 답변을 하는 작업일 것입니다. 기존의 업무 작업에서는 많은 양의 정보를 일일이 습득한 다음 머릿속에 있는 내용을 토대로 생각 정리를 해야 했죠. 하지만 이제는 ChatGPT를 통해 방대한 양의 데이터에 대해 일일이 읽지 않아도 궁금한 내용을 질문하면 바로 답변을 받을 수 있습니다.

프롬프트는 위에서 언급한 대로 최대한 단순하고 명료하게 지시해야 하며, 할루시네이션을 미리 방지할 수 있는 문구를 같이 넣어주는 것이 좋습니다. 아무리 단순한 작업일지라도 항상 더 좋은 프롬프트 엔지니어링을 할 수 있도록 연습하기를 추천드립니다.

다음 내용을 토대로 사용자의 질문에 대한 답변을 해줘. 답변들은 짧고 간결하게 해줘. 만약 답변을 모르겠으면 "죄송합니다. 해당 질문에 대해 답변할 수 없습니다."라고 답변해줘.

화이자-바이오엔테크(Pfizer-BioNTech) 백신은 COVID-19를 예방하기 위해 개발된 mRNA 백신 중 하나입니다. 이 백신은 메신저 RNA(mRNA) 기술을 사용하여 신종 코로나바이러스(SARS-CoV-2)의 표면 단백질을 인체에 도입함으로써 면역 시스템을 활성화시키는 것을 목표로 합니다. 화이자 백신은 두 차례의 접종으로 이루어지며, 보통 간격은 3주입니다. 이 백신은 미국 식품의약국(FDA)과 기타 국제적인 보건 당국들로부터 긴급 사용 승인을 받았으며, COVID-19 대응에서 핵심적인 역할을 하고 있습니다. 효과적인 예방과 함께 부작용은 일반적으로 경미하며, 주로 접종 후 통과성인 발열, 근육통, 피로감 등이 나타납니다.

Q: 화이자 백신은 어떤 종류의 백신이야?

화이자-바이오엔테크 백신은 mRNA 백신입니다.

텍스트 분류하기

GPT는 다음 예시처럼 텍스트를 분류하는 것 또한 할 수 있습니다. 다만 GPT-3.5와 GPT-4 모델은 많은 데이터를 영어 위주로 학습시켰기 때문에 한국어 분류에 대한 성능이 영어만큼 좋지 않을 경우가 있습니다. GPT는 어느 정도 감정을 이해하기 때문에, 프롬프트를 요청할 때에도 '제발', '꼭'과 같은 미사여구를 포함하거나 '나에게 정말 중요한 일이야. 제대로 답변 못하면 해고될 수도 있어' 같은 상황 설명을 하면 더 높은 퀄리티의 답변을 생성할 확률이 높습니다.

##지시##
리뷰들을 긍정 혹은 부정으로 평가해줘
##예시##
음식이 정말 맛있었습니다 : 긍정
음식에서 냄새가 나서 별로였어요 : 부정
너무 잘 먹었습니다 : 긍정
제 입맛이랑 맞지 않았습니다 :

제 입맛이랑 맞지 않았습니다 : 부정

코드 작성과 수학 계산

GPT는 앞의 예시들처럼 텍스트를 생성하는 것뿐만 아니라 코드를 대신 작성해주거나 데이터 분류, 계산 또한 잘 합니다. GPT가 작성하는 코드는 꽤 정확하기 때문에, 만약 개발에 대해 배우고 싶다면 GPT와 여러 대화를 해보면서 간단한 웹사이트나 프로그램을 만들어보는 연습을 할 수 있습니다.

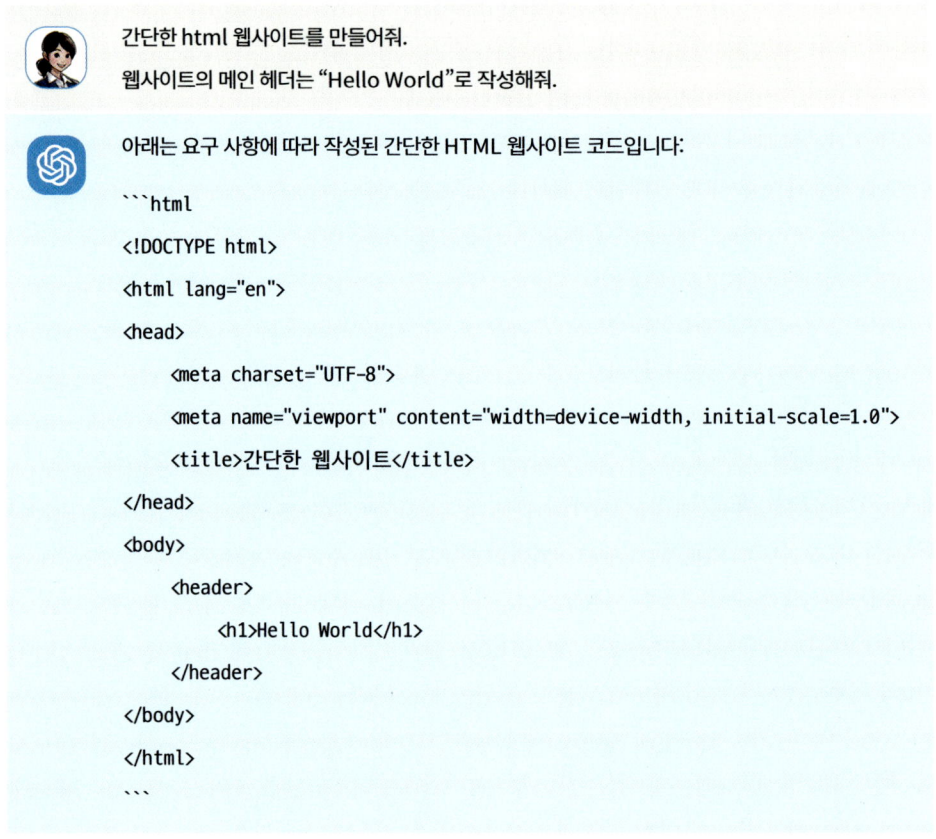

위 코드를 복사하여 .html 확장자로 저장한 후 웹 브라우저에서 열면 "Hello World"가 메인 헤더로 표시된 간단한 웹사이트를 볼 수 있습니다.

이제는 수학 문제를 준 다음 연산 능력이 얼마나 좋은지 확인해보겠습니다.

다음 숫자들 중에서 홀수인 숫자들의 합은 짝수야: 31, 12, 5, 60, 47

 31과 5, 그리고 47은 홀수입니다. 홀수들의 합인 31 + 5 + 47 = 83은 홀수입니다. 따라서 주어진 문장은 틀렸습니다.

정말 간단한 예시이지만, 더 복잡한 수학 문제를 주면 수행을 잘못할 확률이 높습니다. 다음 예제를 확인하면 틀린 답변을 생성한 것을 볼 수 있습니다.

 철수는 5개의 테니스 공을 갖고 있습니다. 철수는 테니스 공이 들어 있는 캔 2개를 더 구매합니다. 각 캔에는 3개의 테니스 공이 들어 있습니다. 현재 철수가 갖고 있는 공의 개수는 몇 개입니까?

 철수가 현재 가지고 있는 테니스 공의 총 개수는 다음과 같이 계산할 수 있습니다:
처음에 가지고 있던 테니스 공: 5개
2개의 캔을 더 구매하여 각각 3개의 테니스 공이 들어 있음: 2 * 3 * 2 = 12개
따라서 철수가 현재 가지고 있는 테니스 공의 총 개수는 5개 + 12개 = 17개입니다.

각 캔에 3개의 공이 들어 있고 2개의 캔을 구매했다면, 추가로 생겨난 공의 개수는 3 * 2 = 6개입니다. 근데 중간 계산식을 2 * 3 * 2 = 12로 잘못 계산하면서 최종 답변이 틀리게 생성됐습니다. 한 번에 계산을 하려고 하다보면 이런 실수가 나타나기 마련입니다. 이를 프롬프트 엔지니어링을 통해 해결할 수 있습니다. GPT 모델에게 '단계별로 생각해서 문제를 풀어줘'라고 하면 조금 더 구체적인 단계별로 문제를 나누어 풀이를 합니다.

 철수는 5개의 테니스 공을 갖고 있습니다. 철수는 테니스 공이 들어 있는 캔 2개를 더 구매합니다. 각 캔에는 3개의 테니스 공이 들어 있습니다. 현재 철수가 갖고 있는 공의 개수는 몇 개 입니까? 단계별로 생각해서 문제를 풀어줘.

 물론입니다. 문제를 단계별로 풀어보겠습니다.

1. **철수가 처음에 가지고 있던 테니스 공의 개수 계산**:
   - 문제에 따르면 처음에 철수가 가지고 있던 테니스 공은 5개입니다.
2. **새로 구매한 테니스 공의 개수 계산**:
   - 새로운 캔을 2개 구매했고, 각 캔마다 3개의 테니스 공이 들어 있습니다.

- 따라서 새로 구매한 테니스 공은 2개 캔 * 3개 = 6개입니다.

3. **총 테니스 공의 개수 계산**:
   - 철수가 처음에 가지고 있던 테니스 공의 개수와 새로 구매한 테니스 공의 개수를 합산합니다.
   - 5개 (처음 가지고 있던 공) + 6개 (새로 구매한 공) = 11개의 테니스 공이 됩니다.

따라서 철수가 현재 가지고 있는 테니스 공은 11개입니다.

이번에는 올바른 답변을 생성했습니다. 이런 식으로 문구 한 개만 추가하여 GPT가 생성하는 답변의 결과를 개선할 수 있는 것을 프롬프트 엔지니어링이라고 합니다.

GPTs란?

GPTs 소개

이번에 소개할 것은 GPTs입니다. 최근 2023년 11월 6일에 OpenAI DevDay 때 샘 올트먼이 발표한 또 다른 혁신적인 기능이 바로 GPTs입니다. GPTs는 개인이 직접 만든 챗봇을 다른 사람들과도 공유할 수 있는 일종의 생성 AI 앱입니다.

기존의 ChatGPT에서는 인공지능과 개인만이 대화할 수 있었다면, 이제는 개인화된 챗봇을 앱 형태로 출시하여 다른 사람들에게 링크로 공유해서 GPT-4를 결제한 누구나 사용하게 할 수 있습니다. 예를 들어, 사내에서 사용할 수 있는 서비스 매뉴얼 챗봇을 모두가 사용할 수 있도록 만들어서 공유하거나, 자신의 기업에 특수화된 마케팅 콘텐츠를 제작해주는 GPTs를 만들어 공유할 수 있습니다. 이 모든 것을 코딩 없이, 오로지 자연어 프롬프트로만 만들 수 있다는 것이 가장 획기적입니다. 이제는 개발자가 아니어도 프롬프트 작성법과 기본 원리를 제대로 알고 있으면 누구나 나만의 개인화된 인공지능 챗봇을 만들 수 있게 된 것입니다.

GPTs 시작하기

GPTs를 사용하기 위해서는 마찬가지로 ChatGPT 웹사이트에 들어간 후, GPT-4로 업그레이드해야 사용할 수 있습니다. ChatGPT와 대화할 때에는 다음과 같이 화면 왼쪽 상단에서 ChatGPT 3.5 혹은 ChatGPT 4를 선택해서 사용했습니다. GPTs를 만들기 위해서는 왼쪽의 사이드바에서 보이는 'Explore GPTs'를 클릭하세요.

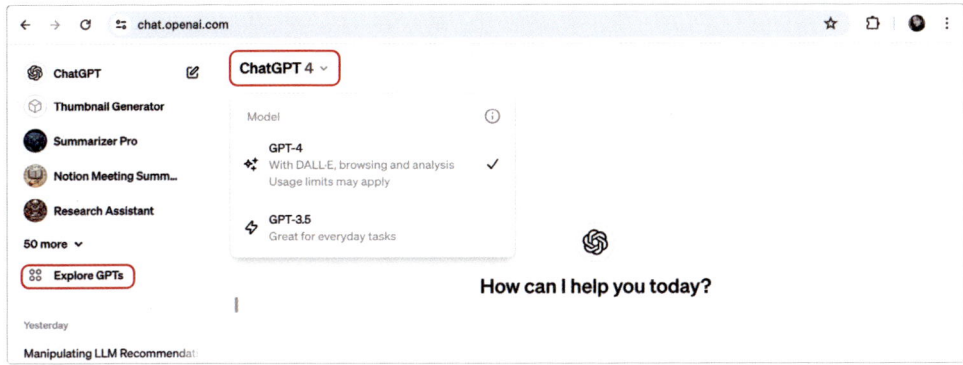

그럼 다음 화면에서 다른 사람들이 만든 GPTs들을 검색하거나 사용해볼 수 있습니다. 일종의 생성 AI 앱스토어인 셈이죠. 인기 있는 GPTs 앱을 확인해볼 수 있고, 카테고리별로도 자신의 업무에 도움이 될만한 GPTs를 찾을 수 있습니다. 화면의 오른쪽 상단에서 'My GPTs' 버튼을 클릭하면 자신이 여태까지 만들었던 GPTs의 리스트가 나오고 편집할 수 있습니다. 새로운 GPTs를 만들고 싶다면 초록색 '+ Create' 버튼을 클릭하세요.

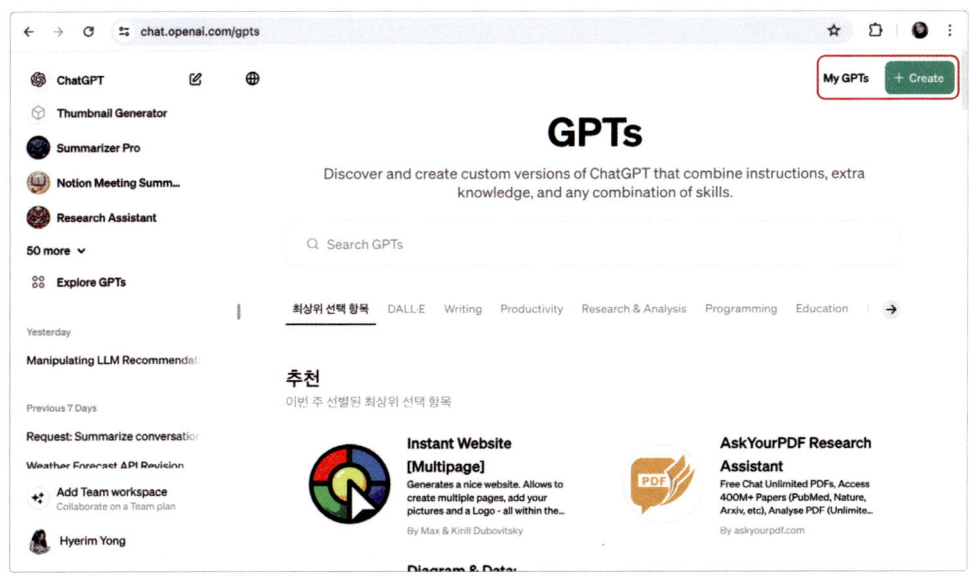

GPTs 구성 요소

'+ Create' 버튼을 클릭하면 다음 화면으로 넘어가게 됩니다. 구성 요소가 꽤 많은데, 각 요소를 잘 활용하는 방법을 알면 더 수월하게 GPTs를 만들 수 있습니다.

가장 먼저 전체 화면을 보면, 왼쪽 화면과 오른쪽 화면으로 나누어져 있어요. 왼쪽 화면에서는 직접 GPTs를 만들기 위해 필요한 프롬프트 엔지니어링, 학습시킬 파일 업로드하기 등과 같은 기능들이 있습니다. 오른쪽 화면에서는 왼쪽 화면에서 만든 GPTs를 바로 테스트해볼 수 있습니다. ChatGPT와 대화할 때처럼 말이죠.

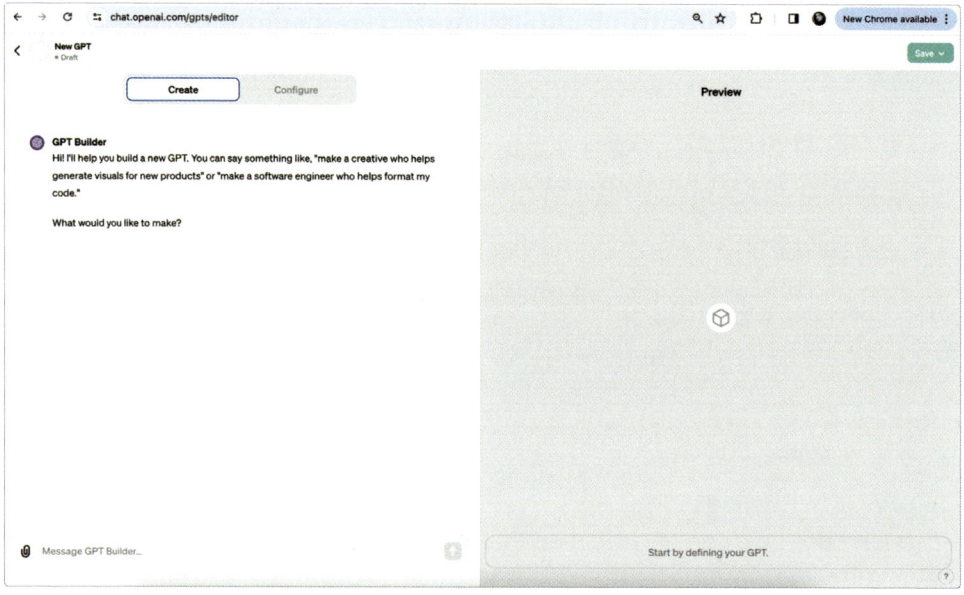

이번에는 왼쪽 화면만 집중해서 살펴보겠습니다. 상단에 'Create'와 'Configure' 버튼이 있어요. Create 기능은 평소 ChatGPT와 대화할 때처럼 만들고 싶은 GPTs에 대해 알려주면 알아서 프롬프트를 짜주고 GPTs를 완성해줍니다. 반면 Configure 기능은 프롬프트, 학습시킬 자료, GPTs 앱 프로필 이미지, 액션 등을 수동으로 입력해야 합니다. 각 기능의 장단점이 있기에, 예시를 통해 어떨 때 어떤 기능을 사용하는 것이 좋을지 보겠습니다.

Create 기능

왼쪽 화면에서 'Create'를 클릭하면 GPT Builder라는 봇과 대화를 하며 GPTs를 만들 수 있습니다. 프롬프트 엔지니어링에 아직 자신이 없으면 GPT Builder에게 그 일을 맡기는 것을 추천드립니다. 만들고 싶은 GPTs에 대해 알려주면 이 봇은 자동으로 프롬프트를 고도화한 후 저장합니다. 그 후 여러 질문들을 연속으로 물어봅니다. 봇이 하는 질문들을 토대로 어떻게 하면 더 좋은 프롬프트를 작성할 수 있는지 감을 잡으며 연습할 수 있죠.

GPT Builder는 프롬프트뿐만 아니라 DALL-E를 활용해서 GPTs의 기본 프로필 이미지도 만들어줍니다. 추가적으로 GPTs의 이름도 추천해주며, 설명과 예시 질문 또한 대신 작성합니다. GPT Builder와 대화할 때에는 처음부터 구체적이고 고도화된 프롬프트를 작성해서 알려줄 필요가 없습니다. 단순한 지시부터 시작해서 여러 번의 대화를 통해 점차 고도화할 수 있습니다.

여행 블로그 콘텐츠를 대신 작성해주는 GPTs를 만들어보겠습니다. 다음과 같이 입력란에 '여행 블로그를 대신 작성해주는 GPTs를 만들어줘'라고 넣은 후 실행합니다. 그럼 'Updating GPT…'라는 문구가 뜨며 툴 이모티콘이 로딩되고 있는 게 보입니다. GPT Builder가 입력한 내용을 토대로 프롬프트를 작성하고 있는 과정입니다.

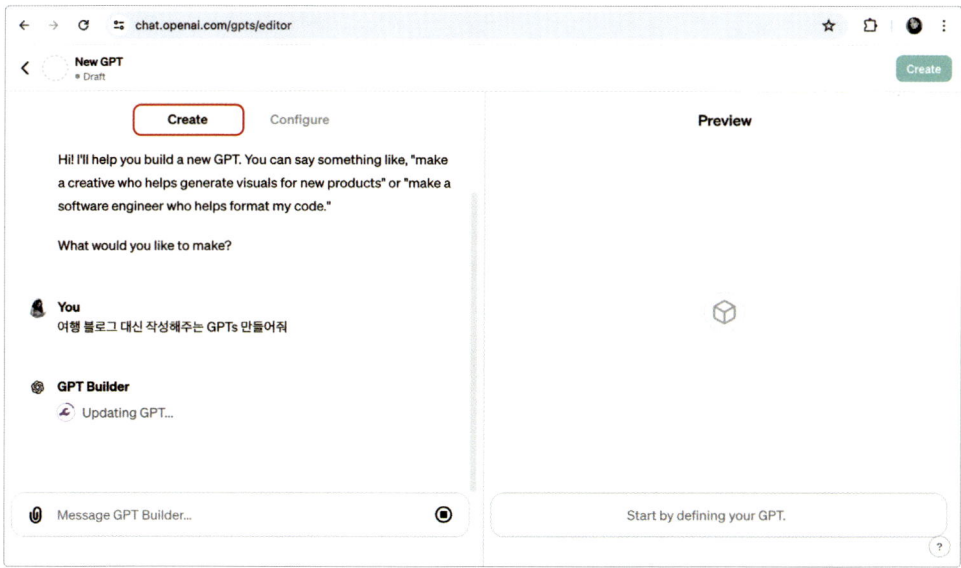

GPT Builder는 여행 블로그 콘텐츠를 대신 작성해주는 GPTs를 만들고 싶다는 요청을 이해했다는 취지로 답변합니다. 그다음 GPTs의 이름까지 추천해주죠. 'Travel Writer'로 이름을 지으면 어떨 것 같아?'라고 물어봅니다.

 Great! Let's start by giving your GPT a name. How about Travel Writer? Do you like this name or do you have another one in mind?

이런 식으로 자동으로 GPTs의 이름을 추천해주고, 화면 오른쪽을 보면 GPTs에 대한 한 줄 설명을 자동으로 작성해주었습니다. 백엔드에서는 GPT Builder가 실제 사용자의 요구에 맞게 프롬프트 엔지니어링을 직접 해서 프롬프트를 저장한 것을 볼 수 있습니다.

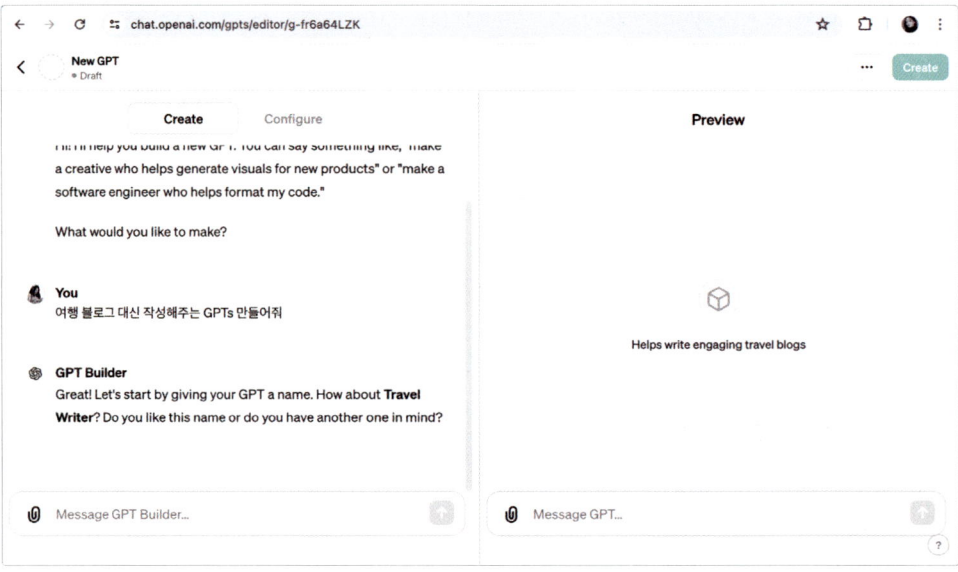

Configure 화면으로 넘어가서 Instructions를 확인해보면 프롬프트가 자동으로 저장되어 있습니다. 마찬가지로 GPTs에 대한 설명은 Description에 저장되어 있고, 기본 예제 질문들도 Conversation starters에 저장되어 있죠.

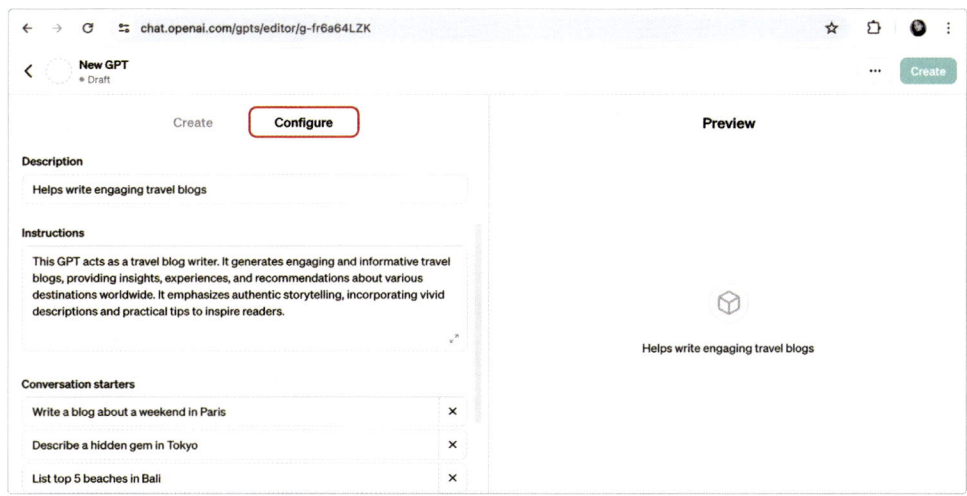

다시 Create 화면으로 돌아가서, GPT Builder에게 GPTs 이름도 완성하고, 영어가 아닌 한국어로 모든 것을 바꿔달라고 요청하겠습니다. 기본적으로 GPTs는 영어를 기반으로 만들어져 있기 때문에 답변을 영어로 해줄 확률이 높습니다.

 GPT 이름 추천해줘. 프롬프트와 설명, 질문들도 다 한국어로 바꿔줘. 답변할 때에도 한국어로 답변해줘.

이렇게 요청을 하면 자동으로 다시 업데이트하기 시작합니다. 추가로 프로필 이미지도 DALL-E를 사용하여 만들어주는 것을 볼 수 있습니다.

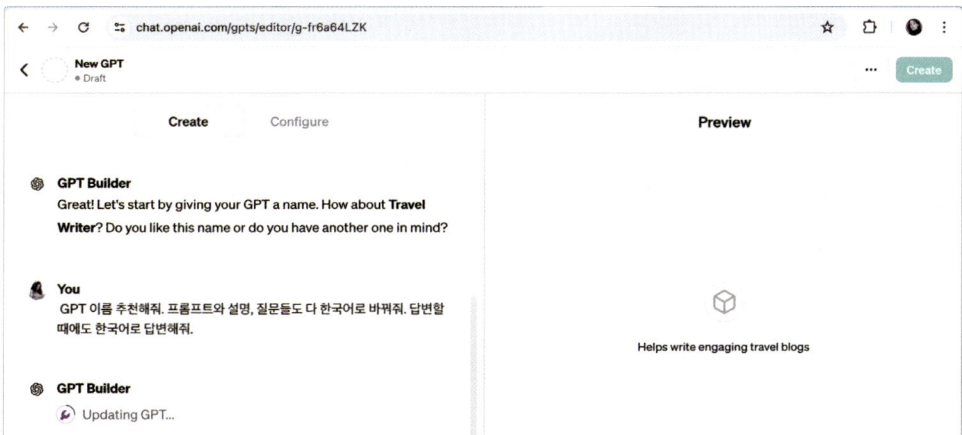

완성이 되면 GPTs의 제목과 설명, 기본 질문이 모두 한국어로 바뀝니다. 이로써 Create 화면만으로 하나의 GPTs를 만들어봤습니다. Create의 장점은 프롬프트 엔지니어링에 대해 자신이 없으면 GPT Builder에게 맡겨서 자동으로 제작하게 할 수 있다는 것입니다. 나머지 이름, 설명, 기본 질문과 프로필 사진까지 생성해주니 빠른 시간 안에 간단하게 만들 수 있습니다.

다만 단점은 프롬프트 할루시네이션이 발생할 수도 있다는 것입니다. 그러므로 꼭 Create 화면에서 프롬프트를 만들고 난 후 Configure 화면으로 넘어가서 Instructions에 있는 프롬프트를 확인하길 바랍니다. 한번 체크하면서 프롬프트를 개선할 수 있는 부분을 개선하고, 더 세부적으로 지시하고자 하는 부분을 직접 추가하면 됩니다.

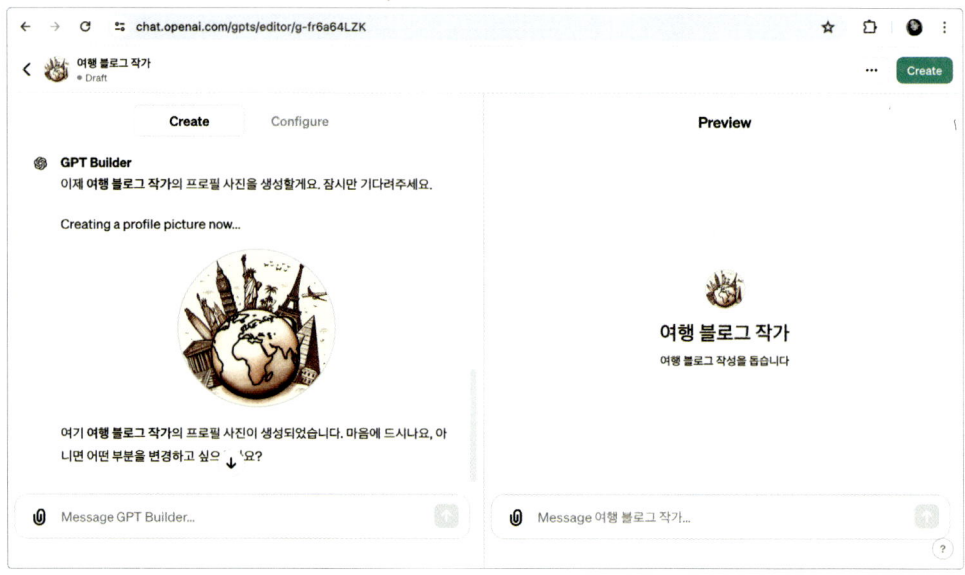

Configure 기능

Configure 화면에 구성 요소가 꽤 많은데, 각 요소가 어떤 기능을 하는지 제대로 알아야 원하는 GPTs를 만들 수 있습니다. 위에서 만든 '여행 블로그 작가' GPTs를 토대로 각 구성 요소를 설명하겠습니다.

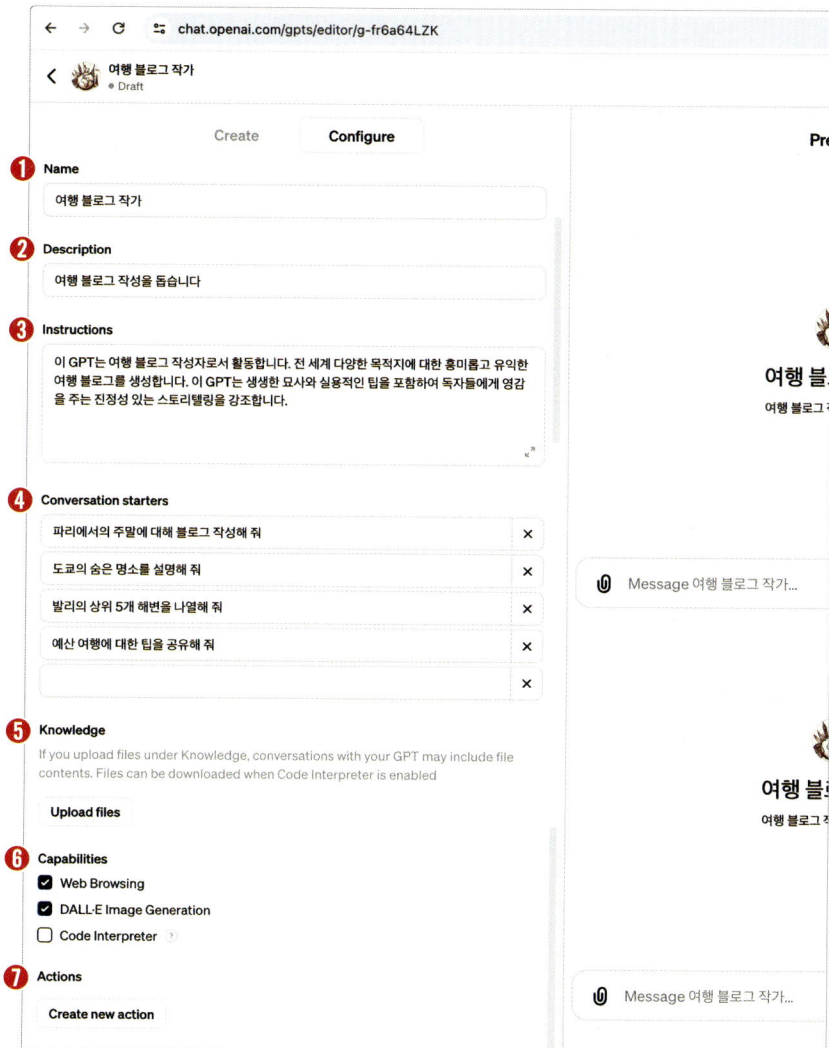

❶ **Name**: GPTs의 이름을 넣는 곳입니다.

❷ **Description**: GPTs의 한 줄 설명을 넣는 곳입니다.

❸ **Instructions**: GPTs의 프롬프트를 넣는 곳입니다. 지시, 문맥, 예시 등을 포함하여 프롬프트 엔지니어링을 알맞게 한 후 저장하면 됩니다.

❹ **Conversation starters**: 만든 GPTs에게 할 수 있는 예시 질문을 여러 개 넣는 곳입니다. 내가 만든 GPTs를 다른 사람들에게 공유할 때 이 GPTs가 어떤 기능을 할 수 있는지 예시 질문을 통해 쉽게 알려줄 수 있는 기능입니다.

❺ **Knowledge**: GPTs에게 학습시킬 파일들을 업로드하는 곳입니다. GPTs가 이해를 더 잘 할 수 있도록 문맥 정보들을 제공하기 위해 PDF 파일, 혹은 엑셀 파일 등과 같은 다양한 여러 개의 파일들을 업로드할 수 있습니다.

❻ **Capabilities**: GPTs를 더 고도화하려면 원하는 기능 세 가지를 추가할 수 있습니다. Web Browsing은 GPTs가 사용자의 요구를 실행하면서 실시간으로 웹 검색을 하도록 허용하는 기능입니다. DALL-E Image Generation 기능은 GPTs가 도중에 이미지 생성을 해야 할 일이 있다면 체크해놓는 것이 좋습니다. 마지막으로 Code Interpreter는 복잡한 데이터를 다뤄야 하는 일이 생겼을 때 GPT 모델이 계산을 하기 위해 코드를 짤 수 있도록 허용하는 것입니다. 기본적으로 무언가를 계산해야 하는 일이 있을 때 무조건 Code Interpreter를 허용해놓기를 추천합니다.

❼ **Actions**: 외부 서버를 호출해서 GPTs 내에서 사용할 수 있도록 연동하는 기능입니다. GPT 모델만으로 내가 구현하고자 하는 앱을 만들 수 없다면, 내가 직접 만든 서버에 포함되어 있는 기능을 GPTs와 연동할 수 있도록 하는거죠. 예를 들어, 대한민국의 기상청 정보를 GPTs 내에서 다루고 싶은데 GPTs의 웹 검색 기능만으로 그 데이터를 불러오는 데에 한계가 있으면 기상청 정보를 실시간으로 업데이트해주는 웹사이트의 서버를 Actions로 호출할 수 있습니다.

만약 프롬프트 엔지니어링에 자신이 있고 내가 만들고자 하는 앱이 확실하면 수동으로 Configure 화면에서 직접 입력하면 됩니다. 하지만 그 외 부수적인 이름, 설명, 기본 예시 질문은 Create 화면에서 자동으로 처리해주니 시간 단축을 위해 두 기능을 번갈아가면서 쓰면 훨씬 효율적으로 GPTs를 만들 수 있습니다.

GPTs 공유하기

내가 만든 GPTs를 다른 사람들과 공유하고 싶으면 다음과 같이 오른쪽 상단에 있는 'Create' 버튼을 클릭하세요. 그럼 총 세 가지 옵션이 나타납니다. 첫 번째 옵션인 **Only me**는 내가 만든 GPTs를 비공개로 쓰겠다는 뜻이고, **Anyone with the link**는 GPTs의 링크를 공유받은 사람들만 사용할 수 있게 하는 기능입니다. 마지막으로 **Publish to GPT Store**는 모두가 사용할 수 있게 공개하는 기능입니다. GPTs 같은 경우에는 GPT-4를 결제한 사람들만 서로 공유하며 사용할 수 있습니다. 즉 GPT-3.5를 쓰고 있는 상대방에게 내가 만든 GPTs를 공유해도 사용하지 못한다는 단점이 있습니다.

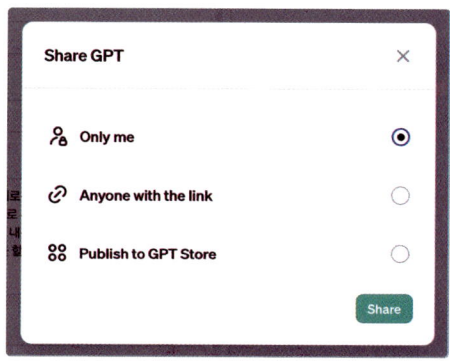

Anyone with the link로 선택한 후 'Share' 버튼을 클릭하면 GPTs를 공유할 수 있는 링크가 화면에 나타납니다. 해당 링크를 복사한 후 공유하고자 하는 사람에게 링크를 보내면 됩니다.

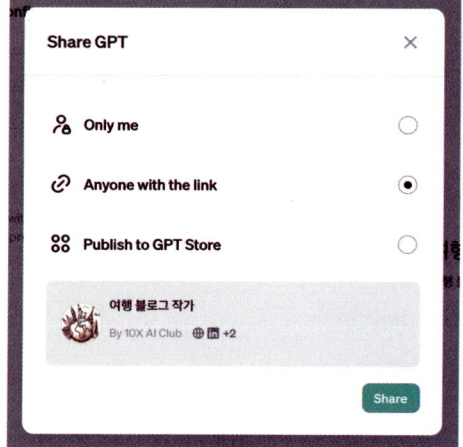

마지막으로 **Publish to GPT Store**를 선택해서 공개로 출시하고자 하는 경우, **Category**를 선택할 수 있습니다. 이는 GPTs Store에 내 앱이 올라갈 때 더 잘 분류하기 위해 여러 카테고리 중 해당되는 카테고리를 선택하면 됩니다.

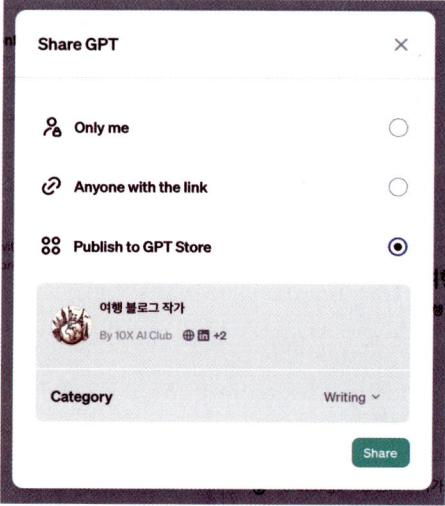

그런 다음 'Share' 버튼을 클릭하면 방금 만든 GPTs와 대화할 수 있는 화면으로 넘어갑니다.

추가로 알아야 할 것은 GPTs를 공유할 때 누가 만들었는지 보여주는 빌더 프로필을 설정할 수 있다는 것입니다. 다음 화면을 보면 '여행 블로그 작가' 제목 밑에 'By 10X AI Club'이라는 정보가 나와 있습니다. 자신의 개인 혹은 기업 웹사이트를 홍보하고 싶으면 따로 도메인을 설정해서 이름 대신 링크를 보여줄 수 있어요. 원하지 않는다면 자신의 이름으로 설정하면 됩니다.

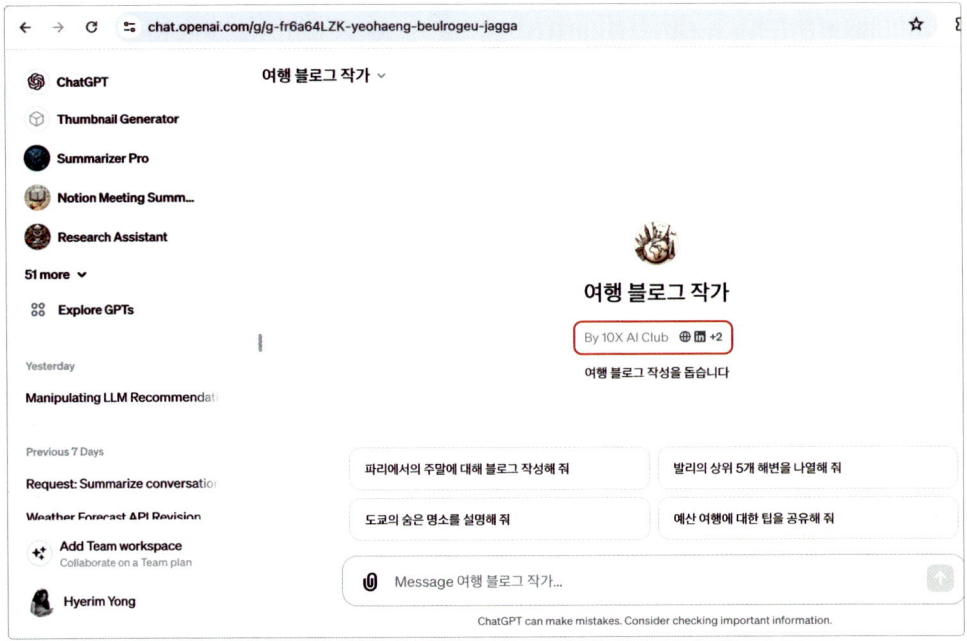

빌더 프로필을 설정하려면 먼저 다음과 같이 왼쪽 하단에 있는 내 이름이 나와 있는 프로필을 클릭하세요. 그다음 'Settings'를 클릭하세요.

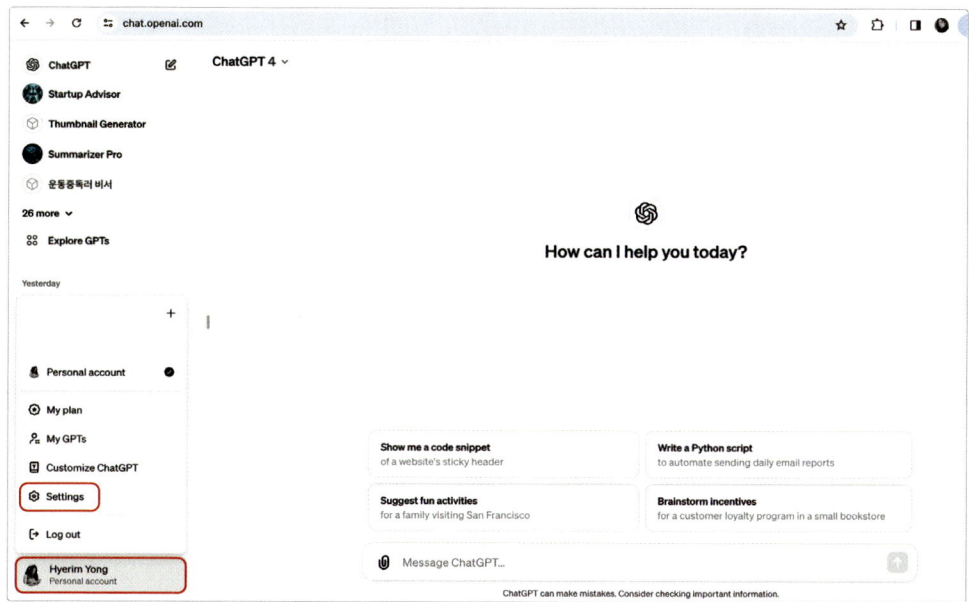

Settings 화면에서 'Builder Profile' 탭을 클릭하면 다음과 같은 화면이 나타납니다. Name 부분은 GPTs를 처음 결제할 때 입력한 개인 정보에서 저장된 이름입니다. 이름이 아닌 개인 혹은 기업 웹사이트를 대신 보여주고 싶다면 Links 섹션에서 설정하면 됩니다.

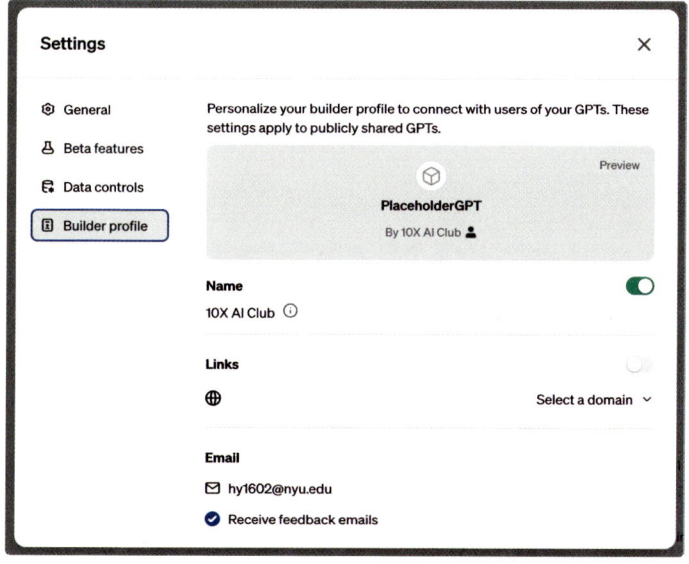

GPTs Store

여태까지 GPTs의 작동법과 구성 요소에 대해 살펴봤습니다. GPTs 기능은 2023년 11월 6일 Devday에서 나왔지만 GPTs Store는 당시에 바로 공개되지 않았습니다. 자신이 만든 GPTs를 다른 사람들과 링크로 공유할 수 있었지만, 한 번에 수만 가지의 GPTs 앱을 확인할 수 있는 방법이 없어 불편했습니다.

몇 개월이 지난 2024년 1월 10일에 GPTs Store가 세상에 공개되었습니다. GPTs Store 플랫폼 내에서는 구글과 같이 여러 카테고리별로 사람들이 가장 많이 쓰는 GPTs 앱들을 바로 확인할 수 있게 되었죠. Devday 당시에 샘 올트먼은 사람들이 가장 많이 사용하는 앱 위주로 OpenAI 측에서 수익 배분을 한다고 발표했습니다. 아직까지는 구체적으로 어떤 기준으로 수익을 분배한다고 공개하지 않았지만, 2024년 1분기부터 미국 사용자들 한정으로 수익을 지급한다고 발표했습니다. 현재의 안드로이드 및 애플 앱 스토어와 같이 GPTs Store도 커질 전망이기 때문에 미리 여러 개의 GPTs들을 테스트해보며 만드는 것을 추천합니다.

ChatGPT 화면의 왼쪽 사이드바에서 **'Explore GPTs'** 버튼을 클릭하면 GPTs Store로 넘어갑니다.

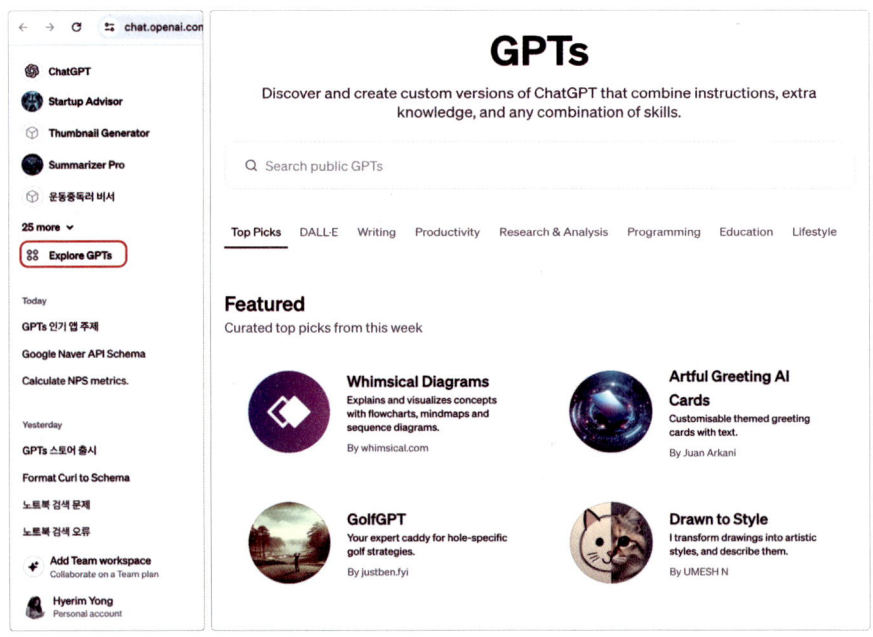

GPTs Store에는 여러 카테고리가 설정되어 있습니다. Trending은 실시간 인기 순위 GPTs 앱을 나열하고 있고, 그 밑으로 ChatGPT 팀이 만든 앱인 By ChatGPT, 이미지 생성 모델 DALL-E를 활용한 앱인 DALL-E, Writing(글쓰기), Productivity(생산성), Research & Analysis(리서치 및 분석), Programming(프로그래밍), Education(교육), Lifestyle(일상생활) 카테고리가 있습니다. 자신의 GPTs를 앱스토어에 올리고 싶다면 GPTs를 저장할 때 Publish to GPT Store로 저장하면 됩니다.

GPTs Store 분석

GPTs Store의 인기 순위에 있는 앱들을 크게 두 가지의 주제로 분류할 수 있습니다. 대중적으로 쓰이는 앱들은 첫 번째로 업무 자동화 툴이며 두 번째로는 창의적 콘텐츠 자동화 툴입니다. 업무 자동화 툴은 말 그대로 필요한 논문 혹은 자료를 바로 찾아주는 리서치 자동화 툴이 있고, 창의적 콘텐츠 자동화 툴은 포스터, 로고, 프레젠테이션, 동영상 등과 같이 텍스트뿐만 아니라 다양한 형태의 이미지 콘텐츠들을 생성해주는 앱입니다.

인기 앱들을 하나씩 테스트해보면 대부분 하나의 공통점을 갖고 있습니다. 인기 순위에 매번 자리를 차지하고 있는 Canva GPT를 통해 살펴보겠습니다. 링크(https://chat.openai.com/g/g-alKfVrz9K-canva)를 타고 들어가면 다음과 같은 화면이 나옵니다. 가장 먼저 확인할 수 있는 것은 **Canva**라는 이름 아래에 **By canva.com** 링크가 걸려 있는 것입니다. 링크를 클릭하면 Canva라는 기업의 플랫폼으로 넘어가게 되는데, Canva는 다양한 형태의 그래픽 디자인을 쉽고 편리하게 편집할 수 있는 툴입니다. GPTs가 출시되면서 자신의 서비스를 GPT와 연동하여 더 많은 대중들이 쉽게 쓸 수 있도록 홍보하기 위해 만들었다고 볼 수 있죠.

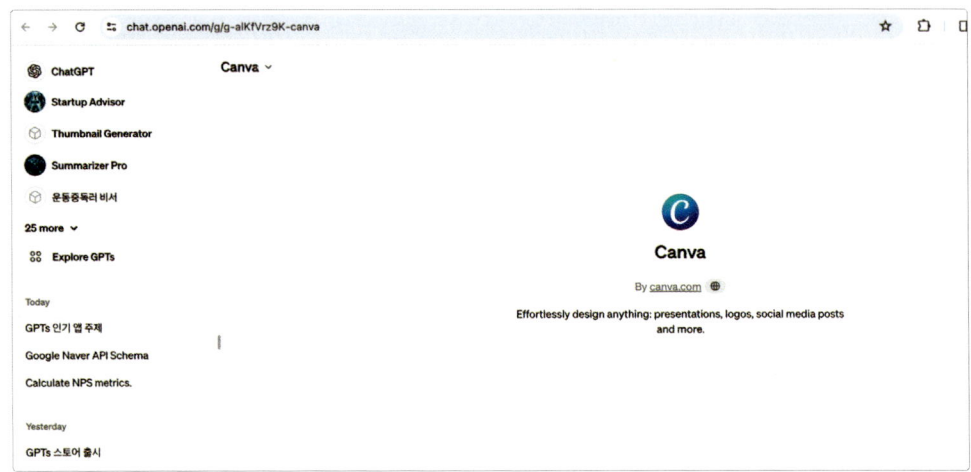

　이런 식으로 외부 플랫폼에서 제공하고 있던 기술을 GPT와 연동하면 수동으로 디자인했어야 하는 부분들을 GPT 모델을 통해 자동으로 디자인할 수 있는 성능이 추가됩니다. 프롬프트에 '내 온라인 스토어를 위한 핼러윈 할인 이벤트 포스터를 만들어줘'라고 요청하면 'Starting action'이라는 로딩 문구가 나타납니다. 이는 Canva가 GPTs를 만들 때 Action이라는 구성 요소를 활용하여 자기 기업의 서버를 GPTs와 연동했다고 이해할 수 있습니다. 즉 사용자가 포스터 혹은 프레젠테이션을 만들어달라고 요청할 때마다 Canva의 서버를 호출해서 필요한 기능들을 GPT에게 제공한다는 것입니다.

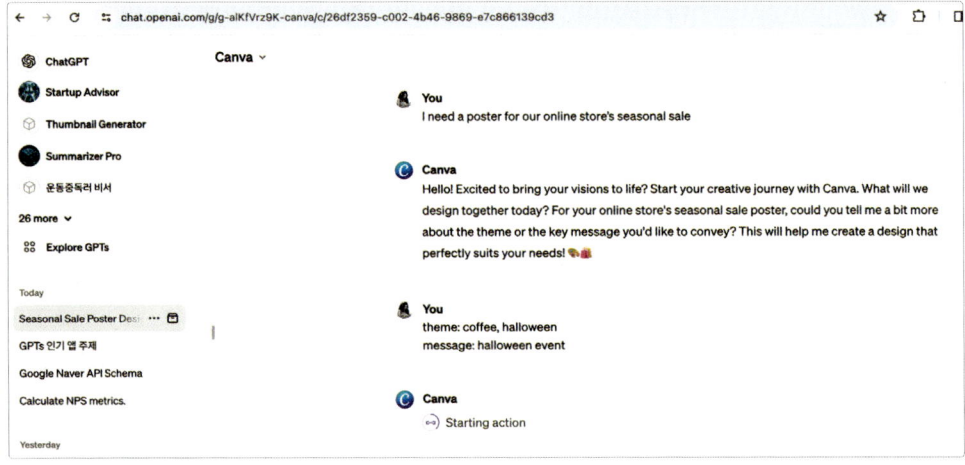

생성이 완료되면 다음과 같이 두 가지 버전의 포스터가 생성되고, 마음에 드는 포스터를 클릭합니다.

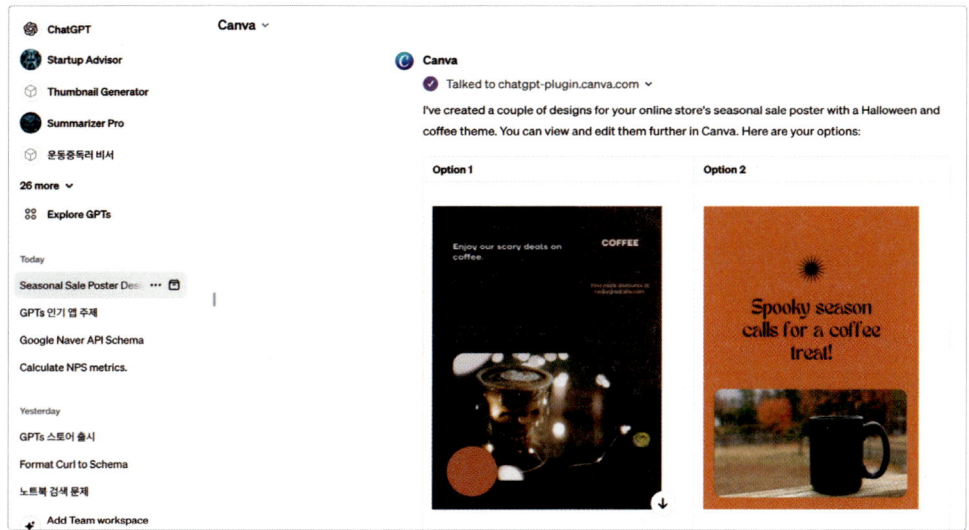

다음과 같이 해당 디자인을 Canva 플랫폼에서 직접 편집할 수 있는 화면으로 넘어갑니다.

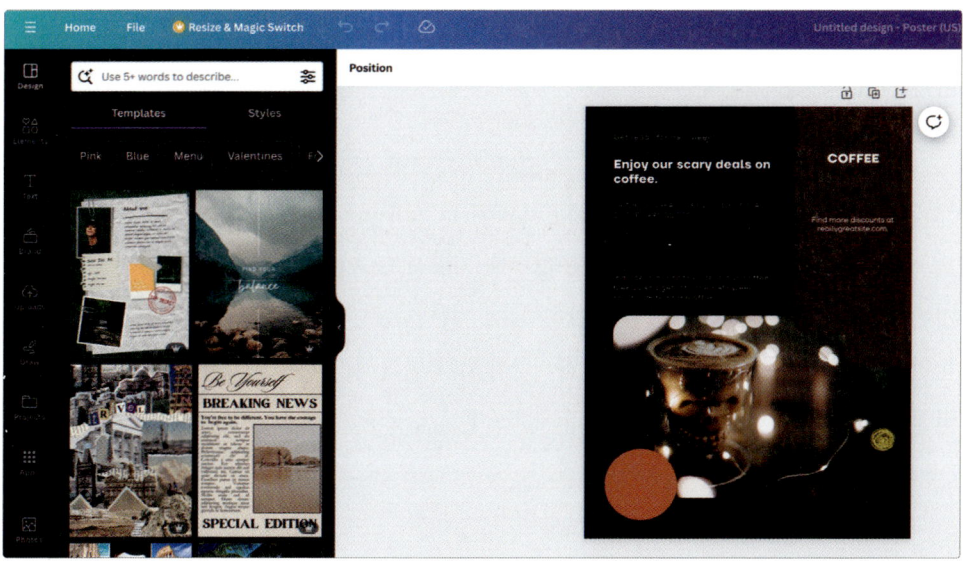

인기 순위에 있는 GPTs들은 개인이 만든 앱도 있지만, 대부분은 이런 식으로 기업 혹은 스타트업에서 이미 만들어놓은 기술들을 GPTs Action을 통해 연동하여 앱을 만듭니다. 그럼 연결된 기능들은 GPT 모델에 의해 한층 더 업그레이드되고, 사용자들은 이미 어느 정도 익숙해진 ChatGPT 화면의 채팅 기능을 통해 더 쉽게 업무를 자동화하거나 콘텐츠를 창작할 수 있게 됩니다.

즉 사용자들의 입장에서는 ChatGPT라는 한 플랫폼 내에서 여러 기업의 기능을 새로 배울 필요 없이 채팅만으로도 원하는 결과물을 얻을 수 있게 됐습니다. 기업의 입장에서는 자신의 기술력을 GPT와 연동하여 GPTs Store 내에서 더 많은 대중들에게 홍보할 수 있는 이점이 있습니다.

Canva뿐만 아니라 동영상을 자동으로 생성해주는 Video GPT by VEED라는 앱도 있고, 플로차트나 그래프를 자동 생성해주는 Whimsical Diagrams 앱도 있습니다. 이 모두 기존에 있던 기능을 해당 스타트업 혹은 기업에서 GPT와 연동하여 만든 앱입니다.

그래서 만약 GPTs Store를 통해 수익을 얻고 싶다면 현재 단계에서는 일반인으로서 한계가 있습니다. 기업은 자신의 기술력을 바탕으로 GPTs를 만들지만, 일반인 입장에서는 따로 이런 기능들을 직접 개발해서 연동하지 않는 이상 만들 수 있는 종류의 GPTs에는 제한이 있죠. GPTs 수익 기준 또한 사용하는 사람들이 많아야 수익이 발생하는 구조인데, 이미 어느 정도의 네트워크와 고객 풀이 있는 기업에게는 이 또한 홍보를 통해 쉽게 달성할 수 있습니다.

기업 같은 경우에는 더 대중적인 수요를 타기팅할 확률이 높기 때문에, 각 기업 혹은 개인에게 필요한 맞춤형 GPTs를 제작하기엔 자본이 많이 들고 비효율적입니다. 그러므로 일반인 입장에서는 자신의 실생활 업무에 적용할 수 있는 커스텀 GPTs를 직접 만드는 것이 더 나은 수익화 전략입니다. 예를 들어, 선생님들만을 위해 생활기록부를 자동으로 작성해주는 GPTs를 만들 수 있고, 자기소개서와 이력서를 자동으로 작성해주는 GPTs를 만들 수도 있죠.

02

일상 업무에 적용할 수 있는 업무 자동화 GPT

    하루에 8시간 이상씩 일하면서 분명 반복적으로 하는 작업들이 많을 것입니다. 이런 일들이 쌓이다 보면 시간 낭비뿐만 아니라 너무 많은 에너지 소모가 되기 마련이죠. 이러한 문제를 해결해주기 위해 여러 반복적인 업무를 한 개의 업무 자동화 파이프라인으로 만들어주는 웹사이트, Zapier가 있습니다. 이번 파트에서는 GPTs 앱 자체를 Zapier와 연동하여 수천 가지 앱 위에 GPT 기능을 탑재하는 방법에 대해 알아보겠습니다.

    더 구체적으로는 이메일 관리, 일정 관리, 문서 작성 등의 일상 업무를 자동화하며, 시간을 절약하고 생산성을 향상시킬 수 있는 툴을 만들어볼 예정입니다. ChatGPT의 가장 큰 장점은 복잡한 코딩 없이 자연어만으로도 이런 효율적인 업무 자동화 시스템을 구축할 수 있다는 것입니다. 이제 본격적으로 어떻게 만들 수 있는지 살펴보겠습니다.

Zapier란?

Zapier 소개

Zapier는 ChatGPT가 나오기 이전부터 있었던 업무 자동화 툴입니다. 6,000개가 넘는 앱을 서로 연동해서 반복되는 업무를 자동화할 수 있는 파이프라인을 구성할 수 있습니다. 예를 들어, 구글 시트(Google Sheets, 엑셀 파일 형식)에 고객사 이메일과 정보가 저장되어 있는 파일을 Gmail과 연동하면 여러 고객사에게 한 번에 이메일을 보낼 수 있습니다. 다른 예시로는 블로그 콘텐츠를 작성하고 나서 인스타그램, 페이스북, 워드프레스 등과 같은 여러 플랫폼에 한 번에 업로드할 수 있는 파이프라인을 구현할 수 있습니다. 이런 식으로 Zapier를 활용하여 몇천 개의 앱을 서로 연동하면 다양한 업무를 자동화할 수 있는 장점을 갖고 있습니다.

Zapier의 화면 구성 요소를 통해 더 자세하게 알아보겠습니다. Zapier 링크(www.zapier.com)로 들어가면 첫 화면이 다음과 같이 나타납니다. 먼저 계정을 만들어야 합니다. 화면의 오른쪽 상단에 'Log in' 혹은 'Sign up' 버튼을 통해 로그인해주세요. 구글에서 제공하는 다양한 서비스들, 구글 폼, 구글 문서, Gmail, 구글 드라이브 등을 연동하기 위해서는 구글 계정으로 로그인하기를 추천합니다.

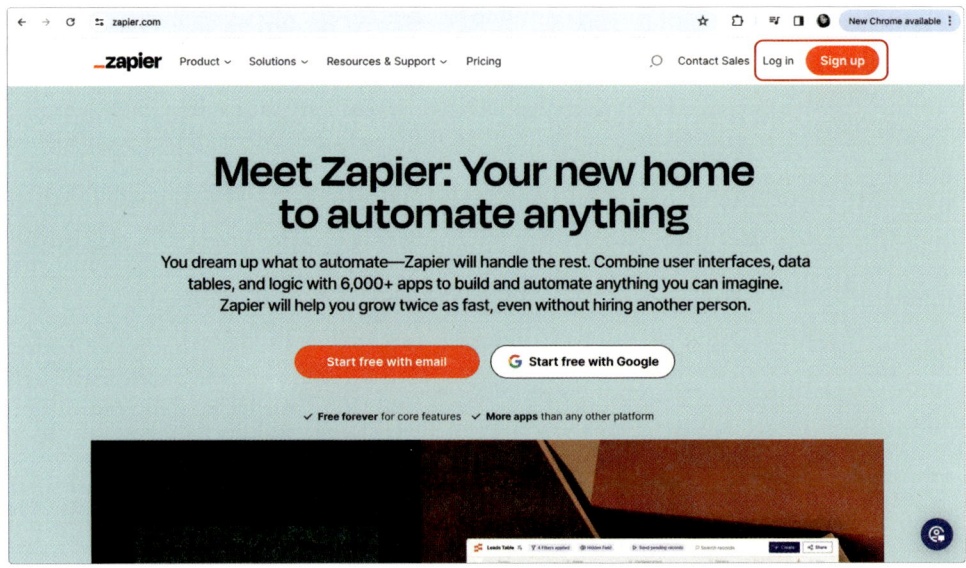

첫 회원가입을 하면 'Get started'를 클릭하고 몇 가지 기본 질문에 대답하면 됩니다.

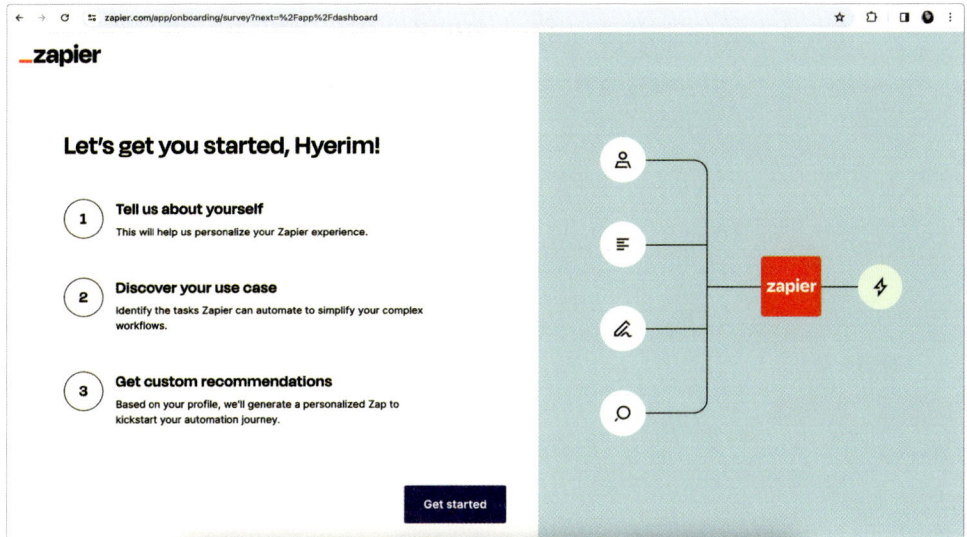

다음은 자동화할 앱들을 몇 가지 선택하는 것인데, 일단은 임의로 앱 두 개만 선택한 후 다음 단계로 넘어가주세요.

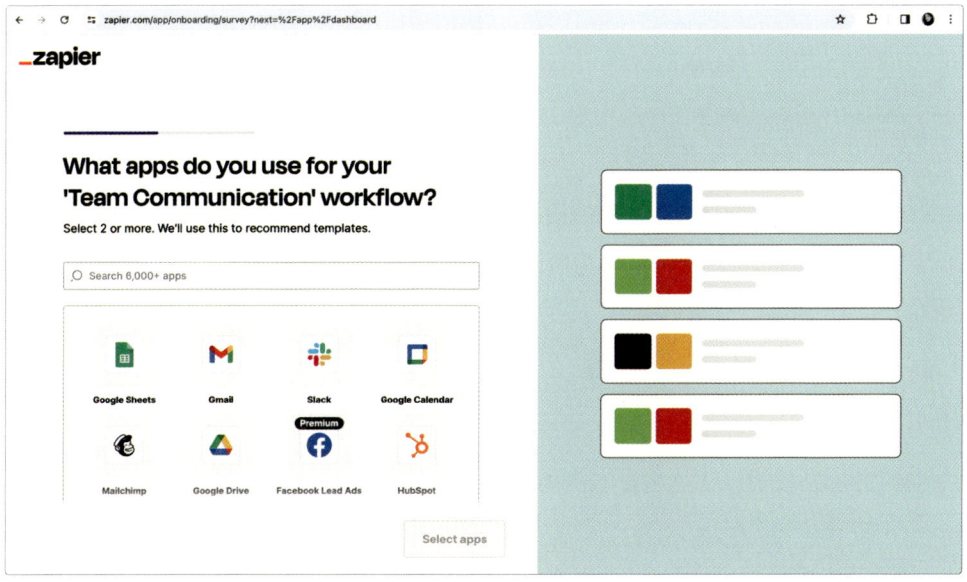

설정을 완료하면 기본 화면이 나타납니다. Zapier 내에서 사용하는 몇 가지 단어들이 있어 먼저 개념 설명을 하겠습니다. Zap은 여러 앱을 서로 연동하여 만든 파이프라인을 뜻합니다. 그래서 'Create a Zap'은 필요한 업무 자동화 파이프라인을 만든다는 것이죠. 각 앱마다 연동할 수 있는 액션 혹은 태스크도 여러 가지가 있습니다. 예를 들어, Gmail을 활용한 Zap을 만들고자 할 때 Gmail: Send Email(이메일을 자동 전송하는 기능) 혹은 Gmail: Find Email(원하는 이메일 바로 찾아주는 기능) 등이 있어요. 이렇게 여러 태스크를 서로 연결하여 Zap을 만드는 것입니다.

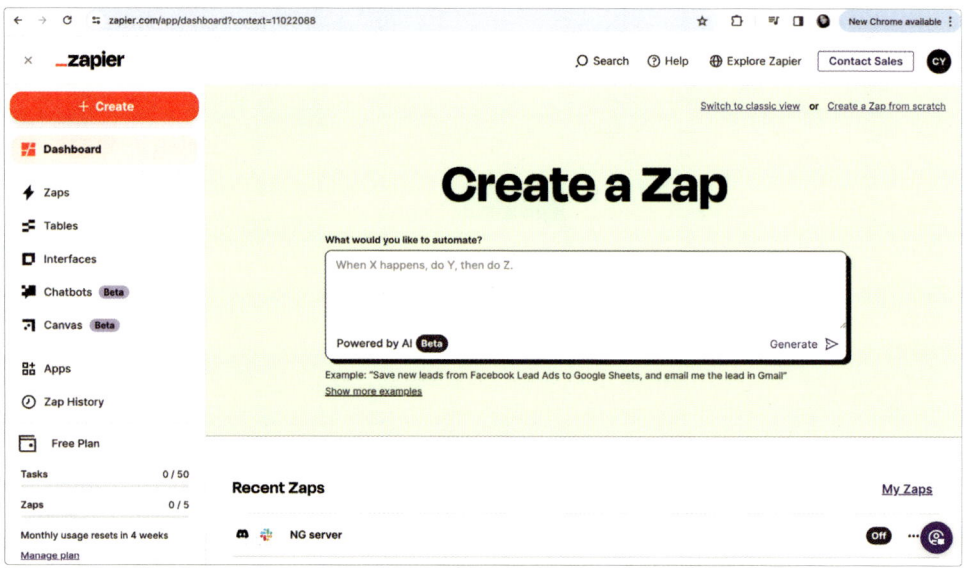

현재 무료 트라이얼 플랜에서는 5개의 Zap 파이프라인을 만들 수 있고, 태스크는 50가지의 액션을 사용할 수 있습니다. 더 많은 파이프라인과 태스크를 사용하려면 유료 플랜으로 업그레이드해야 합니다.

앞 파트에서 봤던 GPTs Store의 인기 순위에 있는 앱 대부분은 Action 기능을 통해 외부 서버와 GPTs를 연동한 자동화 툴이었습니다. GPTs와 연동하기 위해서는 직접 외부 서버를 호출할 수 있는 코드를 만들어야 하고, 그 과정이 비전공자에겐 다소 복잡하게 느껴질 것입니다. 하지만 Zapier는 따로 개발을 하지 않더라도 쉽게 연동을 할 수 있어 나에게 맞는 커스텀 GPT를 만들 때 다양하게 활용할 수 있습니다.

Zapier와 GPTs를 연동하는 것은 현재 무료로, 무제한의 태스크를 사용하여 만들 수 있습니다. 그렇기에 만들 수 있는 GPTs도 무궁무진합니다. 예를 들어, Gmail과 GPTs를 연결하여 이메일을 자동으로 작성하게 한 다음 보내주는 것까지 자동으로 할 수 있고, 미팅 내용을 토대로 자동 정리한 후 다른 팀원들과 공유하기 위해 슬랙 채널에 알아서 보내주는 GPTs도 만들 수 있습니다. 또한 여러 앱을 한 개의 GPTs 내에서 다룰 수 있기 때문에 수많은 업무 자동화 앱들을 통해 업무 효율성을 높일 수 있죠.

이번 파트에서는 여러 사례를 통해 Zapier와 GPTs의 활용법에 대해 설명하겠습니다.

스케줄 관리 비서

가장 간단한 기본 예제를 통해 Zapier와 GPTs를 어떻게 연동하여 사용할 수 있는지 살펴보겠습니다. 여기서 만들어볼 앱은 구글 캘린더와 GPT를 연동하여 내 오늘 하루 일정을 알아서 불러오고, 일정을 추가, 삭제해주는 것까지 자동으로 해주는 앱입니다. 일종의 개인 스케줄 담당 비서와 같은 것이죠.

실습을 위해 필요한 준비물은 Zapier 계정, 구글 계정, GPTs입니다. 앞으로 모든 Zapier를 연동한 GPTs를 만들 때에는 공통적으로 다음 단계들을 실행할 것입니다. 꽤 반복적인 작업이기 때문에, 추후에 할 실습들에서 크게 바뀔 부분은 1번, 3번, 4번입니다. 프롬프트 또한 정해진 구조가 있어서 많이 바뀌지 않습니다.

1. GPTs Name, Description 설정하기
2. GPTs Actions에서 Zapier 연동하기
3. Zapier AI Actions에서 사용하고자 하는 앱과 앱의 특정 태스크 설정하기
4. GPTs 프롬프트 작성하기
5. 테스트 및 저장 후 배포하기

1. GPTs Name, Description 설정하기

ChatGPT에서 새 GPTs를 생성합니다. Configure 화면으로 가서 Name은 '스케줄 관리 비서'로 하고, Description은 빈칸으로 두거나 '캘린더 일정을 관리해주는 비서'라고 입력합니다.

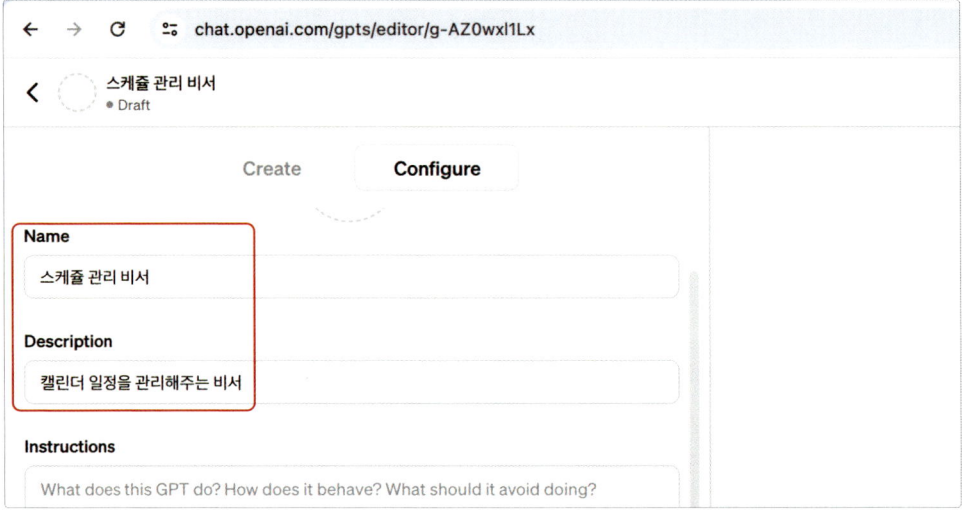

2. GPTs와 Zapier 연동하기

그다음 Zapier와 GPTs를 Action을 통해 연동할 것입니다. Configure 화면에서 Actions 섹션으로 내려간 다음 **'Create new action'** 버튼을 클릭하세요.

'Import from URL' 버튼을 클릭하세요.

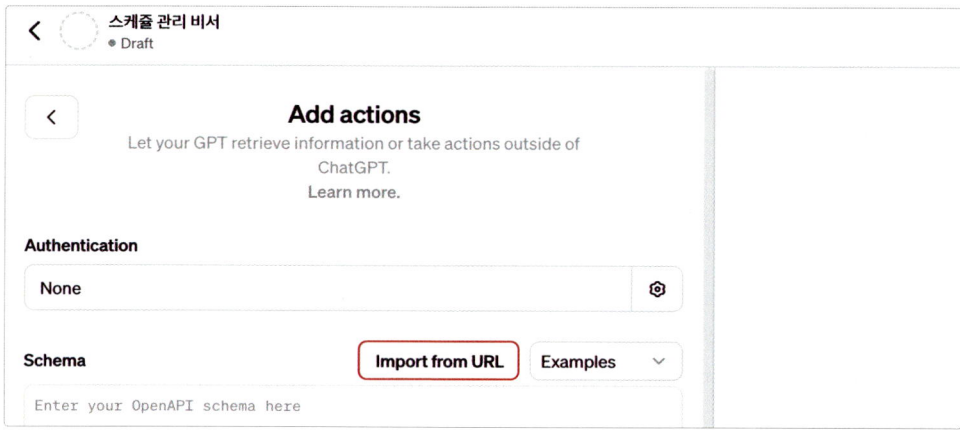

클릭했을 때 생기는 빈칸에 다음 링크를 복사해서 붙여넣으세요.

- [링크] https://actions.zapier.com/gpt/api/v1/dynamic/openapi.json?tools=meta

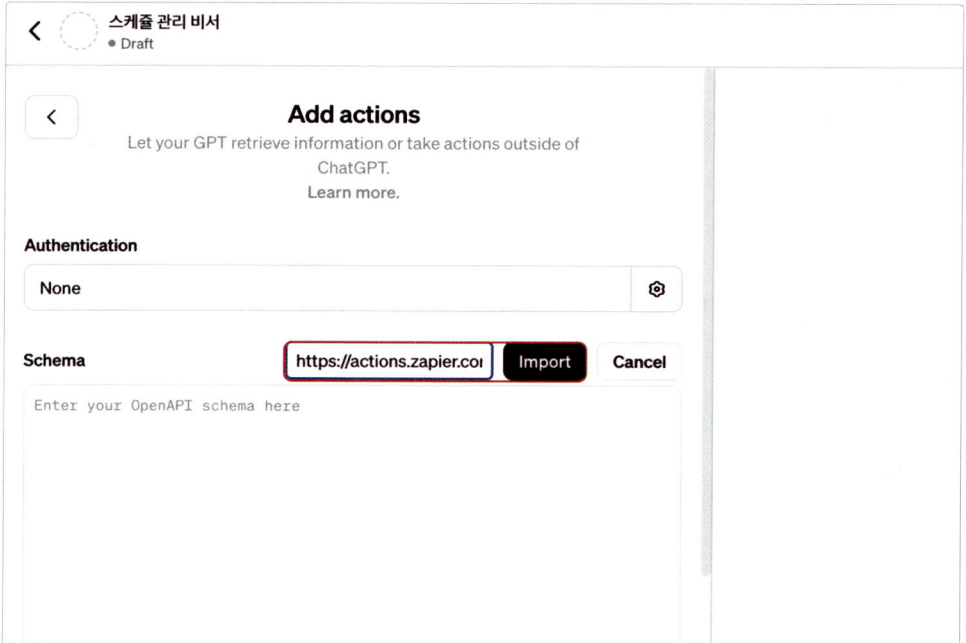

그런 다음 'Import' 버튼을 클릭하면 Zapier와 연동이 됩니다. 연동이 제대로 되었다면 다음과 같은 화면이 나타납니다.

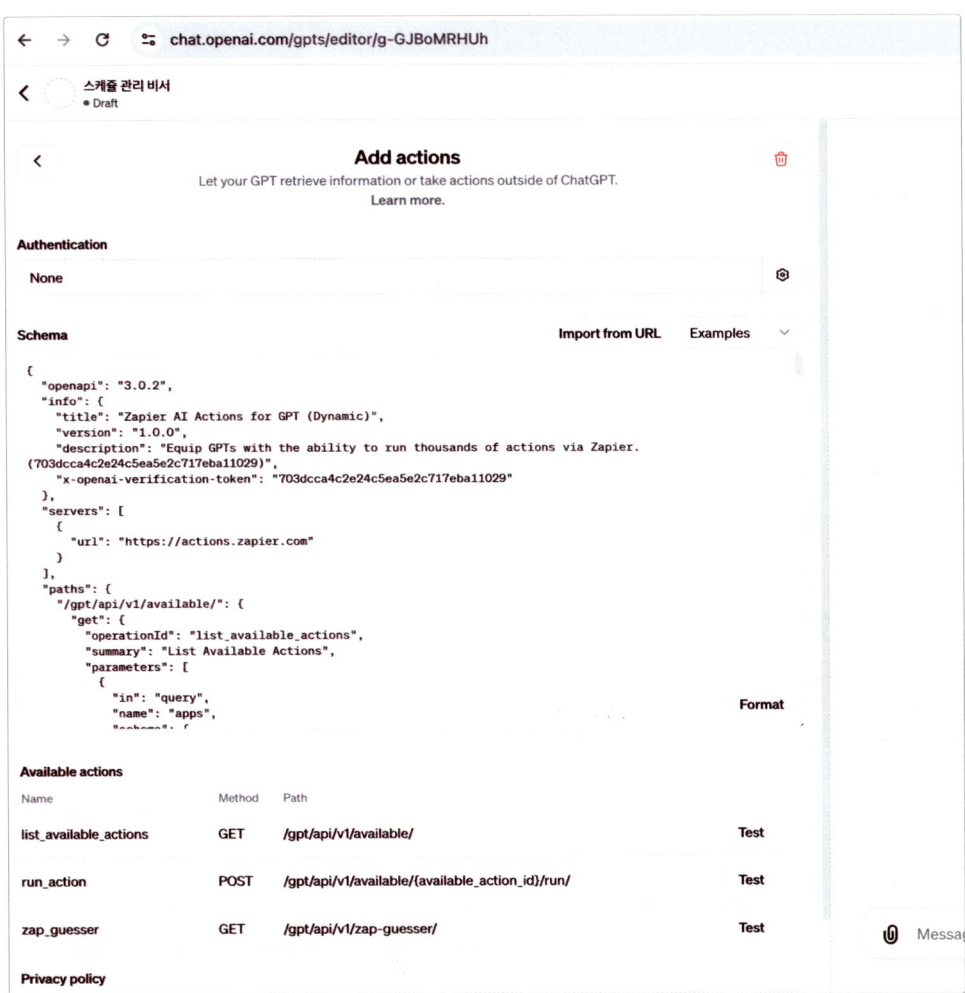

3. Zapier에서 앱과 태스크 연동하기

Zapier에서 GPTs와 연동하고 싶은 특정 앱과 액션을 활성화해야 합니다. 스케줄 관리 비서를 만들기 위해서는 구글 캘린더를 연동해야 합니다. 다음 링크 화면으로 가주세요. 링크를 타고 들어가면 처음에 인증을 해야 하는 화면이 뜰 것입니다. 거기서 파란색

'Allow' 버튼이 뜹니다. 버튼을 누르면 ChatGPT 화면으로 다시 돌아올 것입니다. 그럼 다시 한번 이 링크로 들어와주세요.

- [링크] https://actions.zapier.com/gpt/actions/

그럼 다음 화면으로 넘어옵니다. 여기서 원하는 앱의 액션을 연동하기 위해서 'Add a new action' 버튼을 클릭하세요.

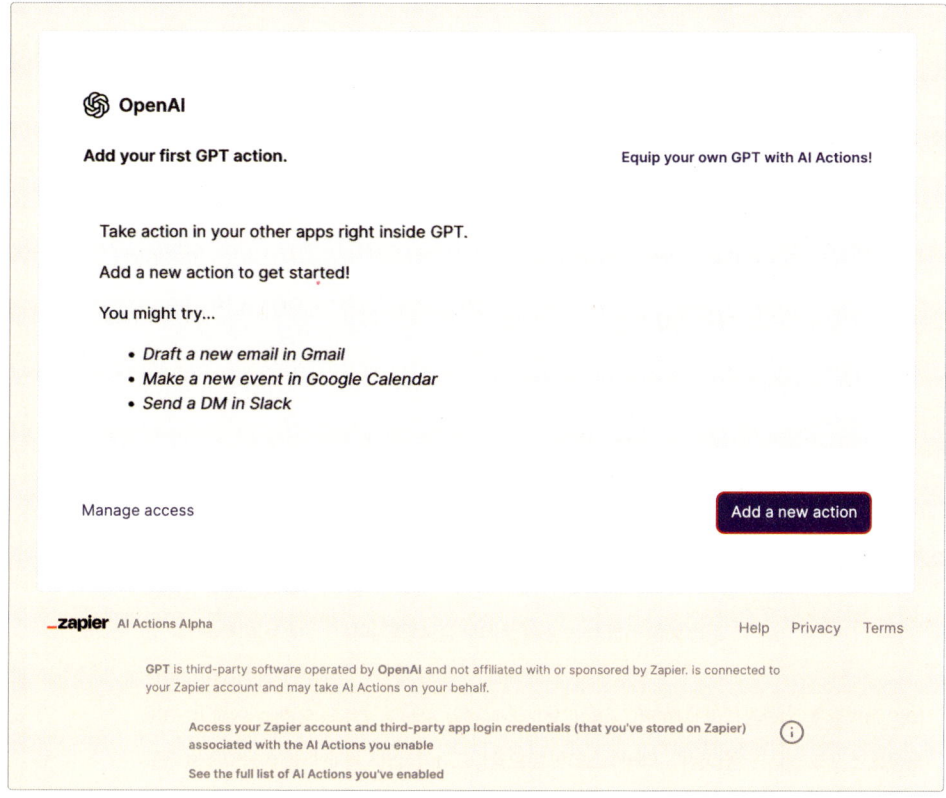

가장 먼저 연동할 앱과 액션을 찾아야 합니다. 스케줄 관리 비서 GPTs를 만들기 위해서는 구글 캘린더를 연동해야 합니다. Action 입력란에 'calendar'를 치면 여러 액션이 나옵니다. 첫 번째로 만들어볼 기능은 오늘 하루 일정을 찾고 나열해주는 것입니다. 이 기능을 활성화하기 위해서는 일정을 찾아주는 액션, 'Google Calendar: Find Event'를 선택하세요.

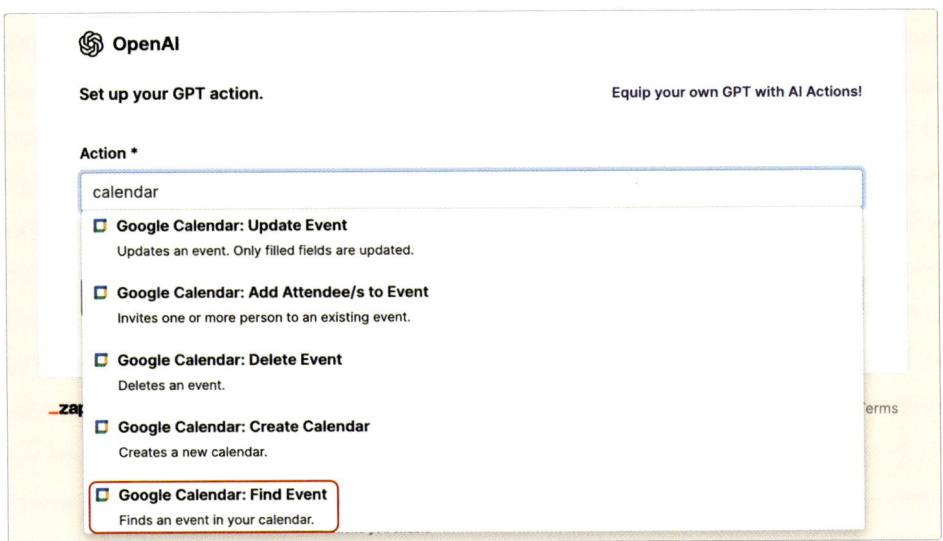

Google Calendar: Find Event 액션을 선택하면 자동으로 밑에 Google Calendar Account, Calendar 란이 나타납니다. 'Connect a new Google Calendar account' 버튼을 클릭해 연결합니다. Google Calendar Account는 연동할 구글 캘린더 계정을 선택하면 됩니다. 만약 Zapier에 처음 회원가입을 할 때 구글 계정으로 했다면 자동으로 연결해줄 것입니다.

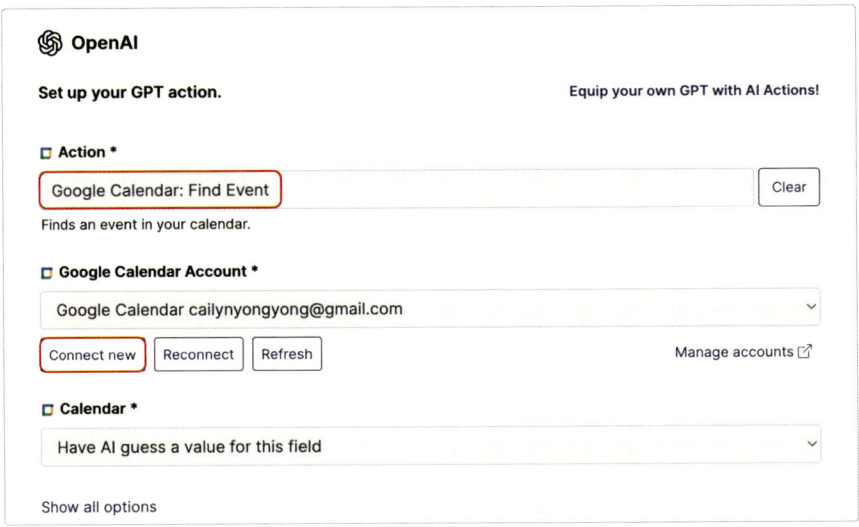

구글 캘린더 계정을 성공적으로 연동했다면 다음 단계로 해야 할 것은 주로 일정 관리를 하는 캘린더를 선택하는 것입니다. 구글 캘린더 중에서도 여러 캘린더가 있을 수 있어 원하는 캘린더를 선택해야 합니다. Calendar 란에는 'Have AI guess a value for this field' 혹은 'Set a specific value for this field' 두 가지 선택지가 있습니다. 'Have AI guess a value for this field'는 GPT가 알아서 캘린더를 선택해달라는 것이고, 'Set a specific value for this field'는 수작업으로 직접 원하는 캘린더를 연결하는 것입니다. 보통 할루시네이션을 줄이기 위해서는 이 단계에서 **'Set a specific value for this field'**를 선택하고 자신의 구글 계정 캘린더를 직접 선택하기를 추천합니다. 만약 하나의 캘린더만 있다면 굳이 여러 캘린더 중에서 선택할 필요가 없습니다.

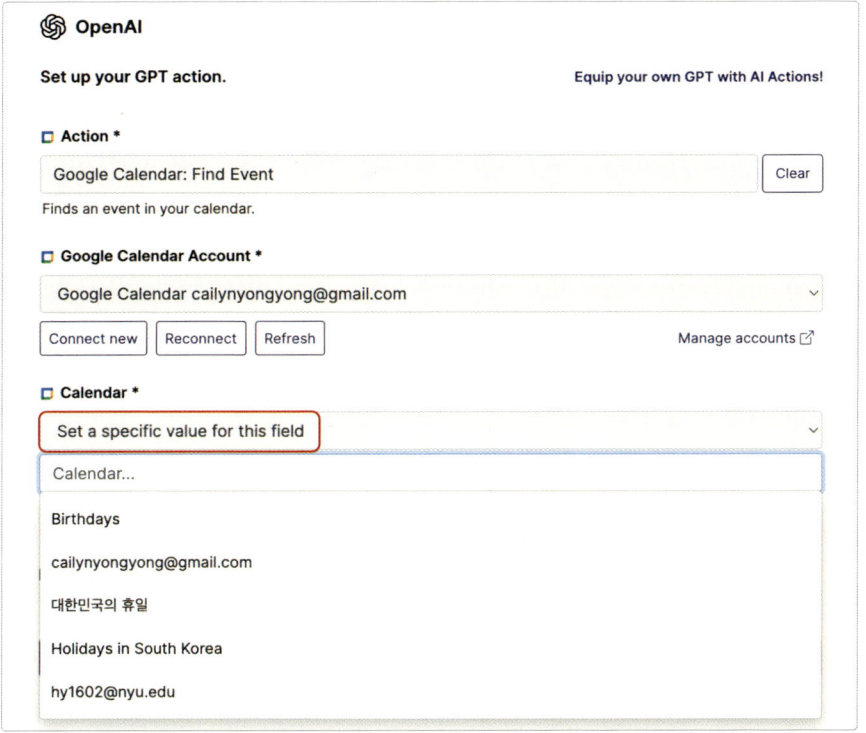

성공적으로 구글 계정, 캘린더가 연동되면 모든 단계가 끝났습니다. 설정이 완료되면 활성화를 위해 'Enable Action' 버튼을 클릭하세요.

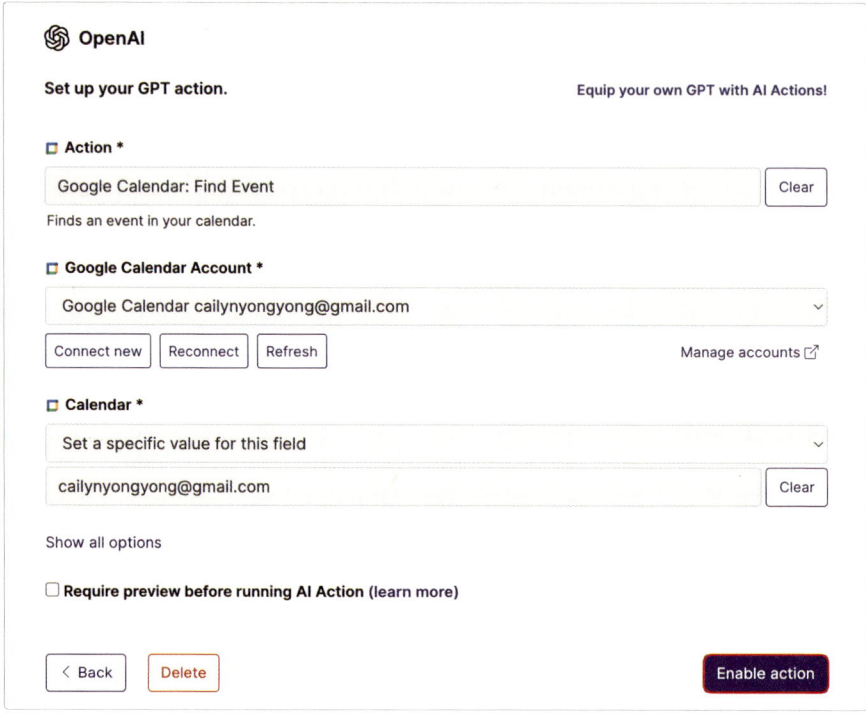

활성화가 되면 다음과 같이 Google Calendar: Find Event 액션이 연동된 것을 확인할 수 있습니다. 이 단계를 통해 OpenAI의 GPTs가 Zapier에서 어떤 앱과 액션을 사용해야 하는지 이해합니다.

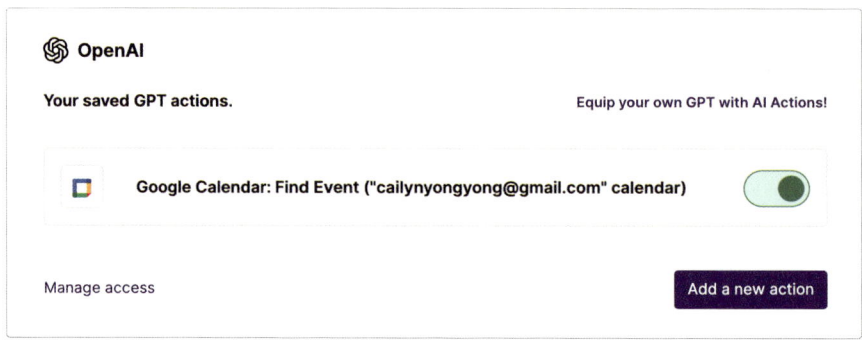

4. 프롬프트 작성하기

지금까지 GPTs와 Zapier를 연동하고, Zapier에서 어떤 앱과 액션을 사용할지 설정했습니다. 그다음으로 해야 할 것은 GPTs가 Zapier에서 연결한 앱을 어떻게 사용할 것인지, 어떤 역할을 갖고 있는지 알려주는 것입니다. 이를 프롬프트로 작성해야 합니다. 프롬프트는 총 3단계로 나눠서 설명하겠습니다.

1. ### 지시: GPT에게 어떤 역할을 하는 앱인지 설명합니다. 가장 첫 번째 문장, '당신은 나의 스케줄 관리 비서입니다'에는 어떤 역할을 하는 GPT인지 알려줍니다. 그다음 문장에는 사용자에게 어떤 정보를 받을 건지, 받은 정보를 GPT가 어떻게 사용해야 하는지 알려줍니다. 그 외 추가할 수 있는 지시는 어떤 식으로 답변을 해야 하는지 알려주는 것입니다.

2. ### 예시 답변: 답변 형식을 지정하여 원하는 대로 대답하도록 유도합니다. 일정의 제목, 시간, 장소를 이모티콘으로 분류하여 대답하도록 합니다.

3. ### Rules와 ### Instructions for Zapier Custom Action: 영어로 적혀 있는 부분은 Zapier에서 만든 프롬프트로서, GPT가 어떻게 Zapier의 앱들을 사용해야 하는지 이해시켜주는 프롬프트입니다. 앞으로 Zapier를 연동한 GPTs를 만들 때 이 부분의 프롬프트는 꼭 함께 포함해야 합니다. 이 중에서 REQUIRED_ACTIONS 부분에는 세 번째 단계에서 연동한 Zapier 액션인 Google Calendar: Find Event를 추가해야 합니다. 만약 다른 액션을 사용한다면 해당 액션의 이름을 대체해서 적으면 됩니다.

지시
당신은 나의 스케줄 관리 비서입니다. 사용자가 제시한 날짜에 캘린더를 확인하고 그 날의 일정을 출력하세요. 이모지를 불렛 포인트로 사용하세요.

예시 답변
11월 7일 화요일의 일정입니다
1. 하얏트 리젠시 시애틀 체크인
   ⏰ 오후 4:00 이후 PT
   📍 장소: 하얏트 리젠시, 시애틀
2. 레이드 / 셰릴 1:1
   ⏰ 오후 6:00 PT
   👥 셰릴 수(sheryl@zapier.com), 마이크 눕(Knoop@zapier.com)
   📍 가상 회의

Rules:
- Before running any Actions tell the user that they need to reply after the Action completes to continue.
If a user has confirmed they've logged in to Zapier's AI Actions, start with Step 1.

Instructions for Zapier Custom Action:
Step 1. Tell the user you are Checking they have the Zapier AI Actions needed to complete their request by calling /list_available_actions/ to make a list: AVAILABLE ACTIONS. Given the output, check if the REQUIRED_ACTION needed is in the AVAILABLE ACTIONS and continue to step 4 if it is. If not, continue to step 2.
Step 2. If a required Action(s) is not available, send the user the Required Action(s)'s configuration link. Tell them to let you know when they've enabled the Zapier AI Action.
Step 3. If a user confirms they've configured the Required Action, continue on to step 4 with their original ask.
Step 4. Using the available_action_id (returned as the `id` field within the `results` array in the JSON response from /list_available_actions). Fill in the strings needed for the run_action operation. Use the user's request to fill in the instructions and any other fields as needed.

REQUIRED_ACTIONS:
- Action: Google Calendar Find Event

이 프롬프트를 복사해서 Configure 화면에서 Instructions에 붙여넣어주세요.

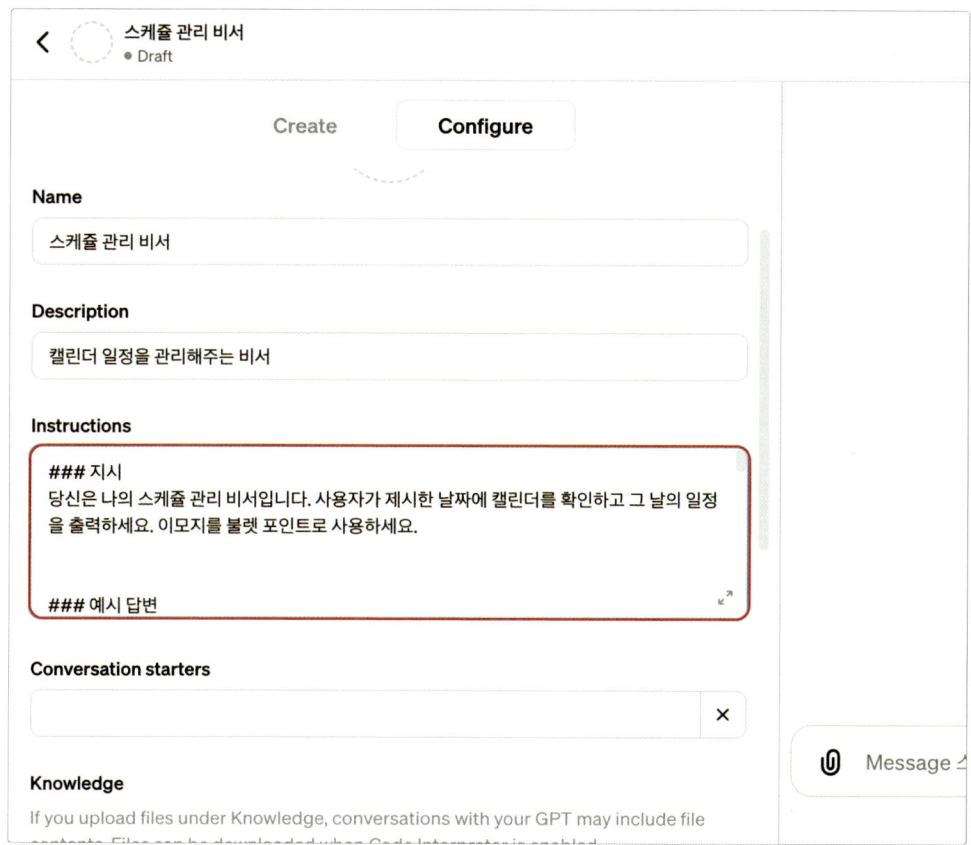

5. 테스트 및 배포하기

테스트를 하기 위해서는 GPTs의 오른쪽 화면에서 바로 채팅을 통해 해볼 수 있습니다. 구글 캘린더를 연동해놓았기 때문에, 구글 캘린더에서 오늘 일정을 확인하기 위해 예시 이벤트를 하나 만들어주겠습니다.

구글 캘린더에서 4월 17일 오후 1시부터 오후 2시까지 '커피챗'이라는 예시 이벤트를 만들어줬습니다. 오늘 일정을 확인해달라고 GPT한테 요청하면, 실제로 이 일정을 불러오는지 테스트해봐야 합니다.

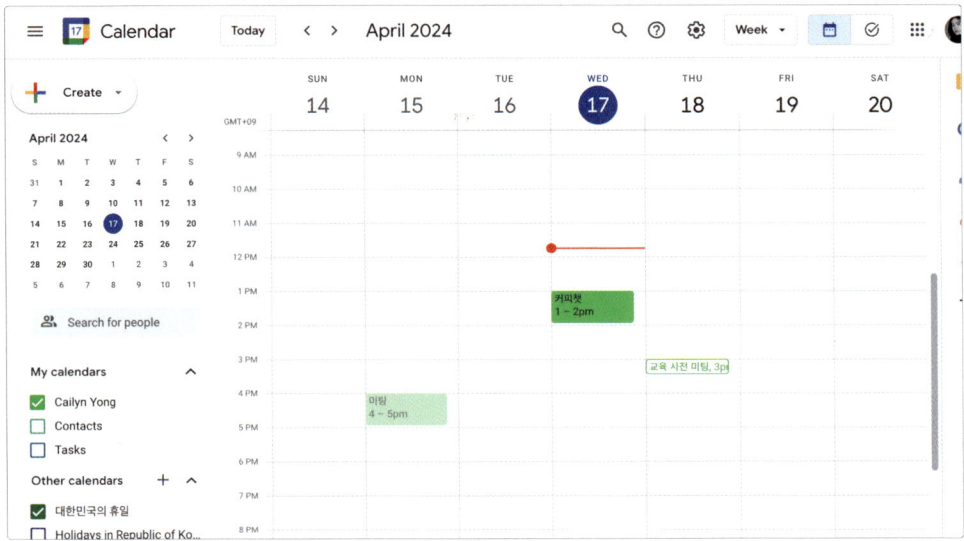

오른쪽 대화창 화면에서 '오늘 일정 알려줘'라고 요청을 보냈습니다. 다시 한번 GPTs를 활성화하기 위해 Zapier 계정으로 로그인을 해야 인증이 완료됩니다. 'Sign in with actions.zapier.com' 버튼을 클릭하세요.

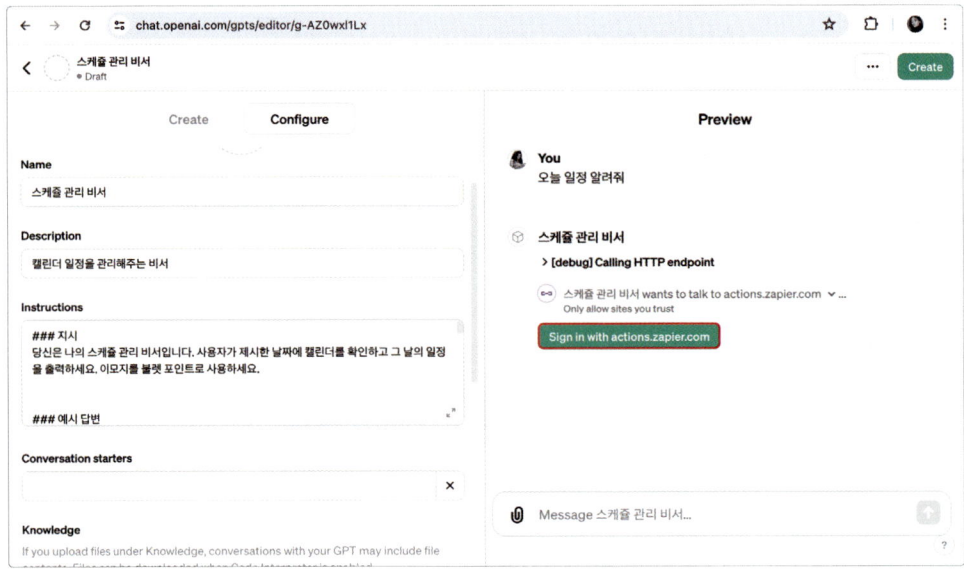

그럼 이 화면으로 넘어오고, Zapier 계정에서 설정해놓은 액션을 OpenAI에서 사용할 수 있도록 허용해야 합니다. 'Allow' 버튼을 클릭하세요.

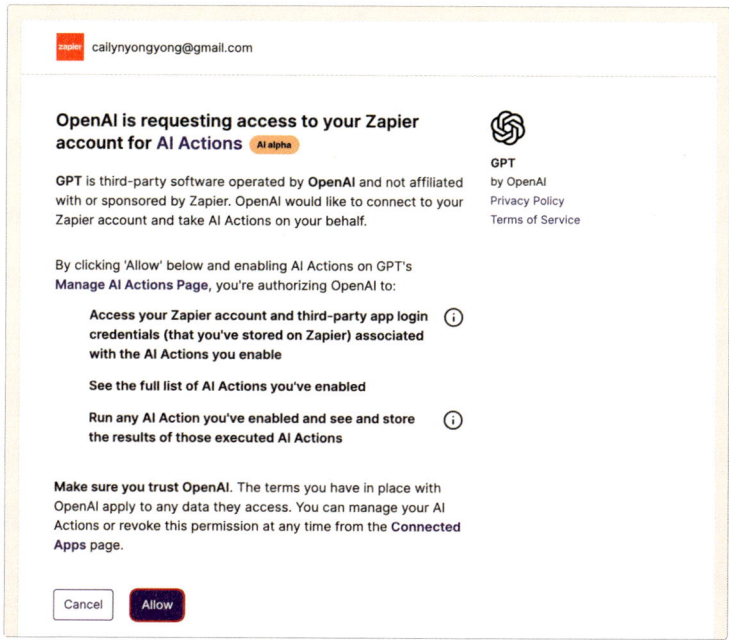

그럼 성공적으로 로그인이 되었다는 표시가 뜨고 화면 재로딩이 됩니다.

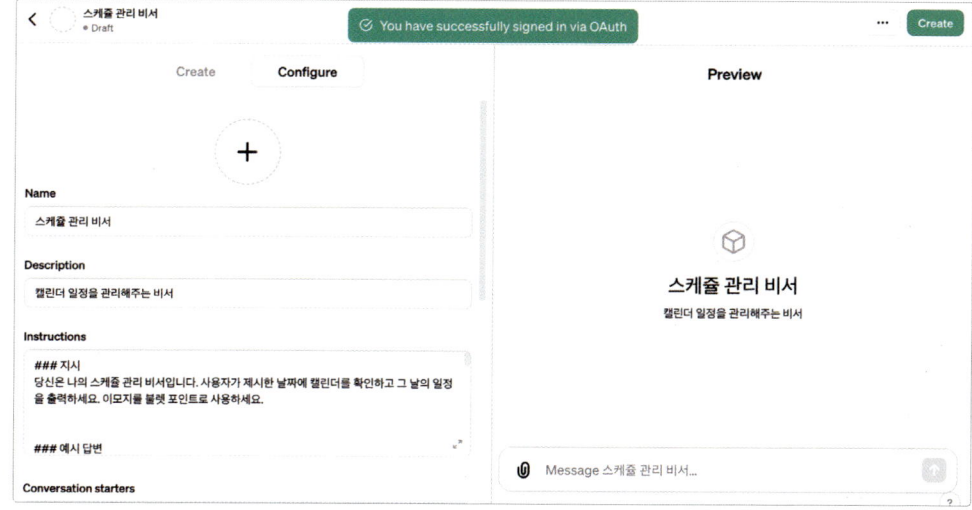

다시 한번 '오늘 일정 알려줘'라고 요청하겠습니다. 그럼 GPTs는 Zapier 웹사이트를 호출해서 필요한 액션들을 불러옵니다. 이 과정에서 데이터를 전송하도록 허용하는 'Confirm' 버튼을 클릭해야 합니다.

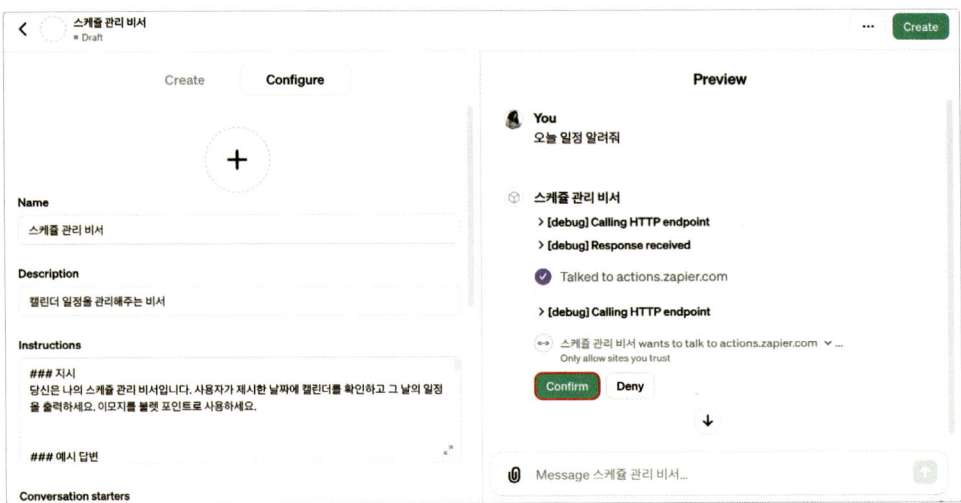

성공적으로 액션을 사용하면 GPTs는 내 구글 캘린더에 저장되어 있던 오늘 일정 정보들을 불러옵니다. 다음 답변을 보면 실제로 프롬프트에 작성해놓은 예시 답변 형식으로 제대로 불러와줬습니다. 일정 이름은 커피챗으로, 시간도 오후 1시라고 정보를 나열했네요.

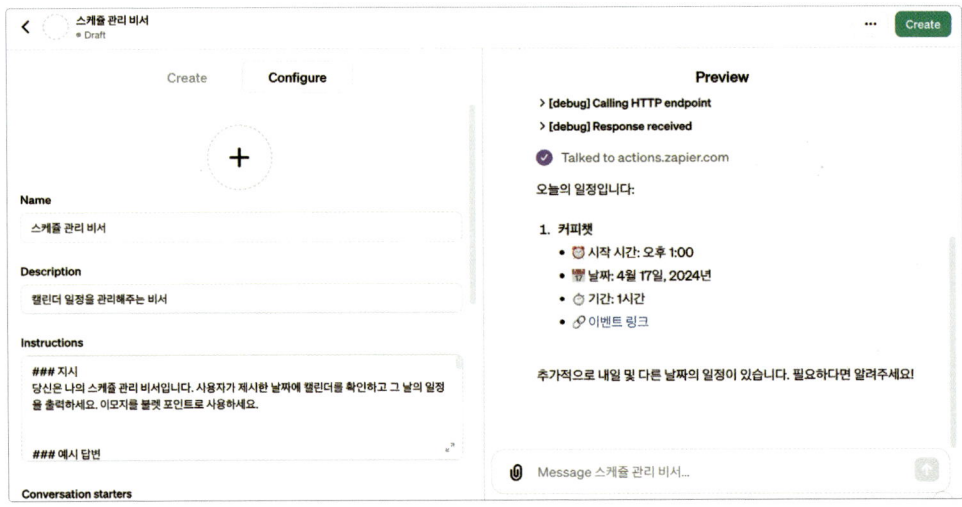

이런 식으로 테스트를 했다면 이제 저장 후 배포할 준비가 완료되었습니다. 오른쪽 상단에 **'Create'** 버튼을 클릭해서 Only me(비공개), Anyone with the link(링크를 갖고 있는 누구나 사용 가능), Publish to GPT Store(공개)를 설정한 후 저장해주세요. 그럼 앞으로 내가 만든 Zapier와 연동한 GPTs 앱은 언제든지 사용할 수 있습니다.

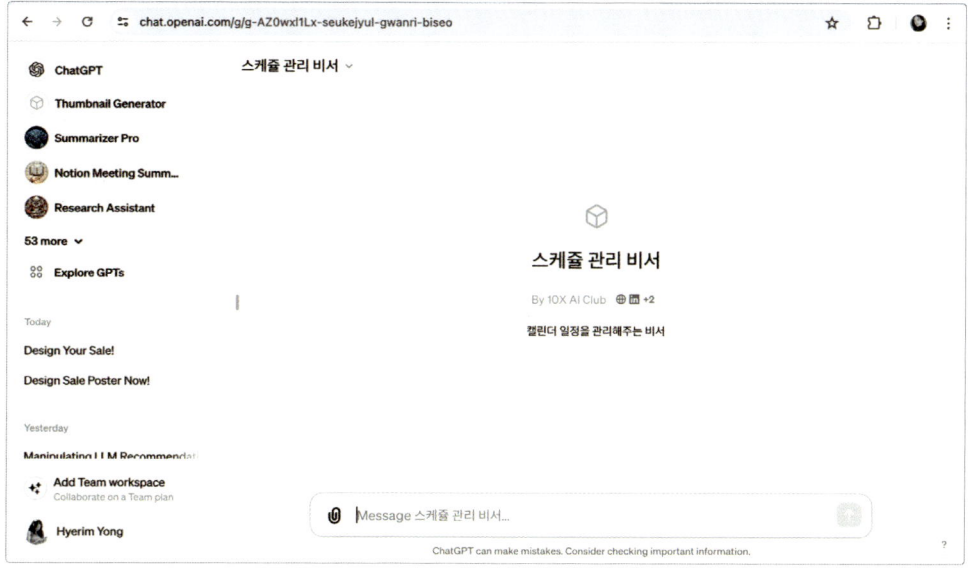

이로써 Action을 활용한 첫 번째 GPTs 앱, 스케줄 관리 비서를 만들어봤어요. 어땠나요? 이런 식으로 오늘의 일정을 나열해주는 기능뿐만 아니라, 일정 삭제, 추가까지 할 수 있도록 만들 수 있어요. 이 기능들을 추가하기 위해서는 어떤 액션들을 Zapier에서 연동해야 할까요? Google Calendar: Delete Event(일정 삭제), Google Calendar: Quick Add Event(일정 추가)를 연동한 후 프롬프트에서 해당 액션들을 활용하여 일정을 삭제 및 추가해달라고 요청해야 합니다. 내 스케줄 관리 비서를 더 고도화하고 싶다면 한번 도전해보세요!

앞으로 다음 섹션에서 살펴볼 GPTs도 계속 Zapier를 활용한 여러 가지 업무 자동화 앱들입니다. 구글 캘린더뿐만 아니라, 이메일, 구글 드라이브, 엑셀 시트, 노션, 슬랙 등을 연동할 수 있다면 GPTs로 만들 수 있는 사례들은 정말 무궁무진합니다.

고객 서비스 이메일 자동화

이번 파트에서는 GPTs와 구글 이메일을 연동해볼 예정입니다. 이메일 계정을 연동했을 때 만들 수 있는 서비스로는 어떤 것이 있을까요? 고객에게 상품 문의 이메일이 오거나, 파트너십 협업 제안 관련 이메일이 하루에도 수십 개씩 오기 마련입니다. 이럴 때 GPT와 연동한다면, 한 번에 여러 이메일을 자동으로 작성해서 보내게 할 수 있습니다. 고객 문의와 같은 경우에는 답장 시간이 매우 중요한데, 자동으로 답장할 수 있는 시스템을 만든다면 시간을 훨씬 단축하고 더 많은 고객들과 상담할 수 있겠죠?

현재 단계에서는 고객 문의가 들어왔을 때, 만약 따로 문의들을 관리할 게시판이 없다면 일일이 고객의 이메일을 따로 복사하거나 찾아서 매번 같은 응답의 내용으로 이메일을 보내야 했을 것입니다. 이제 그 모든 일을 GPTs한테 맡길 수 있어요. 알아서 고객 이메일을 불러오라고 시키고, 응답 내용도 작성하라고 하고, 전송하는 것까지 맡길 수 있죠.

'스케줄 관리 비서'를 만들었을 때와 마찬가지로, 다음 단계를 통해 새로운 GPTs를 만들겠습니다.

1. GPTs Name, Description 설정하기
2. GPTs Action에서 Zapier 연동하기
3. Zapier AI Actions에서 사용하고자 하는 앱과 앱의 특정 태스크 설정하기
4. GPTs 프롬프트 작성하기
5. 테스트 및 저장 후 배포하기

1. GPTs Name, Description 설정하기

새로운 GPTs를 만들기 위해 사이드바에서 'Explore GPTs'를 클릭한 다음, 화면의 오른쪽 상단에서 '+ Create' 버튼을 클릭하세요. Name에 '고객 이메일 자동화'라고 쓰고, Description은 '고객 문의에 자동으로 응답하는 GPT'라고 입력하세요.

2. GPTs와 Zapier 연동하기

이 부분은 앞으로 항상 똑같을 것입니다. Configure 화면에서 Actions 섹션으로 내려간 다음 'Create new action' 버튼을 클릭하세요. 'Import from URL' 버튼을 클릭하세요. 클릭했을 때 생기는 빈칸에 다음 링크를 복사해서 붙여넣어주세요. 그다음 'Import' 버튼을 클릭하면 Zapier와 연동됩니다.

- [링크] https://actions.zapier.com/gpt/api/v1/dynamic/openapi.json?tools=meta

3. Zapier에서 앱과 태스크 연동하기

이번에는 구글 캘린더가 아닌, 구글 이메일 계정을 연동해줄게요. 다음 링크 화면으로 가주세요.

- [링크] https://actions.zapier.com/gpt/actions/

저번 파트에서 연동한 구글 캘린더 액션이 활성화되어 있는 것을 확인할 수 있습니다. 새로운 액션을 추가하기 위해 'Add a new action' 버튼을 클릭하세요.

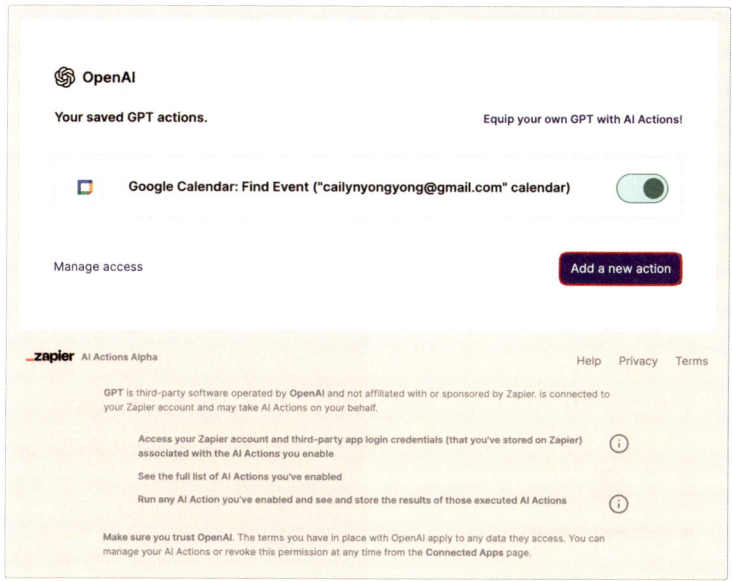

그런 다음 Action에서 gmail을 먼저 검색한 후, Gmail 앱으로 사용할 수 있는 여러 액션을 확인해봅니다. 그중에서 이메일을 대신 전송해줄 수 있는 액션, **Gmail: Send Email**을 선택하겠습니다. 만약 특정 이메일을 찾거나 불러오고 싶으면 **Gmail: Find Email** 액션을 선택하면 되고, 초안 작성 후 임시 보관함에 이메일을 쓰는 기능을 활용하고 싶으면 **Gmail: Create Draft** 액션을 선택하면 됩니다.

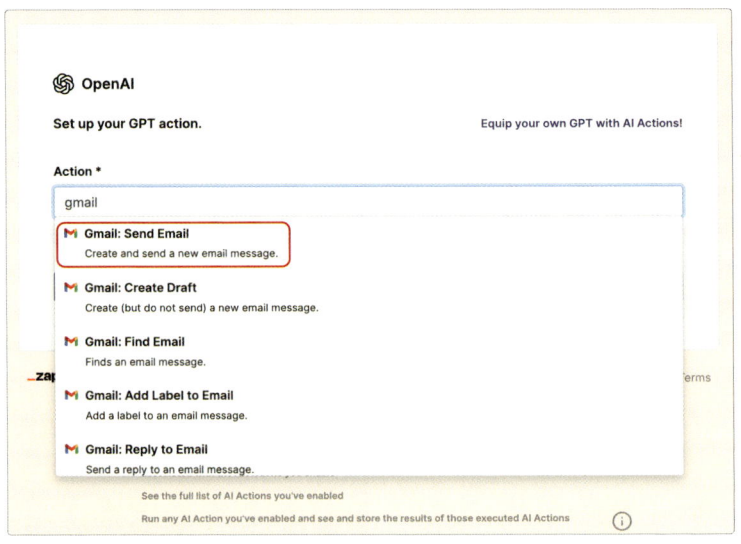

각 앱마다 설정해야 하는 것들이 조금씩 다릅니다. Gmail 같은 경우에는 가장 먼저 Gmail Account 란에서 자신의 이메일 계정을 연동해야 합니다. 계정 연동을 하게 되면 자동으로 몇 가지 파라미터가 뜰 것입니다. 이 값들은 해당 액션을 사용할 때 GPT가 필수적으로 함께 요청해야 하는 정보들입니다. Gmail: Send Email 액션을 연동할 경우 To, Subject, Body 파라미터들이 자동으로 뜨게 됩니다. To는 이메일을 받을 사람의 주소, Subject는 이메일 제목, Body는 이메일 본문 내용입니다. 현재 기본 설정으로 되어 있는 것이 Have AI guess a value for this field인데, 이것은 내가 직접 수동으로 설정하지 않고 GPT가 알아서 작성하도록 해주는 것입니다. 마지막으로 아래에 작은 체크박스인 **Require preview before running AI action**을 체크하면 이메일을 실제로 전송하기 전 오타나 오류가 난 부분을 수정하고 전송할 수 있는 기능입니다. 모든 설정이 완료되면 'Enable action'을 클릭하세요.

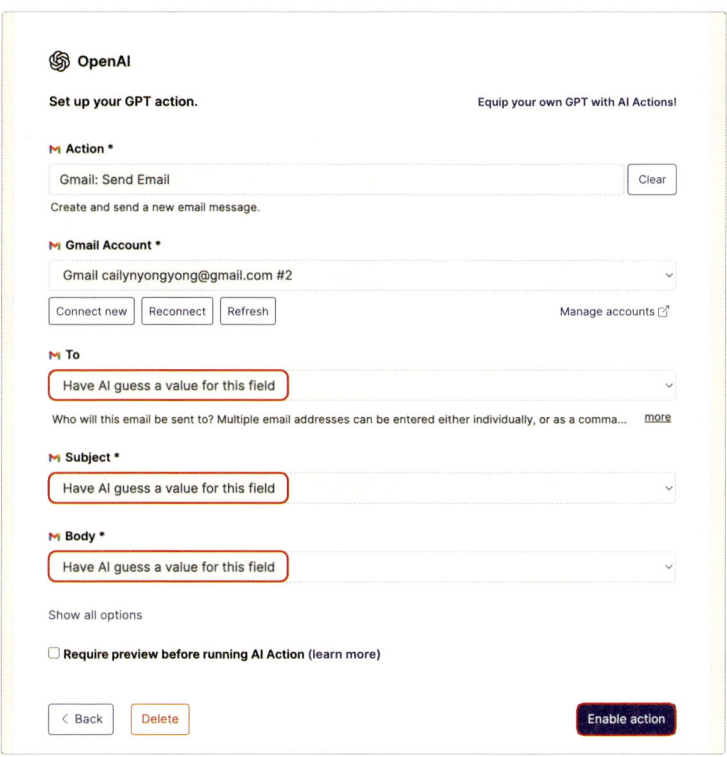

성공적으로 연동됐다면 다음과 같이 초록색으로 활성화됩니다.

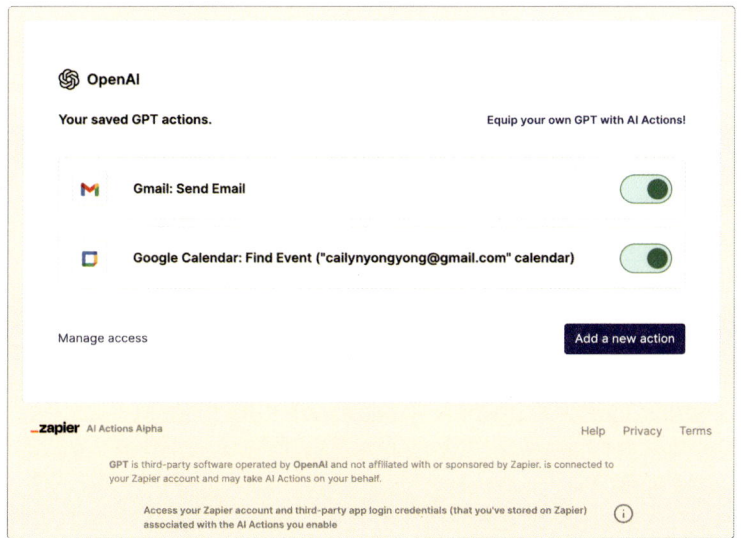

4. 프롬프트 작성하기

스케줄 관리 비서를 만들었을 때와 마찬가지로 프롬프트는 같은 구조로 짭니다.

1. **### 지시**: 지시 부분에도 꼭 포함해야 하는 몇 가지 구성 요소들이 있습니다. 첫 번째 문장에 GPT가 어떤 역할을 갖고 있는지 알려줍니다. 두 번째 문장에는 사용자에게 어떤 정보를 받을 건지, 그 정보를 어떻게 사용할 것인지 알려줍니다. 이 부분은 어떤 GPT 앱을 만들고자 하는지에 따라 매번 달라지겠죠? 이메일 자동화 앱을 만들 경우에는 사용자한테서 받아야 하는 정보가 제목, 받는 사람의 이메일 주소, 이메일 본문에 들어갈 내용입니다. 받은 정보들을 토대로 이메일을 자동 작성하라고 요청합니다. 마지막으로는 어떤 식으로 답변해야 하는지 요구합니다.

2. **### 예시 답변**: 답변 형식을 지정하여 원하는 대로 대답하도록 유도합니다. 이메일 초안 작성을 할 때 기본 형식을 알려줍니다.

3. **### Rules와 ### Instructions for Zapier Custom Action**: 영어로 적혀 있는 부분은 Zapier에서 만든 프롬프트로서, GPT가 어떻게 Zapier의 앱들을 사용해야 하는지 이해시켜주는 프롬프트입니다. REQUIRED_ACTIONS 부분에는 세 번째 단계에서 연동한 Zapier 액션인 Gmail: Send Email을 추가해야 합니다. 만약 다른 액션을 사용한다면 해당 액션의 이름을 대체해서 적어주면 됩니다.

지시
당신은 나의 이메일 관리 비서입니다. 사용자는 이메일 제목 (Subject), 받는자 (To), 그리고 이메일에 들어갈 내용 (Body)을 제공합니다. 사용자가 Body에 들어갈 내용을 대략 알려주면 대신 작성해주세요. 내용은 간략하게, 한 문단 내로 완성해주세요.
각 정보를 Zapier Action 중에서 Gmail: Send Email을 사용하여 이메일을 대신 전송해주세요. 만약 Subject, To, Body 중에서 하나라도 정보가 빠져있으면 사용자에게 요청하세요. 이메일을 전송하기 전 이메일 초안을 먼저 보여주세요.
Body에 들어갈 본문 내용은 다음 예시 템플릿을 사용하여 작성해주세요.

예시 이메일
안녕하세요,
10X AI Club 용혜림입니다.
[내용]
감사합니다.

Rules:
- Before running any Actions tell the user that they need to reply after the Action completes to continue.

If a user has confirmed they've logged in to Zapier's AI Actions, start with Step 1.

Instructions for Zapier Custom Action:
Step 1. Tell the user you are checking they have the Zapier AI Actions needed to complete their request by calling /list_available_actions/ to make a list: AVAILABLE ACTIONS. Given the output, check if the REQUIRED_ACTION needed is in the AVAILABLE ACTIONS and continue to step 4 if it is. If not, continue to step 2.
Step 2. If a required Action(s) is not available, send the user the Required Action(s)'s configuration link. Tell them to let you know when they've enabled the Zapier AI Action.
Step 3. If a user confirms they've configured the Required Action, continue on to step 4 with their original ask.
Step 4. Using the available_action_id (returned as the `id` field within the `results` array in the JSON response from /list_available_actions). Fill in the strings needed for the run_action operation. Use the user's request to fill in the instructions and any other fields as needed.

REQUIRED_ACTIONS:
- Action: Gmail Send Email

이 프롬프트를 Configure 섹션에서 Instructions 안에 넣어줍니다. 그럼 프롬프트가 자동으로 저장되고, 오른쪽 화면에서 대화를 해보며 바로 테스트해볼 수 있어요.

5. 테스트 및 배포하기

테스트를 하기 전, 먼저 앱을 생성하고 나서 테스트하겠습니다. 오른쪽 화면에서 테스트를 할 경우 먼저 Zapier에 로그인을 해야 하는데 인증하는 순간 대화 내역이 사라지기 때문입니다. 대화 내역을 기록하기 위해 앱을 먼저 저장하겠습니다. 오른쪽 상단 위에 'Create' 버튼을 눌러주세요.

앱을 생성한 후, 앱 화면에서 이제 요청 사항을 입력하겠습니다. 앱에게 필수 정보인, To(받는 사람 이메일 주소), Subject(이메일 제목), Body(본문 내용)를 대략적으로 알려줍니다.

To: [받는 사람 이메일 주소]
Subject: 파트너십 제안
Body: 파트너십 제안 관련 내용으로 이메일 작성해줘

요청을 하면 먼저 Zapier에 로그인하라는 초록색 버튼이 뜨거나, 이메일 초안을 먼저 작성해줍니다. 만약 'Sign in with actions.zapier.com' 초록색 버튼이 뜰 경우 버튼을 클릭해서 로그인을 해주세요.

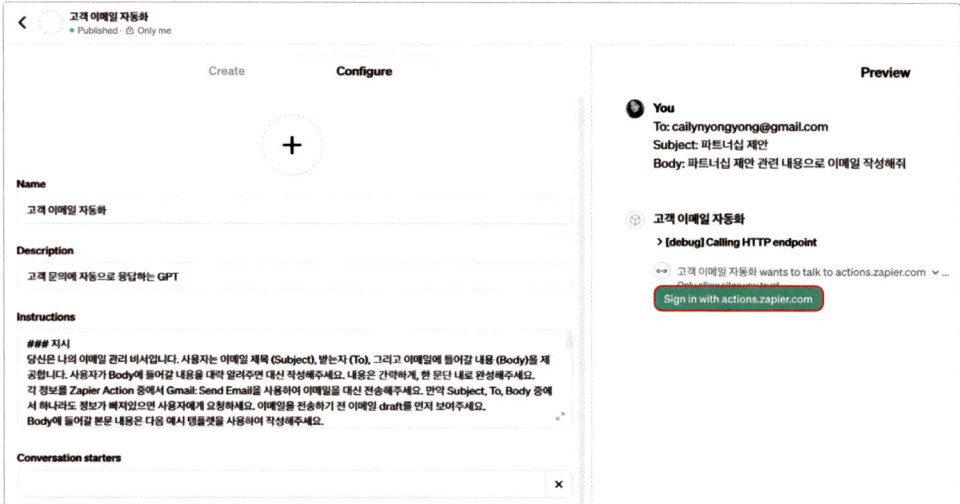

OpenAI가 Zapier와 연동한 앱의 정보를 접근할 수 있도록 허용하는 'Allow' 버튼을 클릭하면 됩니다.

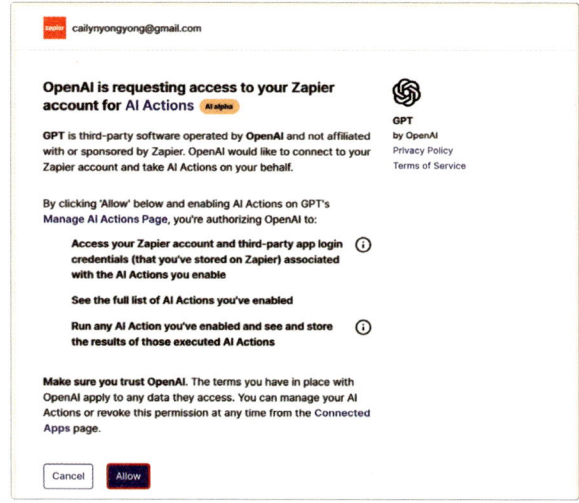

초안을 작성해줬을 경우 사용자가 보낸 정보를 바탕으로 이메일 본문 내용을 작성합니다. 자세히 보면 프롬프트 작성을 할 때 요청한 답변 형식대로 이메일을 작성합니다.

이메일을 보낼 준비가 완료되면 이메일을 전송해도 되는지 물어봅니다. '전송해줘'라고 요청한 후, 다시 한번 이메일을 전송하도록 허용하는 **'Confirm'** 버튼을 클릭하세요.

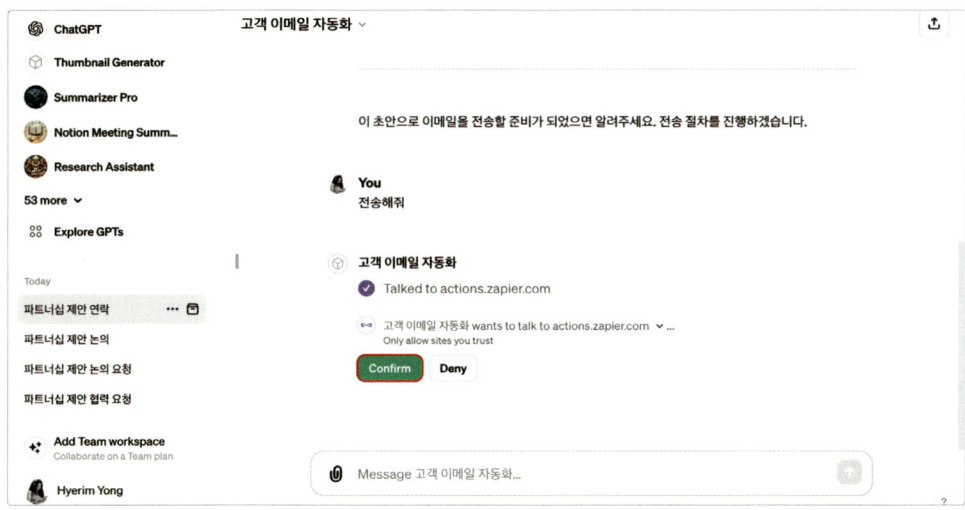

그럼 이메일 초안을 보낼 준비가 완료되었다는 문구가 뜨면서 최종적으로 이메일 내용을 검토할 수 있는 링크가 하나 생성됩니다. **'이메일 전송 확인 링크'**를 클릭합니다.

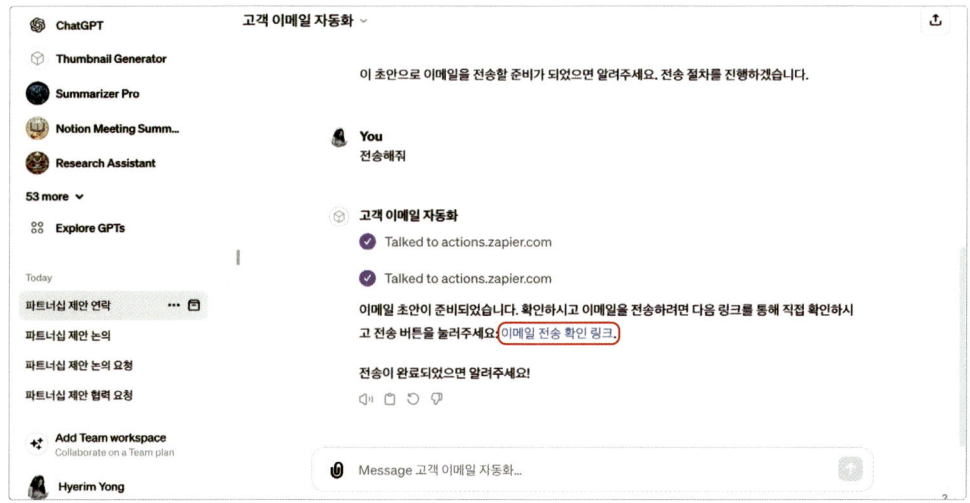

프롬프트에서 To, Subject, Body 내용을 요청한 것처럼 각 파라미터 안에 GPT가 생성해준 내용이 들어가 있는 것을 확인할 수 있습니다. 자세히 보면 이메일 내용이 제대로 줄바꿈되지 않았습니다. 이럴 경우 '**Edit**' 버튼을 눌러서 추가 수정해줄 수 있습니다. 만약 수정할 부분이 없다면 '**Run**' 버튼을 눌러 이메일을 바로 보낼 수 있습니다.

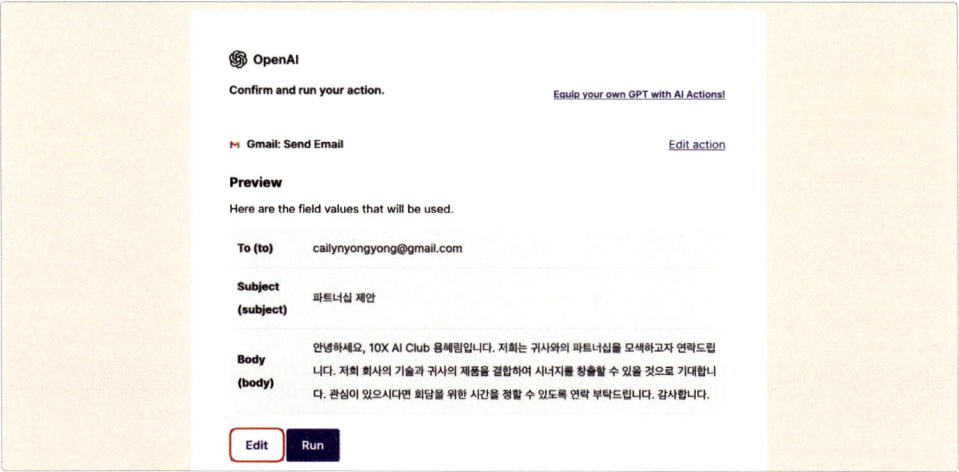

줄바꿈해서 다시 수정해준 내용입니다.

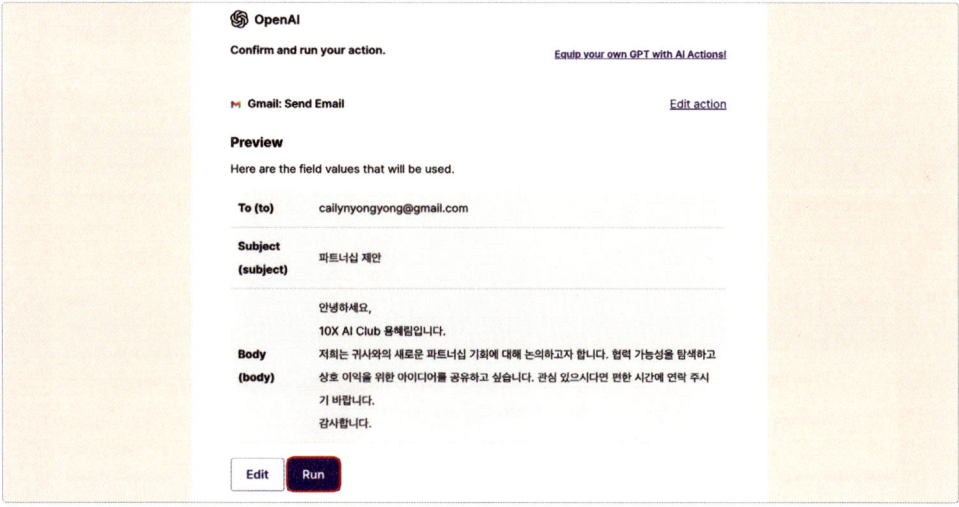

마지막으로 'Run' 버튼을 누르면 다음과 같이 초록색 체크 이모티콘 옆에 Action run 이라는 문구가 뜹니다. 그럼 GPT는 Zapier 웹사이트를 호출해서 성공적으로 이메일을 보낸 것입니다.

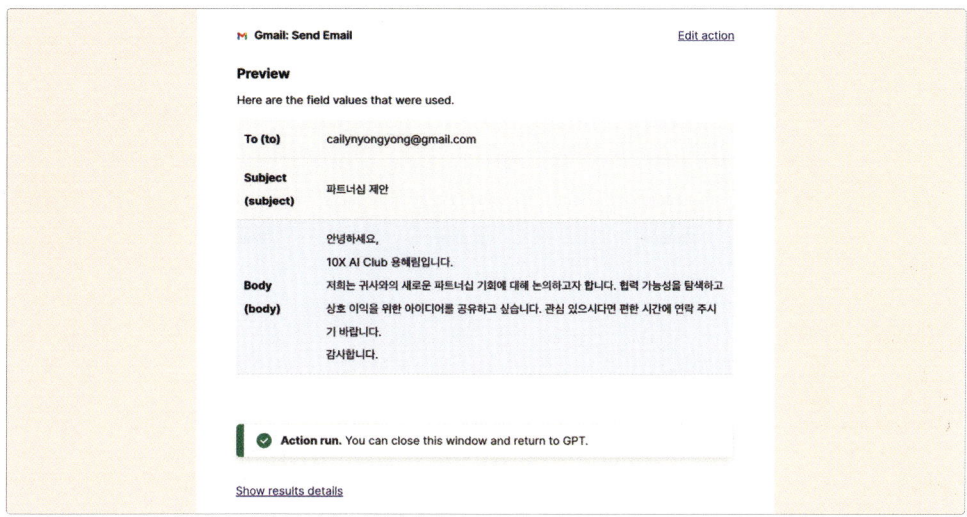

실제로 보낸 이메일함을 확인해보면 내가 원하는 형식의 이메일로 내용을 자동으로 작성해서 보낸 것을 알 수 있습니다.

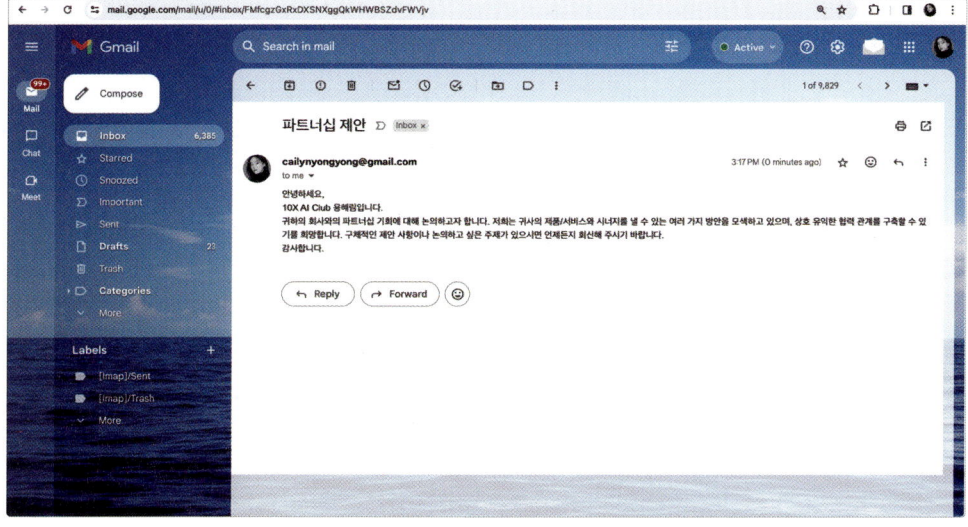

6. 추가 응용 사례

여기까지는 가장 기본적인 '이메일 전송하기' 기능만 추가한 GPT 앱을 만들어봤습니다. 조금 더 응용한다면 어떤 식으로 실제 업무 환경에서 사용할 수 있을까요? 회사 정보와 관련된 매뉴얼 PDF 파일을 GPT에게 학습시키면 훨씬 더 구체적으로 고객 문의에 응답할 수 있습니다. 파일을 업로드하려면 Configure 화면에서 Knowledge의 'Upload files' 버튼을 클릭한 후 필요한 문맥 정보를 제공해줄 수 있죠.

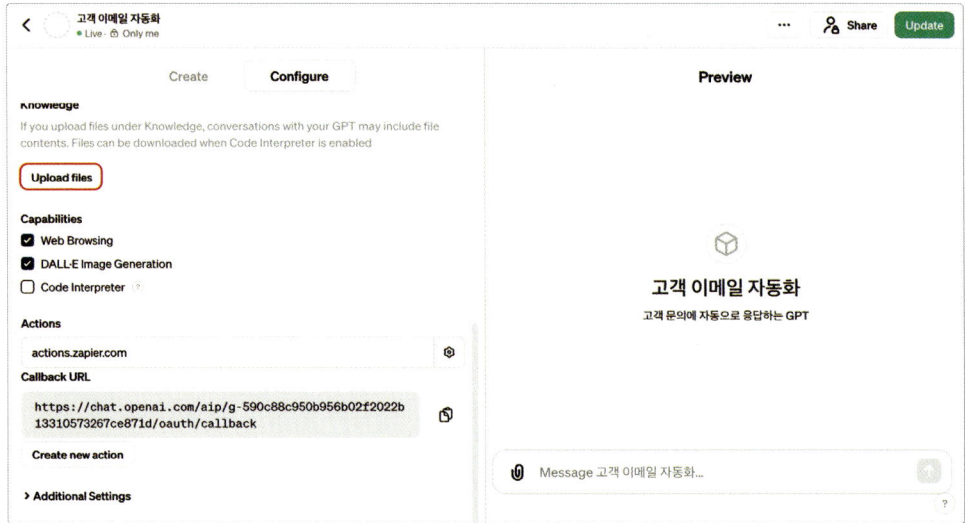

Gmail: Send Email 액션은 기존에 온 이메일에 답장하는 액션이 아닌, 새로운 이메일을 작성해서 보낼 때 사용하는 액션입니다. 받은 이메일들에 대한 답장을 보내고 싶을 때에는 필요한 이메일들을 불러오는 Gmail: Find Email 액션과 이메일들에 대한 답변을 하는 Gmail: Reply to Email 액션을 함께 사용하면 됩니다.

다른 액션들을 활성화하기 위해서는 다음 링크로 들어가서 원하는 앱을 연동하면 됩니다.

- [링크] https://actions.zapier.com/gpt/actions/

첫 번째 Gmail: Find Email은 다음과 같이 설정해주면 됩니다.

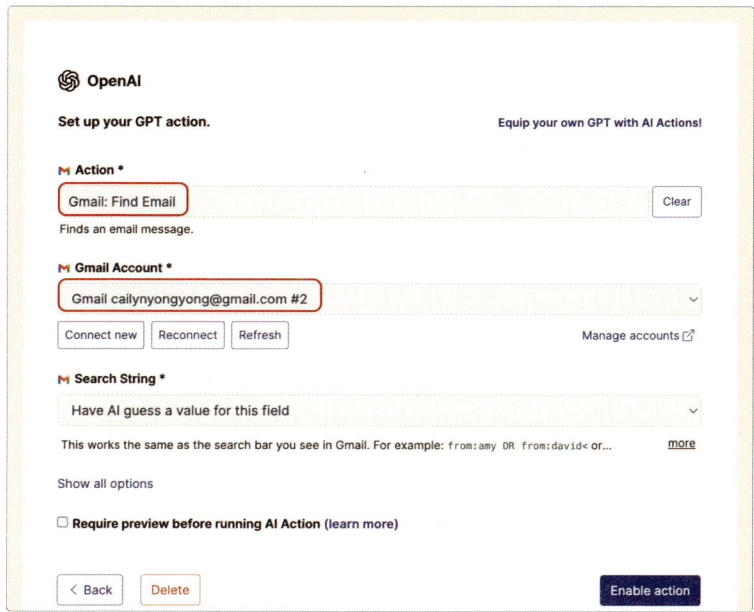

Gmail: Reply to Email 액션을 검색해서 선택하면 몇 가지 환경 설정이 보입니다. Gmail: Send Email에서는 To, Subject, Body가 있었다면 이번에는 Thread, To, Body가 있습니다. Thread는 이메일 수신함에서 답장할 이메일들을 선택하는 입력란이고, To는 받는 사람의 이메일 주소, Body는 이메일 본문 내용입니다. 모두 GPT가 알아서 설정해주길 바라기 때문에 현재 상태로 설정되어 있는 **Have AI guess a value for this field**로 하겠습니다. 활성화하기 위해 'Enable action' 버튼을 클릭합니다.

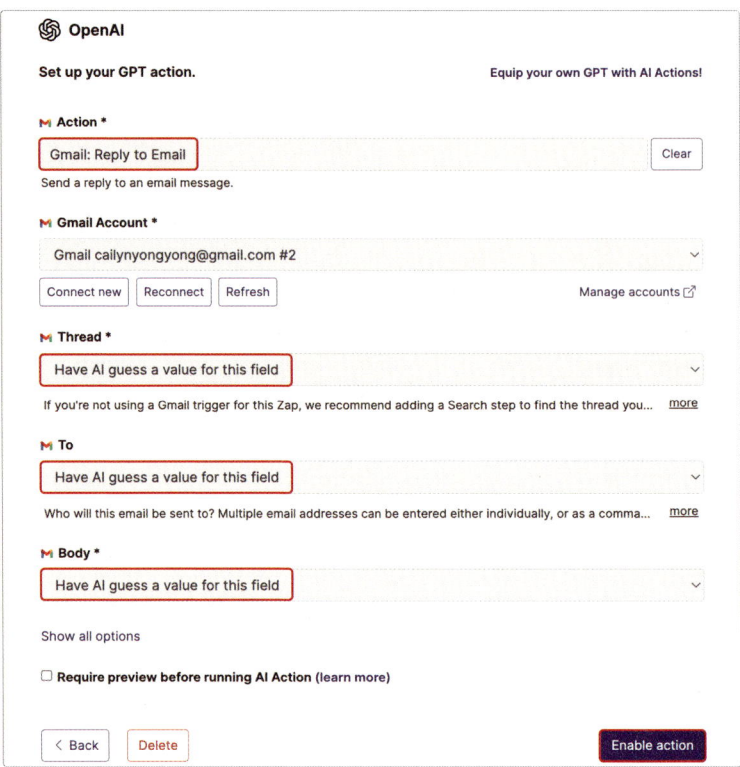

필요한 액션을 활성화했으니, 이제 이 액션을 GPT가 어떻게 사용해야 하는지 알려주는 프롬프트를 작성해야 합니다.

프롬프트의 첫 번째 줄에는 GPT가 어떤 역할을 하는지 알려줍니다. 그다음 두 번째 줄에는 사용자에게 어떤 정보를 받아서 어떻게 사용할 것인지 알려줘야 하겠죠? 오늘 받은 이메일들에 대한 답변을 자동으로 보내주게 하는 GPT를 만들고 싶다면 사용자에게서 받아야 하는 정보는 '오늘 날짜'입니다. 날짜 정보를 기준으로 해당 날짜에 받은 이메일들을 먼저 불러오라고 한 다음, 답변을 작성하라고 요청합니다. 그 외에도 아직 읽지 않은 이메일, 혹은 특정 키워드가 포함되어 있는 제목의 이메일만 불러오도록 Gmail: Find Email을 활용할 수 있습니다.

예시 이메일에는 이메일 초안의 템플릿을 작성합니다. 마지막으로 ### Rules 부분에는 Zapier와 GPTs를 연동할 때 꼭 넣어줘야 하는 프롬프트를 넣고, 마지막에 REQUIRED_ACTIONS 부분에서 방금 연동한 두 가지 액션의 이름들을 나열합니다. Action: Gmail Reply to Email과 Action: Find Email을 작성해주면 됩니다.

지시

당신은 나의 이메일 관리 비서입니다. 사용자에게 오늘 날짜를 요청해서 받으세요. 오늘 날짜 기준으로 받은 이메일들을 불러와서 답장을 해주세요. 이메일 내용을 바탕으로 답변을 간략하게, 한 문단 내로 완성해주세요.

Gmail: Find Email을 통해 먼저 답변할 이메일들을 불러와주세요. 그다음 Gmail: Reply to Email을 사용하여 이메일 답변해주세요. 이메일을 전송하기 전 이메일 초안을 작성해서 먼저 보여주세요.

Body에 들어갈 본문 내용은 다음 예시 템플릿을 사용하여 작성해주세요.

예시 이메일

안녕하세요,

10X AI Club 용혜림입니다.

[내용]

감사합니다.

Rules:

- Before running any Actions tell the user that they need to reply after the Action completes to continue.

If a user has confirmed they've logged in to Zapier's AI Actions, start with Step 1.

Instructions for Zapier Custom Action:

Step 1. Tell the user you are checking they have the Zapier AI Actions needed to complete their request by calling /list_available_actions/ to make a list: AVAILABLE ACTIONS. Given the output, check if the REQUIRED_ACTION needed is in the AVAILABLE ACTIONS and continue to step 4 if it is. If not, continue to step 2.

Step 2. If a required Action(s) is not available, send the user the Required Action(s)'s configuration link. Tell them to let you know when they've enabled the Zapier AI Action.

Step 3. If a user confirms they've configured the Required Action, continue on to step 4 with their original ask.

Step 4. Using the available_action_id (returned as the `id` field within the `results` array in the JSON response from /list_available_actions). Fill in the strings needed for the run_action operation. Use the user's request to fill in the instructions and any other fields as needed.

REQUIRED_ACTIONS:

Action: Gmail Reply to Email

Action: Gmail Find Email

Instructions 부분에 프롬프트를 복사해서 붙여넣고, 오른쪽 화면에서 바로 테스트를 해보세요. 그럼 오늘 날짜 기준으로 받은 이메일들을 불러온 후 답변을 해줍니다.

가장 먼저 날짜를 적은 다음 해당 날짜에 받은 이메일들을 불러와달라고 요청합니다. 그럼 GPTs는 Zapier 액션 중에 Gmail: Find Email을 사용하여 이메일들을 불러옵니다. 이메일 제목, 발신자, 내용을 요약하여 보여주고 있네요.

만약 고객 문의 이메일 내역들만 불러오고 싶다면 "4월 17일에 받은 이메일들만 불러와줘"라고 요청할 수 있겠죠?

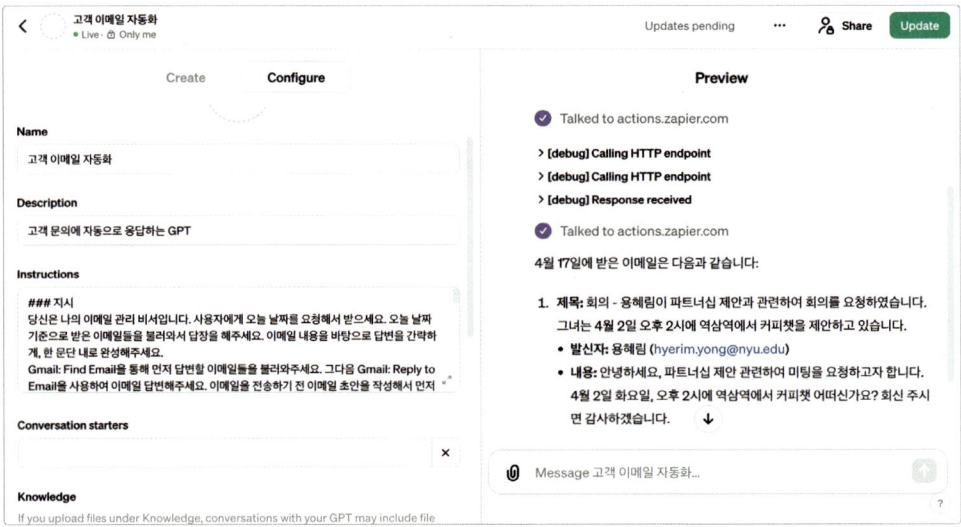

테스트할 때 가끔 주요 인박스가 아닌 광고 스팸 인박스에 받은 이메일들도 불러올 때가 있습니다. 주요 인박스에서만 이메일들을 불러오기 위해 'Primary inbox에서만 찾아줘'라고 요청하면 해당 인박스의 이메일만을 불러올 수 있습니다.

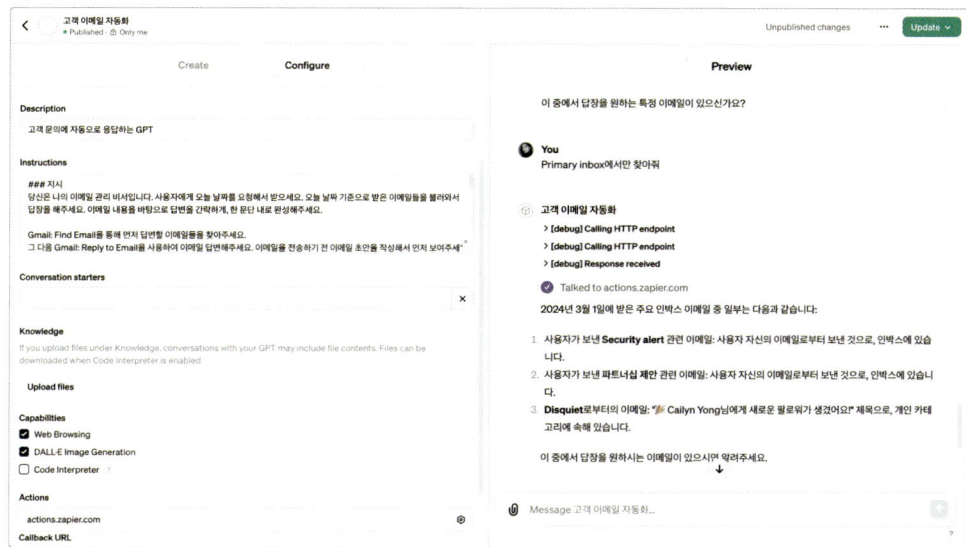

　불러온 이메일 중에서 답변하길 원하는 이메일을 선택한 후 자동으로 초안을 작성해달라고 요청합니다. 그럼 다음과 같이 초안을 작성해주고, 해당 이메일에 대한 답변도 전송해줍니다.

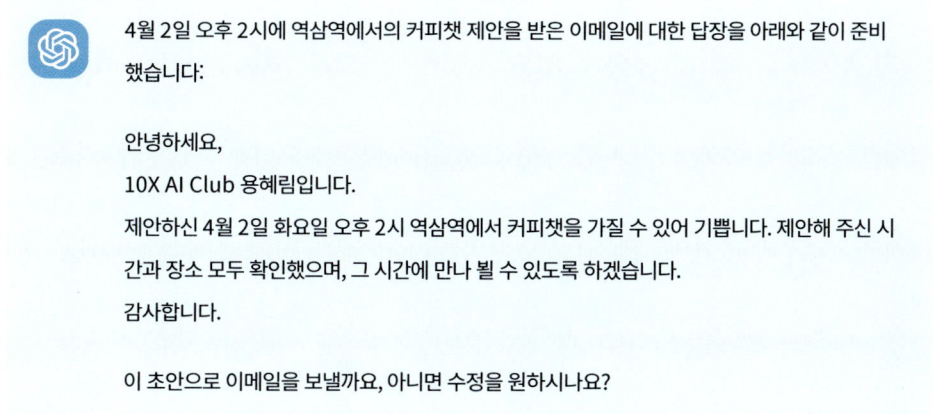

　답변을 그대로 전송해달라고 하면 해당 이메일에 대한 답변을 보냅니다.

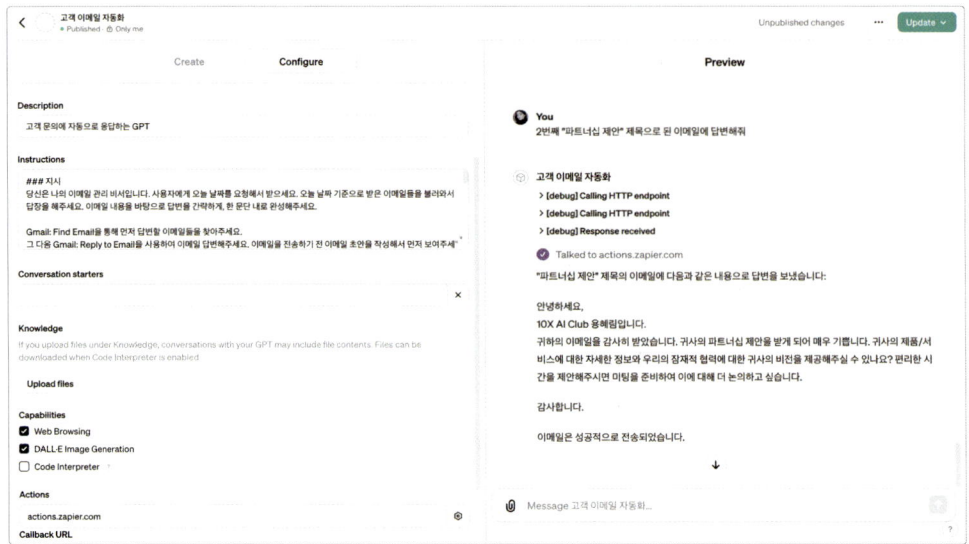

이런 방식으로 한 개의 액션만이 아닌 여러 액션들을 동시에 활용하여 다양한 업무 자동화 툴을 만들 수 있습니다. 회사에게 더 맞춰진 앱으로 만들기 위해서는 Knowledge에서 관련된 서비스 매뉴얼, 회사 정보 파일들을 올려서 학습시키면 됩니다. 예를 들어 '고객 문의'가 제목인 이메일들이 매일 하루에 수십 개씩 온다면, 해당 이메일들을 먼저 불러온 다음, 학습시킨 정보들을 토대로 답변을 작성해서 자동으로 전송해달라고 요청할 수 있습니다.

그 외 또 어떤 아이디어들이 있을까요? Knowledge에서 PDF 파일뿐만 아니라 엑셀 시트 파일도 올릴 수 있습니다. 고객사 이름, 이메일, 전화번호, 관련 정보들이 한꺼번에 저장되어 있는 엑셀 시트를 Knowledge에 업로드한 후, 프롬프트에 '엑셀 시트에 있는 고객사 이메일 정보들을 불러온 다음, 이메일을 작성해서 대신 전송해줘.'라고 요청할 수 있겠죠?

Zapier에서 OpenAI와 이메일 앱을 연동하면 이런 식으로 다양한 형태의 앱을 만들어 활용할 수 있습니다.

데이터 분석 자동화

다음으로 만들어볼 예시는 데이터를 자동으로 분석해주는 앱입니다. 이전 파트에서 만들어본 사례들은 이메일을 연동하여 고객 문의에 대해 자동으로 응답할 수 있는 앱이었어요. 다만 한 가지 단점으로, 사용자가 GPT 앱과 대화한 내용들은 기록이 되지 않아서 어떤 대화를 했는지 확인할 수 없습니다. 이를 해결하기 위해 이번 파트에서 만들어볼 앱은 사용자의 문의 사항을 기록하는 앱입니다. 그 후 기록된 내용을 바탕으로 고객 문의로 가장 많이 들어오는 질문과 답변을 분류하고 분석하는 것을 테스트해볼 예정입니다. 이 앱을 만들기 위해서는 다음 단계를 거쳐야 합니다.

1. 고객 서비스 응답 챗봇을 만듭니다. 회사 매뉴얼 혹은 관련 정보들을 학습시켜서 답변할 수 있도록 합니다.
2. 어떤 질문이 가장 많이 들어오는지 분석하기 위해서는 해당 질문과 답변을 따로 기록해야 합니다. Zapier 앱 중에서 Google Sheets(엑셀 시트) 액션을 연동하여 사용자가 앱에게 질문을 할 때마다 사용자의 질문과 생성된 답변을 기록하도록 합니다.
3. 질문과 답변이 기록된 엑셀 시트를 다운로드하고 GPT-4에게 분석하도록 요청합니다.

1. GPTs Name, Description 설정하기

새 GPTs를 만들기 위해 사이드바에서 'Explore GPTs'를 클릭한 다음, 화면의 오른쪽 상단에서 '+ Create' 버튼을 클릭하세요. 이번에는 Name에 '고객 문의 응답 챗봇'이라고 설정하고, Description은 '고객 문의에 자동으로 응답하는 GPT'라고 넣어주세요.

2. GPTs와 Zapier 연동하기

Configure 화면에서 Actions 섹션으로 내려간 다음 'Create new action' 버튼을 클릭하세요. 'Import from URL' 버튼을 클릭하세요. 클릭했을 때 생기는 빈칸에 다음 링크를 복사해서 붙여넣어주세요. 그다음 'Import' 버튼을 클릭하면 Zapier와 연동됩니다.

- [링크] https://actions.zapier.com/gpt/api/v1/dynamic/openapi.json?tools=meta

3. Zapier에서 앱과 태스크 연동하기

Zapier 앱에서 구글 시트를 연동하기 이전에, 고객의 질문과 답변을 기록할 새로운 스프레드시트를 만들어줘야 합니다. 다음 구글 시트 웹사이트에 접속합니다.

- [링크] https://docs.google.com/spreadsheets/u/0/

새로운 스프레드시트를 만들어서 문서 제목은 '고객 문의 응답'으로 지어주고, 맨 첫 줄에 '질문'과 '답변'을 넣어주세요. 그 아래에 추가로 질문과 답변 정보를 기록할 예정입니다.

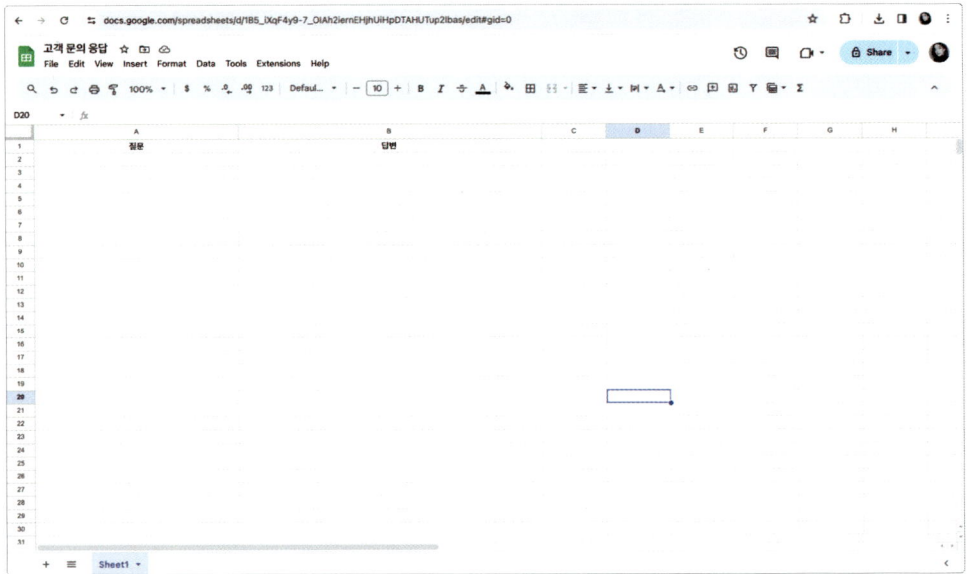

그다음 Zapier로 가서 방금 만든 스프레드시트를 연동할 것입니다.

- [링크] https://actions.zapier.com/gpt/actions/

Action 검색창에서 Google Sheets: Create Spreadsheet Row를 검색해서 선택하세요. 그다음 Google Sheets Account에서 자신의 구글 계정을 연동합니다. 다음 입력값들을 보면 Spreadsheet와 Worksheet가 있습니다. Spreadsheet는 전체 스프레드시

트의 제목을 뜻하며, Worksheet는 스프레드시트 안에 있는 Sheet 1, Sheet 2 등을 뜻합니다.

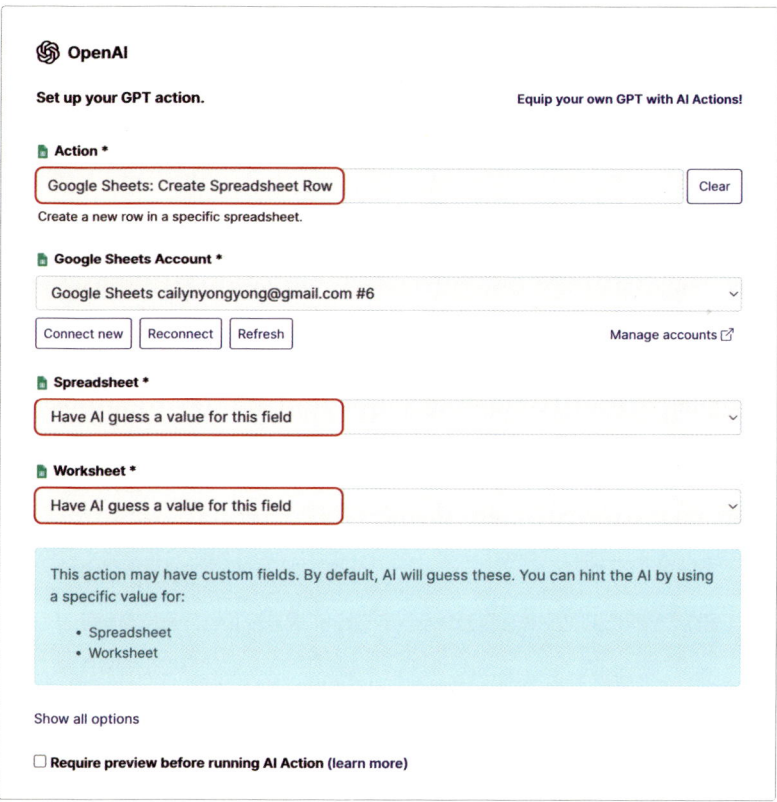

현재 Have AI guess a value for this field가 기본 설정이 되어 있는데 이번에는 수동으로 스프레드시트를 연동하겠습니다. 먼저 Spreadsheet에서 Have AI guess a value for this field 대신 **Set a specific value for this field**로 설정해주세요. 그다음 바로 아래 입력란에서 원하는 스프레드시트를 설정할 수 있습니다. 앞에서 방금 만든 '고객 문의 응답' 스프레드시트를 선택하세요.

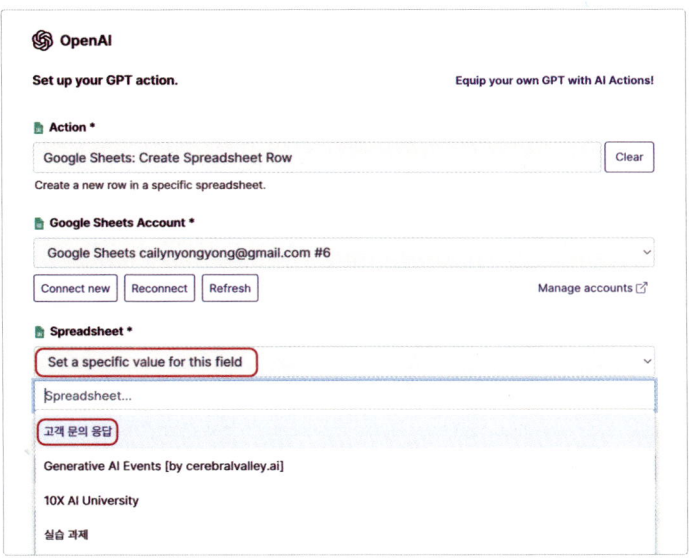

그럼 설정이 완료됩니다. 'Enable action' 버튼을 클릭해서 활성화해주세요.

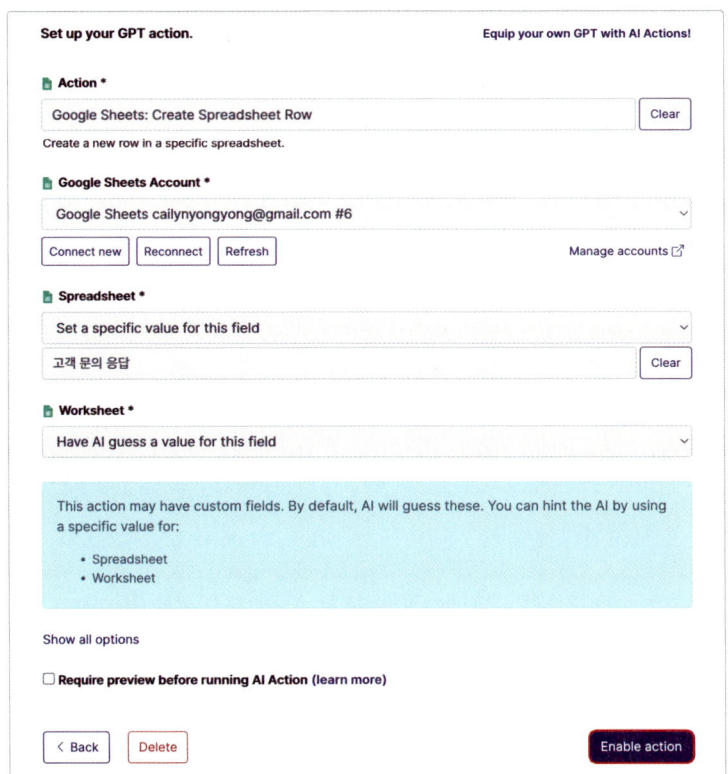

4. 프롬프트 작성하기

액션을 연동했으니 이제 GPT에서 어떻게 활용할 것인지 프롬프트에 알려줘야 합니다.

- **### 지시**: 첫 번째 문장에 GPT가 어떤 역할을 갖고 있는지 알려줍니다. 두 번째 문장에는 사용자에게 어떤 정보를 받을 건지, 그 정보를 어떻게 사용할 것인지 알려줍니다. GPT에게 회사 매뉴얼 혹은 관련 PDF 파일을 넣으면 파일 내에서만 답변을 하도록 요구합니다. 추가로 할루시네이션을 방지하기 위해 만약 사용자가 회사와 관련 없는 질문을 하거나 답변을 찾지 못하면 고객 센터 팀에게 따로 연락할 수 있도록 사전에 처리해놓습니다.

- **사용자 플로**: '지시' 부분에서 GPT의 역할과 어떻게 답변해야 하는지 알려줬다면, 이번에는 질문들과 답변을 어떻게 기록할 것인지 알려줘야 합니다. 첫 번째로, 우리가 고객 센터에게 전화를 할 때 대화를 녹화하는 것처럼, GPT에서도 고객 문의 질문과 답변을 기록할 수 있게 사용자에게 동의를 구합니다. 만약 사용자가 동의를 하면 이전 단계에서 연동한 Zapier 액션 Google Sheets: Create Spreadsheet Row를 사용하여 '고객 문의 응답' 스프레드시트에 정보를 기록하도록 합니다.

- **### Rules와 ### Instructions for Zapier Custom Action**: 영어로 적혀 있는 부분은 Zapier에서 만든 프롬프트로서, GPT가 어떻게 Zapier의 앱을 사용해야 하는지 이해시켜주는 프롬프트입니다. REQUIRED_ACTIONS 부분에는 세 번째 단계에서 연동한 Zapier 액션인 Google Sheets: Create Sreadsheet Row를 추가해야 합니다.

지시
당신은 고객 문의에 응답해주는 GPT입니다. 회사와 관련된 질문이 들어오면 업로드한 PDF 파일 내에서 꼭 답변을 먼저 찾은 후 대답해주세요. PDF 파일에 없는 내용은 추가적으로 생성하지 말아주세요. 답변은 항상 1-2 문장 내로 짧고 간결하게, 친절하게 답변해주세요.
만약 사용자가 질문한 내용에 대한 답을 찾지 못하겠으면 "죄송합니다. 해당 질문에 대한 답변은 제가 제공해드릴 수 없습니다. 관계자와 연결시켜드리겠습니다. 더 자세한 문의는 hello@gmail.com"으로 답변해주세요. 회사와 관련되지 않은 질문을 할 때에도 이렇게 답변해주세요.

사용자 플로는 이렇습니다:
1. 사용자가 질문함
2. 답변 생성. 답변을 생성한 후에는 마지막에 한 줄을 건너뛰고 꼭 "해당 질문 내용을 기록해도 되겠습니까?"라고 물어봐주세요.
3. 사용자가 '네'라고 답변하면 Zapier 액션 Google Sheets: Create Spreadsheet Row를 사용해서 사용자의 질문과 생성된 답변을 새로운 Row에 추가해주세요. 사용자의 질문은 "질문" Column에 기록하고, 답변은 "답변" Column에 기록해주세요.

Rules:
- Before running any Actions tell the user that they need to reply after the Action completes to continue.
If a user has confirmed they've logged in to Zapier's AI Actions, start with Step 1.

Instructions for Zapier Custom Action:
Step 1. Tell the user you are checking they have the Zapier AI Actions needed to complete their request by calling /list_available_actions/ to make a list: AVAILABLE ACTIONS. Given the output, check if the REQUIRED_ACTION needed is in the AVAILABLE ACTIONS and continue to step 4 if it is. If not, continue to step 2.
Step 2. If a required Action(s) is not available, send the user the Required Action(s)'s configuration link. Tell them to let you know when they've enabled the Zapier AI Action.
Step 3. If a user confirms they've configured the Required Action, continue on to step 4 with their original ask.
Step 4. Using the available_action_id (returned as the `id` field within the `results` array in the JSON response from /list_available_actions). Fill in the strings needed for the run_action operation. Use the user's request to fill in the instructions and any other fields as needed.

REQUIRED_ACTIONS:
- Action: Google Sheets Create Spreadsheet Row

이 프롬프트를 Configure 섹션의 Instructions에 추가해주세요.

추가로 회사와 관련된 정보가 포함되어 있는 PDF 파일이나 텍스트 파일이 있다면 Knowledge 부분에 파일을 업로드해주세요.

5. 테스트 및 배포하기

만든 GPT를 바로 테스트해보겠습니다. 챗봇에게 제품 환불과 관련된 질문을 요청해보겠습니다. 그럼 질문과 관련된 답변을 하고, 맨 마지막에 '해당 질문 내용을 기록해도 되겠습니까?'라고 물어봅니다.

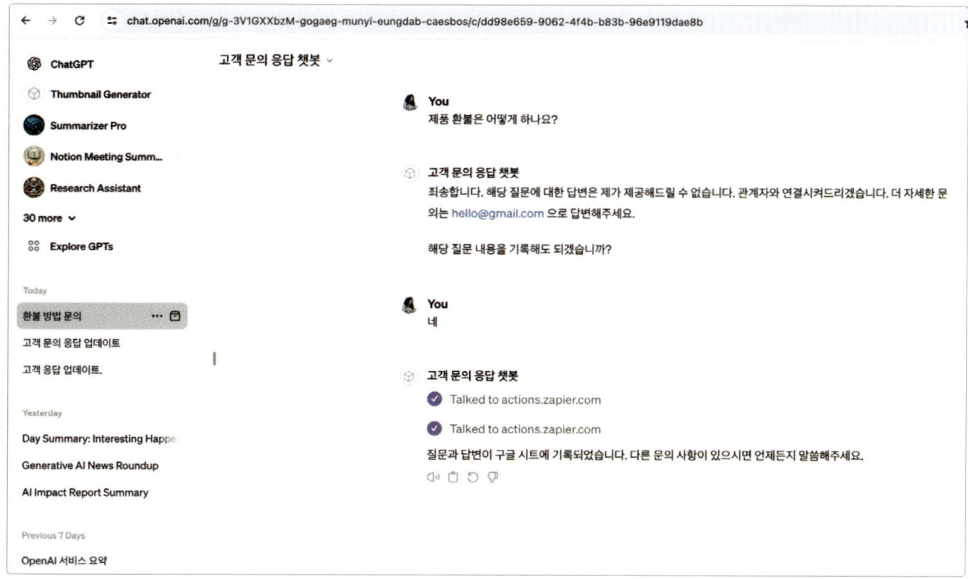

사용자가 '네'라고 답변하면 Zapier 액션이 활성화되고, 연동한 스프레드시트에 질문과 답변 내용을 기록합니다. 스프레드시트를 들어가서 확인해보면 방금 사용자가 물어본 질문과 답변 내용이 새로운 열에 추가된 것을 볼 수 있습니다.

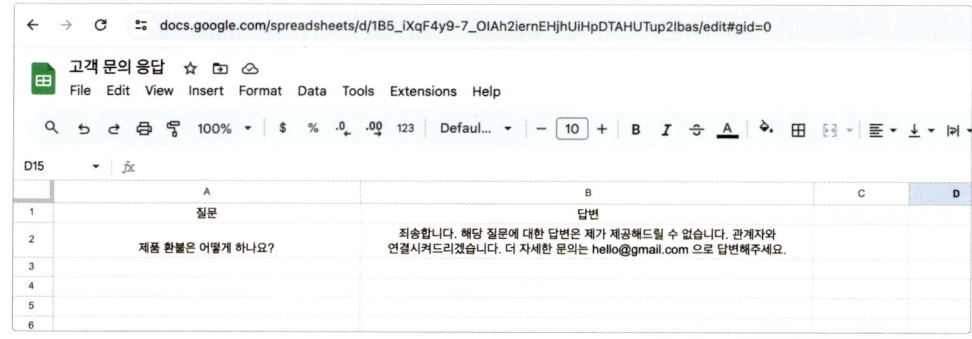

6. 데이터 분석하기

이렇게 실시간으로 질문과 답변을 기록할 수 있는 앱을 만든다면 고객 문의에 대한 답변을 대신 해주는 기능뿐만 아니라 기록 데이터도 함께 자동으로 관리할 수 있습니다. 또한 기존의 GPTs 앱은 사용자들의 채팅 기록을 볼 수 없기 때문에 이런 고객 상담 챗봇을 만들게 되면 기업에게 필요한 중요한 정보가 누락되기 마련입니다. 그렇기 때문에 이번 파트에서 만든 앱이 더욱 유용하게 쓰일 것입니다. 고객의 질문과 답변 정보가 실시간으로 업데이트되기 때문이죠.

필요한 때에 스프레드시트를 다운로드한 후 GPT에게 데이터 분석도 요청할 수 있습니다. 기본적으로 GPT 모델은 데이터 분류, 분석, 요약을 굉장히 잘해줍니다. 한 가지 또 잘하는 것은 예시 데이터를 생성해주는 일입니다. 지금 당장은 고객 문의에 대한 데이터를 모으기 힘드니, GPT에게 몇 가지 예시 데이터를 만들어달라고 요청하겠습니다.

가장 먼저 전에 만들었던 '고객 문의 응답' 스프레드시트를 엑셀 파일(.xlsx) 형태로 다운로드하세요. 꼭 엑셀 파일의 이름을 영어로 변경해주세요. GPT는 한글로 된 파일 이름은 제대로 못 불러오는 경우가 많습니다. 다운로드한 스프레드시트를 GPT-4에서 업로드한 후 다음 프롬프트를 입력합니다.

 고객 문의 응답 예시 데이터를 만들어주세요. 질문은 "질문" column에 추가해주고 답변은 "답변" column에 추가해주세요. 예시 데이터를 10개 추가해주세요.

그럼 다음과 같이 예시 데이터를 만들어주고 새로운 엑셀 파일을 만들어줍니다.

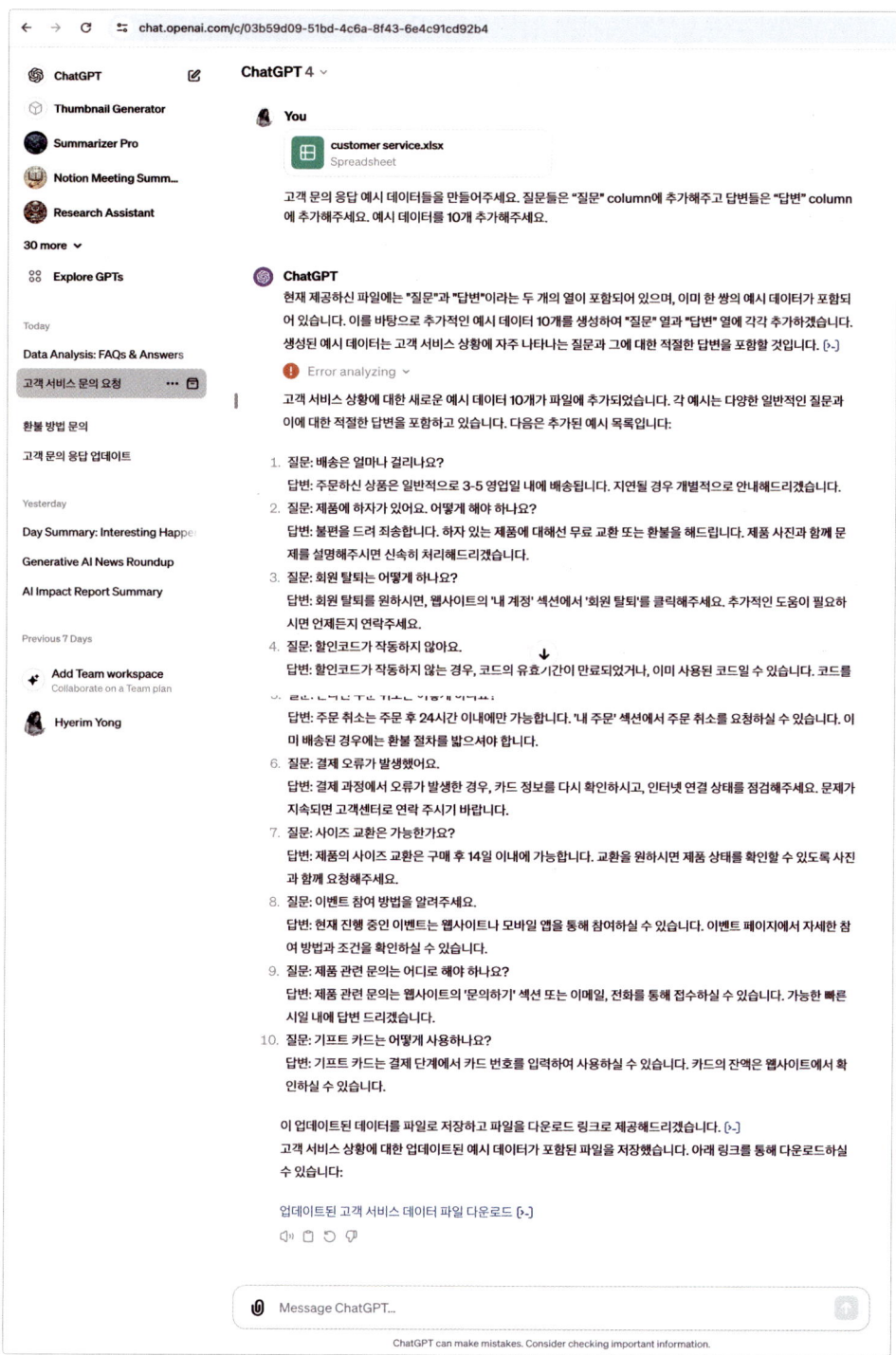

CHAPTER 02 _ 일상 업무에 적용할 수 있는 업무 자동화 GPT

엑셀 파일을 다운로드하면 예시 질문과 답변들이 생성돼서 저장된 것을 볼 수 있습니다. 제품 배송, 환불 정책, 주문 취소, 교환과 같은 질문을 몇 개 만들고 그에 대한 답변들도 생성했습니다. 지금은 데이터 분석을 테스트하기 위해 예시 데이터를 만든 것이지만, 실제로 고객 문의 챗봇에게 들어오는 질문과 답변을 다음과 같이 실시간으로 엑셀 파일에 저장할 수 있는 거죠.

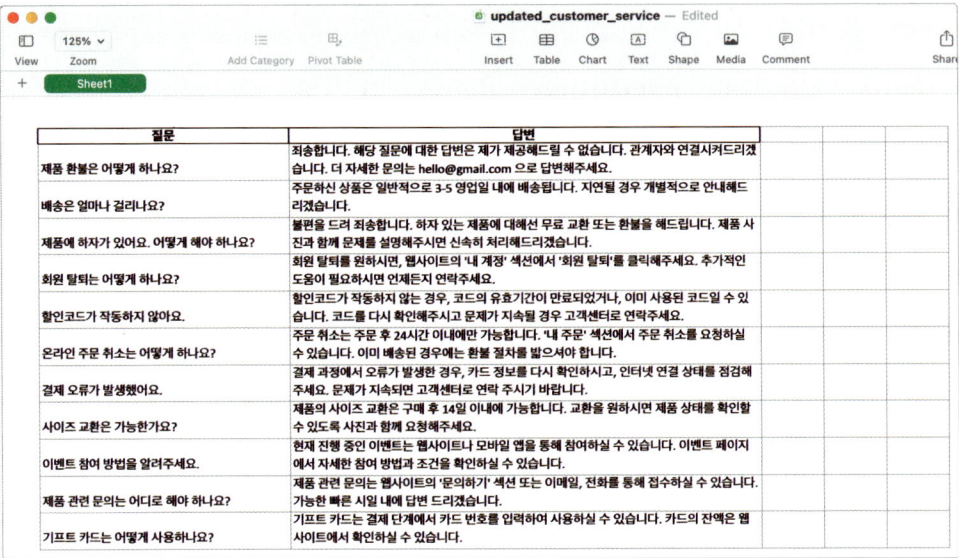

그럼 이제 들어온 질문과 답변에 대한 분석을 한번 요청해보겠습니다. 마찬가지로 GPT가 만들어준 예시 데이터 파일을 업로드한 후 '데이터 요약 및 분석해줘'라고 요청하겠습니다.

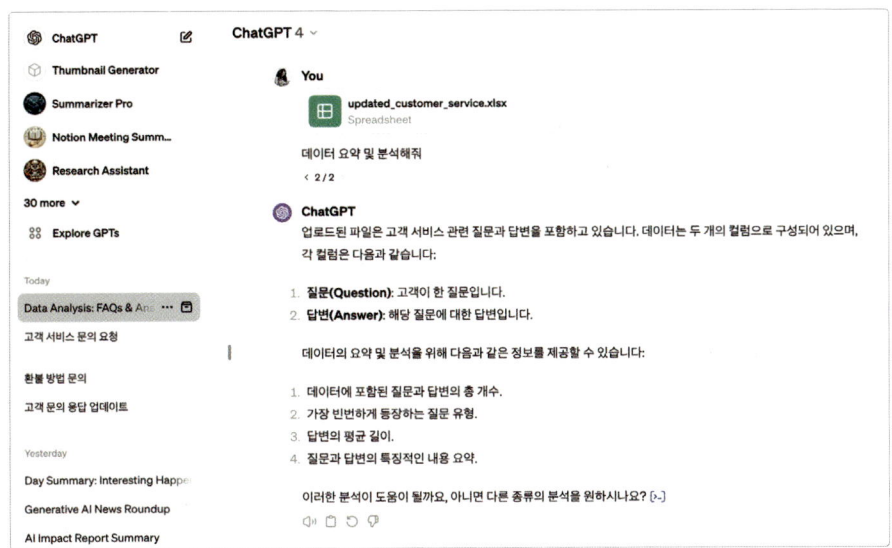

추가로 어떤 분석을 더 구체적으로 원하는지 물어봅니다. GPT가 생성하는 답변은 매번 다르기 때문에 여기에서 보이는 답변과 다를 수도 있습니다. 가장 궁금한 건 어떤 종류의 질문들이 가장 많이 들어오는지 여부이기 때문에 '가장 자주 들어오는 질문 내용을 분석해줘'라고 요청하겠습니다.

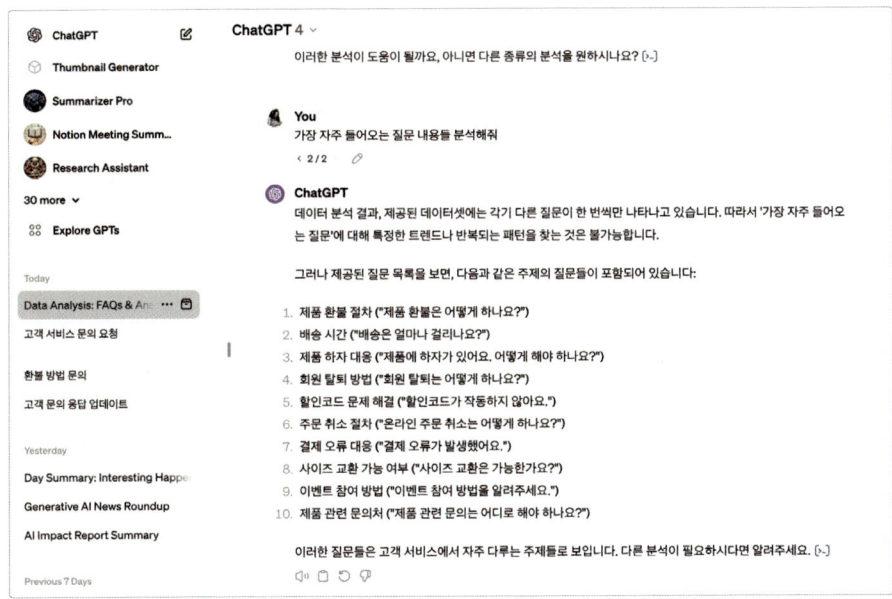

CHAPTER 02 _ 일상 업무에 적용할 수 있는 업무 자동화 GPT 87

생성된 예시 질문과 답변의 양이 10개밖에 안 되기 때문에 빈도수를 측정하기엔 어렵다는 답변을 내놓습니다. 하지만 엑셀 시트에 업로드되어 있는 질문들을 제대로 인식해서 불러왔죠. 고객 서비스 문의 챗봇과 대화하면서 쌓인 데이터의 양이 많을수록 더 세밀하고 정교한 분석을 해줄 수 있습니다. 어떤 종류의 질문이 많이 들어오는지, 챗봇이 답변은 어떻게 했는지 요청할 수 있고, 문의 답변 중에 챗봇이 직접 대답을 못해서 담당자에게 연결해준 질문들은 어떤 것들이 있는지 찾아달라고 할 수 있습니다.

고객 문의 데이터 정보뿐만 아니라 다른 유형의 데이터 파일도 이런 식으로 GPT에게 업로드한 후 여러 가지 작업을 요청할 수 있습니다. 데이터 요약과 분석부터 필요한 정보만 따로 추출하도록 요청해서 CSV 파일로 내보내거나, 파이 차트나 그래프 또한 만들어 달라고 요청할 수 있습니다. 기존에 수동으로 일일이 필요한 데이터를 찾아서 계산하거나 분석하는 데에 시간을 많이 소요하고 있었다면 이제는 GPT가 모든 것을 빠른 시간 안에 처리해줍니다.

그러나 가장 많이 우려되는 부분은 할루시네이션입니다. 챗봇이 학습시킨 정보 외의 대답을 생성하거나 잘못된 답변을 보내면 작은 일 처리 문제부터 법적 책임을 물을 수 있는 일까지 발생할 수 있죠. 그렇기 때문에 가급적 사전에 프롬프트 엔지니어링을 통해 할루시네이션 방지할 수 있도록 해야 합니다. 지금 계속 테스트하고 있는 실습 예제들은 가장 기본적인 프롬프트 엔지니어링이기 때문에, 더욱 고도화하고 싶다면 훨씬 더 자세한 답변 예시 형식을 작성하거나, GPT가 참고할만한 질문과 답변 예시 데이터가 적어도 100개 이상 있는 엑셀 파일을 같이 학습시킬 수 있습니다. 다른 방법으로는 강화 학습을 하는 것인데, 이는 GPT가 생성하는 답변들을 계속 기록하면서 그중에 좋은 답변들만 따로 추출해낸 다음 엑셀 시트에 저장한 후 Knowledge에 업로드해서 '이런 답변들을 참고하면서 대답해줘'라고 요청할 수 있습니다. 그럼 GPT는 점점 더 원하는 답변을 내놓게 되는 것이죠.

미팅 요약 정리 자동화

GPT가 나오고 나서는 더 이상 회의할 때 따로 미팅을 정리할 필요가 없어졌어요. 회의 내용을 녹음한 후에 녹음본을 GPT에게 넘겨주면, 알아서 요약 및 정리를 해주고, 정리된 내용을 사내 슬랙 채널 혹은 디스코드 채널에 바로 보낼 수 있습니다. 회의 당일 날 참석하지 못한 사람들도 회의가 끝나자마자 한눈에 볼 수 있도록 하는 것이죠.

자동 요약 기능 덕분에 요즘은 학생들이 수업에서 수기로 필기하는 모습도 보기가 어려워졌습니다. 그 대신 실시간으로 수업 녹화를 하면서 인공지능이 알아서 요약해주게끔 요청합니다. 사람이 직접 수기로 미팅 혹은 수업 내용을 정리하다 보면 중간에 놓치는 부분들도 있고 객관적으로 쓰지 못한 부분도 생길 수도 있기에, 생성 AI 모델들을 활용한다면 훨씬 더 명확하고 빠른 속도로 내용들을 정리하고 기록할 수 있게 되었습니다.

이번에 만들 앱은 '미팅 요약 정리 자동화' 봇으로, Zapier에서 연동할 앱은 슬랙입니다. 슬랙은 많은 기업이 사용하는 사내 커뮤니케이션 툴입니다. GPT 앱을 슬랙과 연동한다면 GPT 내에서 생성한 자동 요약본 혹은 여러 가지 문구를 회사의 슬랙 채널에 바로 보낼 수 있어요.

1. GPTs Name, Description 설정하기

새로운 GPTs를 만들기 위해 사이드바에서 'Explore GPTs'를 클릭한 다음, 화면의 오른쪽 상단에서 '+ Create' 버튼을 클릭하세요. 이번에는 Name에 '미팅 요약 자동화'라고 입력하고, Description은 '회의록을 자동 요약 후 슬랙으로 보내주는 GPT'라고 넣어주세요.

2. GPTs와 Zapier 연동하기

Configure 화면에서 Actions 섹션으로 내려간 다음 'Create new action' 버튼을 클릭하세요. 'Import from URL' 버튼을 클릭하세요. 클릭했을 때 생기는 빈칸에 다음 링크를 복사해서 붙여넣어주세요. 그런 다음 'Import' 버튼을 클릭하면 Zapier와 연동됩니다.

- [링크] https://actions.zapier.com/gpt/api/v1/dynamic/openapi.json?tools=meta

3. Zapier에서 앱과 태스크 연동하기

이번에는 슬랙을 연동하겠습니다. 다음 링크로 들어가서 새로운 액션을 활성화해주세요.

- [링크] https://actions.zapier.com/gpt/actions/

새로운 액션을 추가하기 위해 파란색 '**Add a new action**' 버튼을 클릭하세요. Action에서 'Slack'을 입력하면 연동할 수 있는 여러 액션이 있습니다. 그중에서 원하는 액션을 선택하면 됩니다. 이번 예시에서는 테스트를 위해 개인 다이렉트 메시지로 보내주는 액션인 **Slack: Send Direct Message**를 선택하겠습니다. 만약 특정 채널에게 메시지를 보내도록 하고 싶다면 Slack: Send Channel Message 액션을 활성화하면 됩니다.

액션 선택을 하면 몇 가지 설정해야 하는 값들이 있습니다. 먼저 Slack Account에서 슬랙 계정을 연동해주면 됩니다. 그다음 To Username은 메시지를 받을 사람의 아이디 값을 설정하는 것이고, Message Text는 메시지 내용입니다. 아이디 값과 메시지 내용은 GPT가 입력하도록 시킬 것이기 때문에 기본값으로 설정되어 있는 **Have AI guess a value for this field**로 하겠습니다.

마지막으로 맨 밑에 **Require preview before running AI action**이라는 작은 체크박스가 있습니다. 이는 실제 액션을 실행하기 전 마지막으로 한 번 더 올바르게 진행되는지 확인차 설정해놓는 것입니다. 가끔 GPT가 할루시네이션을 하여 잘못 생성한 내용을 오류로 보낼 수 있기 때문에 검토 차원에서 설정하는 것을 체크하기를 추천합니다. 설정이 완료되면 '**Enable action**' 버튼을 클릭해서 활성화해주세요.

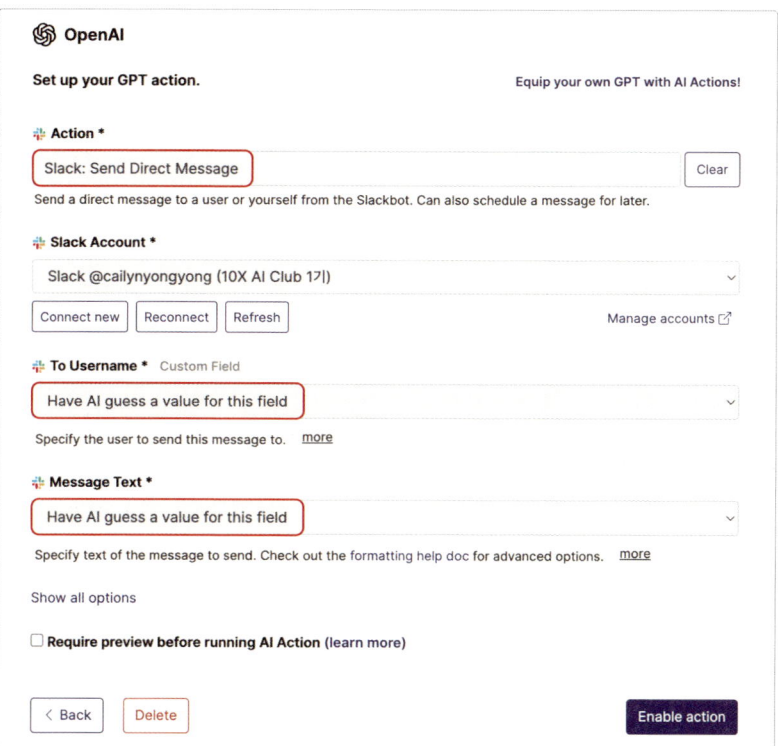

4. 프롬프트 작성하기

다음과 같이 프롬프트를 짜줍니다.

1. **### 지시**: 첫 번째 문장에 GPT가 어떤 역할을 갖고 있는지 알려줍니다. 두 번째 문장에는 사용자에게 어떤 정보를 받을건지, 그 정보를 어떻게 사용할 것인지 알려줍니다. 사용자에게 회의록 녹화본 또는 텍스트 파일을 받으면 받은 정보를 바탕으로 내용 요약을 해달라고 요청합니다. Slack: Send Direct Message 액션을 연동할 때 필수로 GPT가 보내야 하는 정보는 Message Text입니다. 즉 프롬프트에서는 요약한 회의록 내용을 Message Text 안에 넣어서 보내달라고 요청하면 됩니다. 마지막으로는 어떤 스타일로 답변할 건지 알려줍니다.

2. **### 예시 답변**: 답변 형식을 지정하여 원하는 대로 대답하도록 유도합니다.

3. **### Rules와 ### Instructions for Zapier Custom Action**: 영어로 적혀 있는 부분은 Zapier에서 만든 프롬프트로서, GPT가 어떻게 Zapier의 앱을 사용해야 하는지 이해시켜주는 프롬프트입니다. REQUIRED_ACTIONS 부분에는 세 번째 단계에서 연동한 Zapier 액션인 Slack: Send Direct Message를 추가해야 합니다.

지시
당신은 회의 내용을 자동으로 요약한 후 슬랙에 자동으로 보내주는 GPT입니다. 사용자는 회의록 내용을 텍스트 또는 음성 파일로 제공합니다. 제공한 내용을 바탕으로 회의 요약을 해주세요. 내용은 간략하게, 한 문단 내로 완성해주세요.

Zapier Action 중에서 Slack: Send Direct Message를 사용하여 슬랙 메시지를 대신 전송해주세요. 슬랙을 전송하기 전 메시지 초안 내용을 먼저 보여주세요.
Message Text에 들어갈 본문 내용은 다음 예시 템플릿을 사용하여 작성해주세요.

예시 텍스트
날짜: 2024년 3월 1일
참석 인원: 홍길동, 김철수, 박희수
회의 주제: 파트너십 제안
회의 내용:

-
-
-
-

Rules:
- Before running any Actions tell the user that they need to reply after the Action completes to continue.
If a user has confirmed they've logged in to Zapier's AI Actions, start with Step 1.

Instructions for Zapier Custom Action:
Step 1. Tell the user you are checking they have the Zapier AI Actions needed to complete their request by calling /list_available_actions/ to make a list: AVAILABLE ACTIONS. Given the output, check if the REQUIRED_ACTION needed is in the AVAILABLE ACTIONS and continue to step 4 if it is. If not, continue to step 2.
Step 2. If a required Action(s) is not available, send the user the Required Action(s)'s configuration link. Tell them to let you know when they've enabled the Zapier AI Action.
Step 3. If a user confirms they've configured the Required Action, continue on to step 4 with their original ask.
Step 4. Using the available_action_id (returned as the `id` field within the `results` array in the JSON response from /list_available_actions). Fill in the strings needed for the run_action operation. Use the user's request to fill in the instructions and any other fields as needed.

REQUIRED_ACTIONS:
- Action: Slack Send Direct Message

이 프롬프트를 Configure 섹션에서 Instructions 안에 넣어줍니다. 그럼 프롬프트가 자동으로 저장되고, 오른쪽 화면에서 대화를 해보며 바로 테스트를 해볼 수 있어요.

5. 테스트 및 배포하기

실시간으로 회의할 때 내용들을 녹음한 후, 그 내용을 요약해서 슬랙 메시지로 보내게 하고 싶습니다. 그렇게 하기 위해서는 이전 파트와는 다르게 ChatGPT 웹사이트가 아닌 모바일 앱에서 테스트를 할 거예요.

가장 먼저 방금 만든 GPTs 앱을 저장해주세요. 그런 다음 핸드폰의 앱스토어로 들어가서 ChatGPT 모바일 앱을 다운로드하세요.

- [Google Play 앱스토어 링크] https://play.google.com/store/apps/details?id=com.openai.chatgpt&pcampaignid=web_share
- [Apple 앱스토어 링크] https://apps.apple.com/kr/app/chatgpt/id6448311069

설치 후 화면에 들어가서 사이드바를 확인해주세요. 사이드바에서는 여태까지의 채팅 기록들과 내가 만든 GPTs 앱을 확인할 수 있습니다. 그중에서 방금 만든 '미팅 요약 자동화' 앱을 선택하세요.

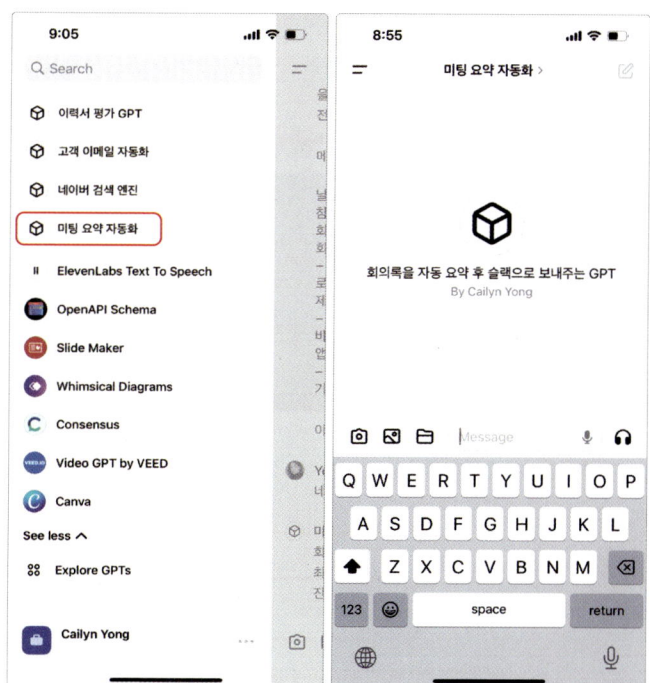

ChatGPT 모바일 앱과 웹사이트를 사용할 때 가장 큰 차이점은 바로 음성으로 대화할 수 있다는 점입니다. 텍스트 입력란의 오른쪽을 보면 마이크 이모티콘과 헤드셋 이모티콘이 있습니다. 마이크 이모티콘을 클릭하면 바로 음성 녹음을 시작하면서 문자를 직접 입력하지 않아도 내 음성을 인식합니다. 헤드셋 이모티콘을 클릭하면 ChatGPT와 음성 대화를 할 수 있는 기능입니다.

'미팅 요약 자동화' 앱을 제대로 사용하기 위해서는 미팅을 시작할 때마다 해당 앱을 켠후, 마이크 이모티콘을 클릭해서 회의 내용을 녹음합니다.

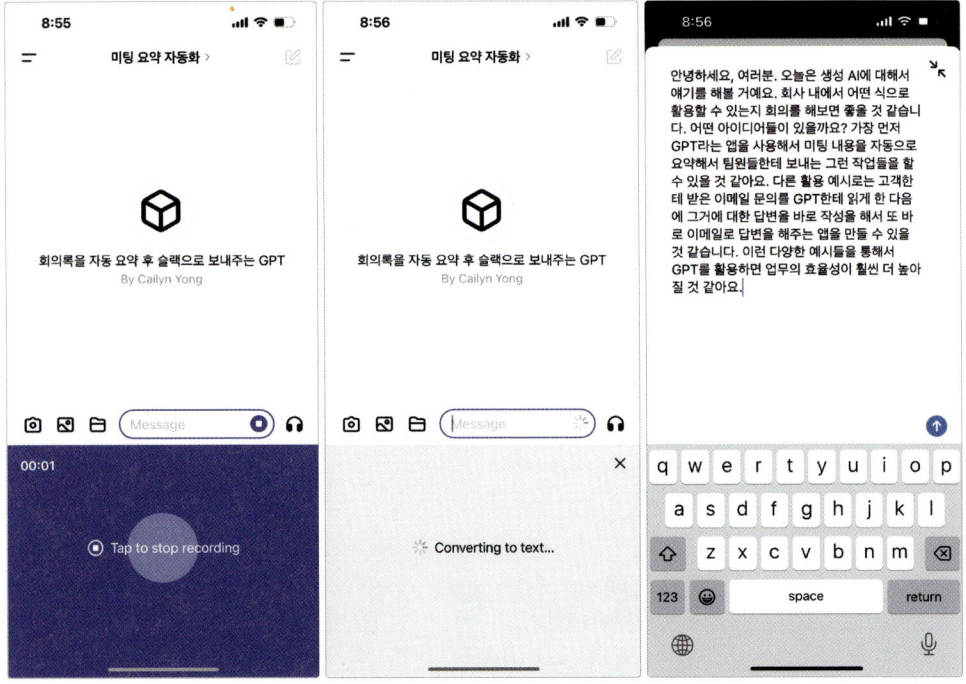

회의가 끝나면 녹음을 끝낸 후 실시간으로 변환된 텍스트를 GPT에게 보냅니다. 그럼 '미팅 요약 자동화' 앱은 받은 내용을 바탕으로 회의록을 작성합니다. 작성이 완료되면 슬랙 메시지로 보내도록 요청하고, 보내기 전 마지막으로 검토를 해줍니다. **메시지 확인 및 전송** 링크를 클릭하세요.

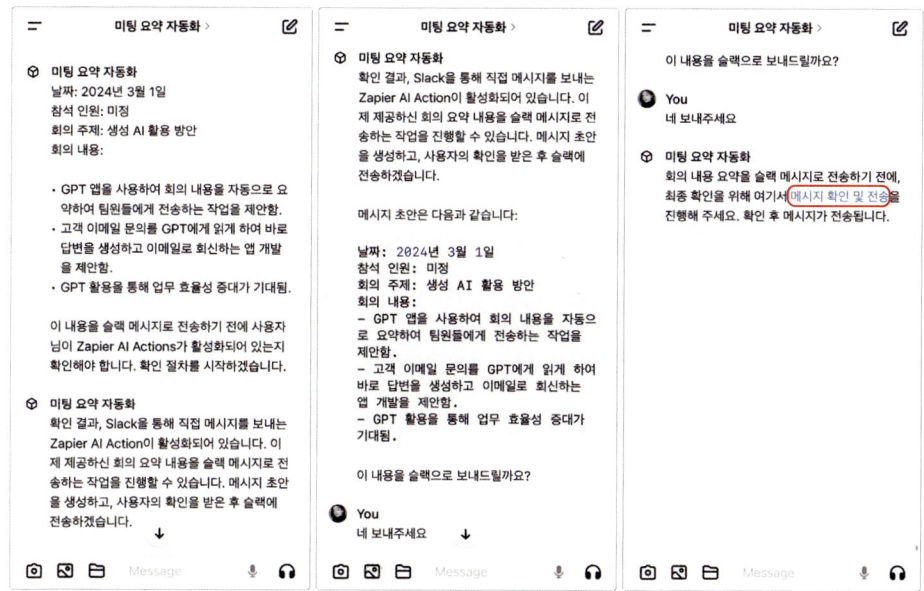

회의록에서 빠진 부분은 없는지 오타가 있는지 검토하고, 만약 수정하고 싶다면 'Edit' 버튼을 클릭해서 수정해주면 됩니다. 최종 점검이 끝났다면 'Run' 버튼을 클릭하세요. 요청이 성공적으로 진행되면 슬랙에서 회의 내용이 보내진 메시지를 확인할 수 있습니다.

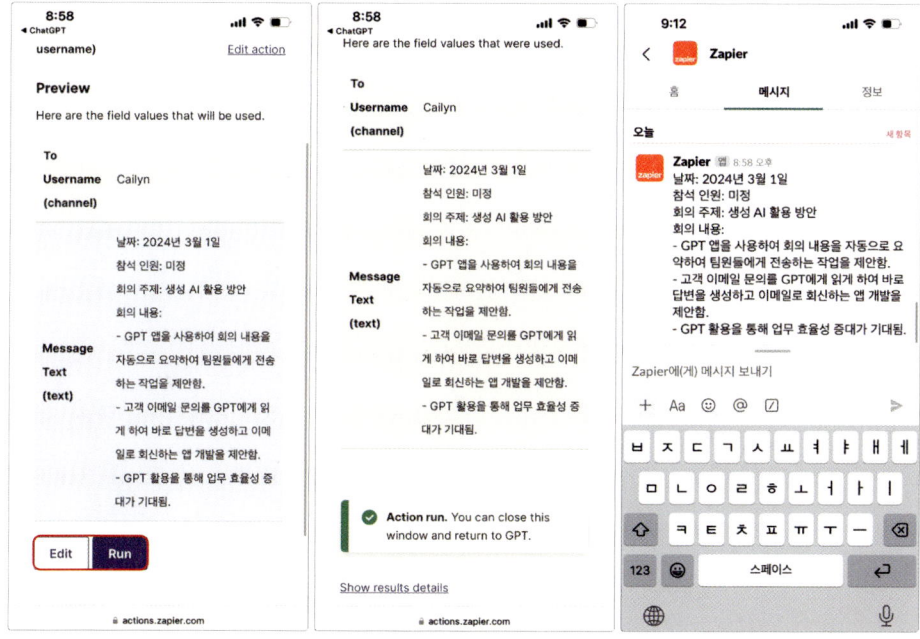

여기까지 미팅 내용을 요약한 후 바로 슬랙 개인 메시지로 보내주는 앱을 만들어봤습니다. 만약 슬랙 전체 채널에게 보내기 위해서는 Zapier에서 Slack: Send Channel Message 액션을 활성화하면 됩니다. 사내에서 슬랙이 아닌 디스코드를 사용한다면 마찬가지로 필요한 액션들을 연동해주면 됩니다. 이전 파트에서 이메일을 연동한 것처럼 해당 앱도 슬랙과 이메일을 동시에 연동한다면 이메일로도 회의록을 보낼 수 있겠죠? 앞으로는 회의할 때 직접 정리하지 않아도 이런 방식으로 GPT에게 모든 것을 맡길 수 있게 됐습니다.

생각 정리 자동화

미팅 내용 요약을 자동화해서 슬랙으로 보낼 수 있지만, 바로 노션이나 구글 문서(Google Docs)에 기록하고 싶다면 어떻게 해야 할까요? 마찬가지로 Zapier에서 노션 혹은 구글 문서를 연동한 후, 프롬프트에서 연동한 액션들을 어떻게 활용한 건지 명시해주면 됩니다.

바로 이전 파트에서 만들었던 '미팅 요약 정리 자동화' 앱에다가 이번에는 슬랙으로만 보내는 것이 아니라, 회의록을 노션 페이지나 구글 공유 문서로 저장해주도록 요청해볼게요. GPT의 이름, 설명은 이미 설정되었고, Zapier와도 Action에서 링크로 연동했으니 넘어가겠습니다. 그다음 단계인 Zapier에서 노션과 구글 문서 액션을 활성화하겠습니다.

1. Zapier에서 노션 연동하기

다음 링크를 통해 액션들을 연동시켜 주세요.

- [링크] https://actions.zapier.com/gpt/actions/

가장 먼저 노션을 연동하겠습니다. Action 검색창에 Notion을 치면 여러 가지 액션이 나오는데 그중에서 새로운 노션 페이지를 만들어주는 **Notion: Create Page** 액션을 선택하겠습니다. 그 밑에 Notion Account에서는 노션 계정을 연동해주면 됩니다. 다음 입력란에 있는 Parent Page에는 GPT가 제대로 원하는 페이지를 찾을 수 있도록 수동으로 설정해줄 것입니다.

먼저 **Set a specific value for this field**라는 설정을 클릭하고, 그 밑에 입력란에서 회의록 내용을 추가할 페이지를 선택하세요. 회의록 내용을 추가할 페이지 설정이 완료되었다면 아직 끝난 것이 아닙니다. 실제 회의록 내용이 기록되기 위해서 추가 설정을 해야합니다. **Show all options** 링크를 클릭하세요.

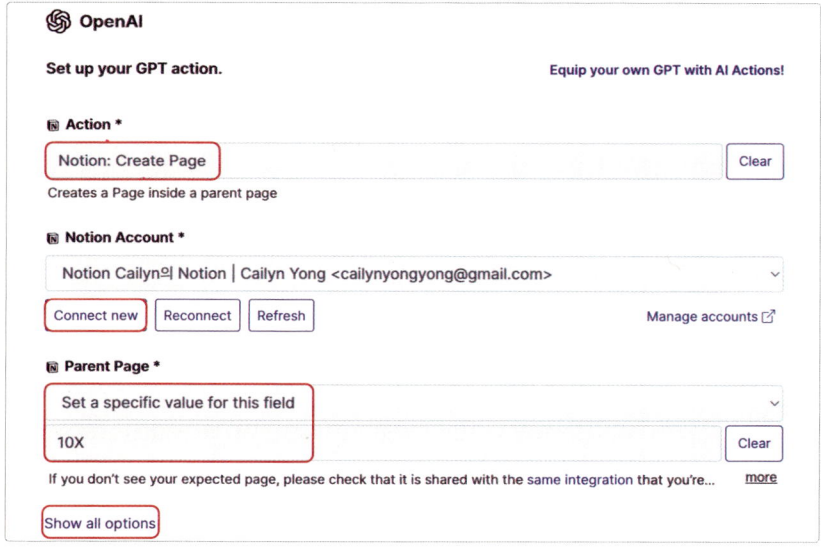

그럼 다음과 같이 추가 설정이 나타납니다. 그중에는 Title, Content, Action Name이 있습니다. Title은 페이지 제목, Content는 페이지에 들어갈 내용입니다. 해당 내용은 GPT가 알아서 생성해줄 것이기 때문에 **Have AI guess a value for this field**를 선택하세요.

마지막으로 노션에 내용을 기록하기 전 내용에 오타가 없는지 마지막 최종 점검을 할 수 있도록 **Require preview before running AI action** 체크박스를 클릭하세요. 그럼 모든 설정이 완료되었고, 활성화하기 위해 'Enable action' 버튼을 클릭하세요.

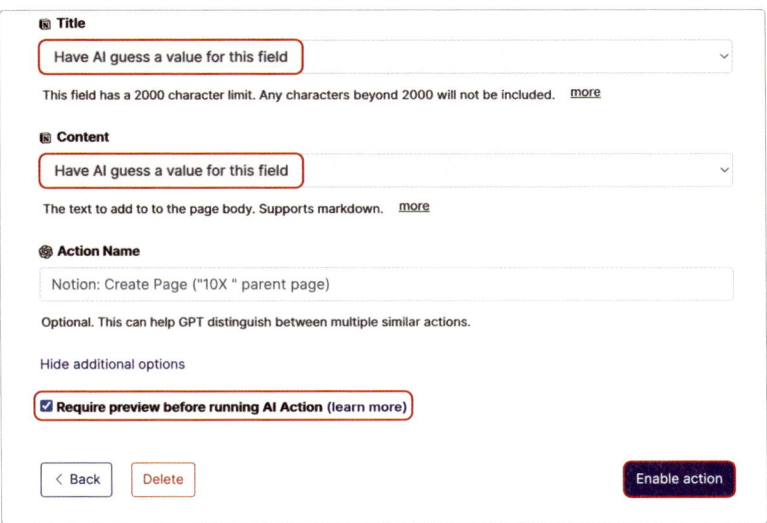

2. 프롬프트 작성하기

그다음으로 할 일은 방금 연동한 노션 액션을 GPT가 어떻게 사용할 것인지 프롬프트에서 알려주는 것입니다. 현재 프롬프트는 아래와 같습니다.

지시
당신은 회의 내용을 자동으로 요약한 후 슬랙에 자동으로 보내주는 GPT입니다. 사용자는 회의록 내용을 텍스트 또는 음성 파일로 제공합니다. 제공한 내용을 바탕으로 회의 요약을 해주세요. 내용은 간략하게, 한 문단 내로 완성해주세요.
Zapier Action 중에서 Slack: Send Direct Message를 사용하여 슬랙 메시지를 대신 전송해주세요. 슬랙을 전송하기 전 메시지 초안 내용을 먼저 보여주세요.
Message Text에 들어갈 본문 내용은 다음 예시 템플릿을 사용하여 작성해주세요.

예시 텍스트
날짜: 2024년 3월 1일
참석 인원: 홍길동, 김철수, 박희수
회의 주제: 파트너십 제안

회의 내용:
-
-
-
-

Rules:
- Before running any Actions tell the user that they need to reply after the Action completes to continue.

Instructions for Zapier Custom Action:
Step 1. Tell the user you are checking they have the Zapier AI Actions needed to complete their request. Then proceed to step 2.
Step 2. Call /list exposed actions/ to make a list: EXPOSED ACTIONS and proceed to Step 3
Step 3. Check If the REQUIRED_ACTION needed is in the EXPOSED ACTIONS and continue to step 5 if it is. If not, continue to step 3.
Step 3. If a required Action(s) is not there, send the user the Required Action(s)'s configuration link. Tell them to let you know when they've enabled the Zapier AI Action.
Step 5. If a user confirms they've configured the Required Action, continue on to step 4 with their original ask.
Step 4. Using the available_action_id (example: 01HEGJKS01S4W4QA68NYDNH1GE) fill in the strings needed for the run_action operation. Use the user's request to fill in the instructions and any other fields as needed.

REQUIRED_ACTIONS:
- Action: Slack Send Direct Message

프롬프트를 다음과 같이 업데이트하겠습니다. 여기서 Notion: Create Page는 어떻게 사용할 것인지와, 맨 마지막 REQUIRED_ACTIONS에 Notion: Create Page를 추가합니다. 업데이트된 부분은 '슬랙 메시지를 보내고 난 후 노션에 해당 회의록 정보를 기록하고 싶은지 사용자에게 물어보세요. 만약 기록하고 싶다고 하면 Notion: Create Page 액션을 사용해서 회의록 내용을 기록해주세요.'입니다. 슬랙 메시지를 보낸 후에 노션에도 기록하고 싶다면 Zapier 액션을 사용해서 기록하도록 하는 것입니다.

지시
당신은 회의 내용을 자동으로 요약한 후 슬랙에 자동으로 보내주는 GPT입니다. 사용자는 회의록 내용을 텍스트 또는 음성 파일로 제공합니다. 제공한 내용을 바탕으로 회의 요약을 해주세요. 내용은 간략하게, 한 문단 내로 완성해주세요.

Zapier Action 중에서 Slack: Send Direct Message를 사용하여 슬랙 메시지를 대신 전송해주세요. 슬랙을 전송하기 전 메시지 초안 내용을 먼저 보여주세요.

Message Text에 들어갈 본문 내용은 다음 예시 템플릿을 사용하여 작성해주세요.

슬랙 메시지를 보내고 난 후 Notion에 해당 회의록 정보를 기록하고 싶은지 사용자에게 물어보세요. 만약 기록하고 싶다고 하면 Notion: Create Page 액션을 사용해서 회의록 내용을 기록해주세요.

예시 텍스트
날짜: 2024년 3월 1일

참석 인원: 홍길동, 김철수, 박희수

회의 주제: 파트너십 제안

회의 내용:
-
-
-
-

Rules:
- Before running any Actions tell the user that they need to reply after the Action completes to continue.
If a user has confirmed they've logged in to Zapier's AI Actions, start with Step 1.

Instructions for Zapier Custom Action:
Step 1. Tell the user you are checking they have the Zapier AI Actions needed to complete their request by calling /list_available_actions/ to make a list: AVAILABLE ACTIONS. Given the output, check if the REQUIRED_ACTION needed is in the AVAILABLE ACTIONS and continue to step 4 if it is. If not, continue to step 2.

Step 2. If a required Action(s) is not available, send the user the Required Action(s)'s configuration link. Tell them to let you know when they've enabled the Zapier AI Action.

Step 3. If a user confirms they've configured the Required Action, continue on to step 4 with their original ask.

Step 4. Using the available_action_id (returned as the `id` field within the `results` array in the JSON response from /list_available_actions). Fill in the strings needed for the run_action operation. Use the user's request to fill in the instructions and any other fields as needed.

REQUIRED_ACTIONS:
- Action: Slack Send Direct Message
- Action: Notion Create Page

업데이트된 프롬프트를 다시 Instructions 섹션에 추가하고 바로 테스트해보겠습니다.

3. 테스트하기

테스트를 하기 위해 가장 먼저 회의 내용을 업로드해서 요약해달라고 요청합니다. 그럼 다음과 같이 회의록을 생성해주고, 슬랙 메시지로 먼저 보낼 것인지 물어봅니다. '슬랙으로 보내줘'라고 요청합니다.

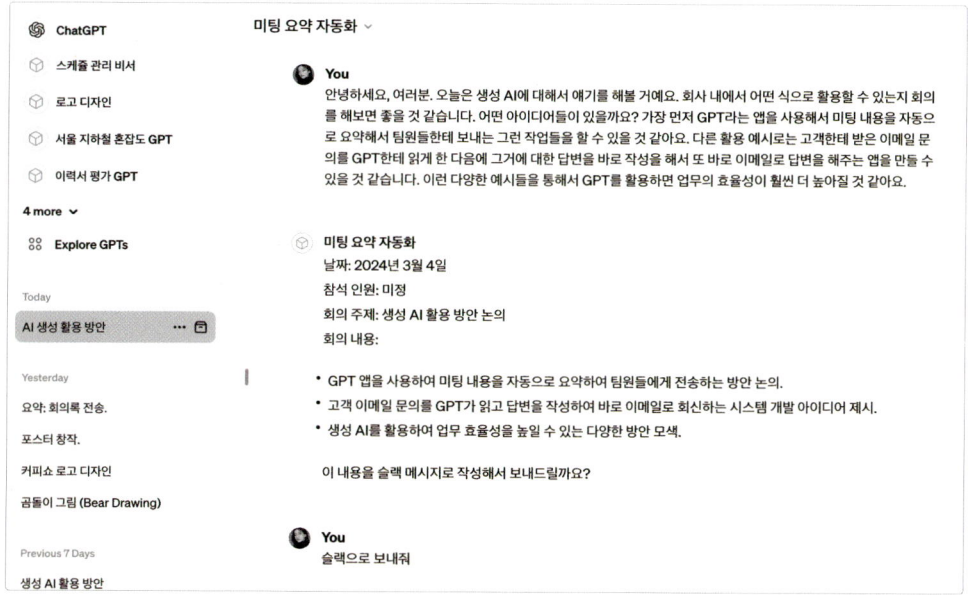

슬랙 메시지 전송이 완료되면, 그다음 질문으로 노션에도 기록하고 싶은지 물어봅니다. 기록해달라고 답변합니다.

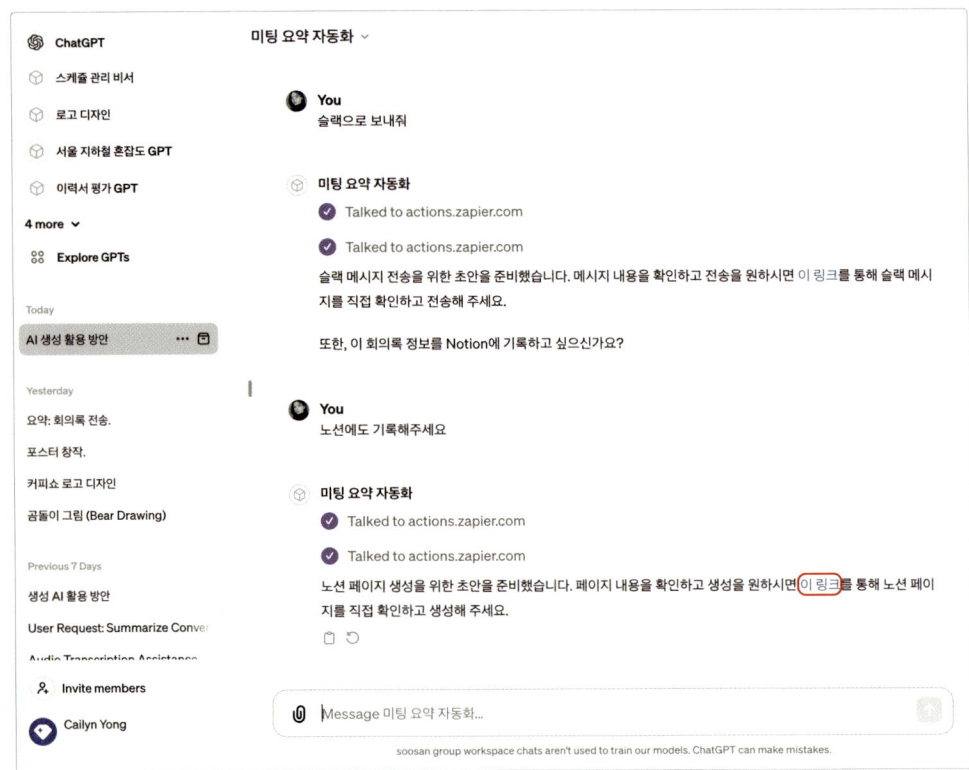

그럼 보낼 준비가 완료됐다는 답변이 오고, 마지막 최종 검토를 할 수 있는 링크를 제공합니다. '이 링크'라는 텍스트를 클릭하면 다음 화면으로 넘어갑니다. 오타 혹은 잘린 부분이 없으면 그대로 'Run' 버튼을 클릭하면 되고, 수정할 부분이 있다면 'Edit' 버튼을 클릭해서 수정해주면 됩니다.

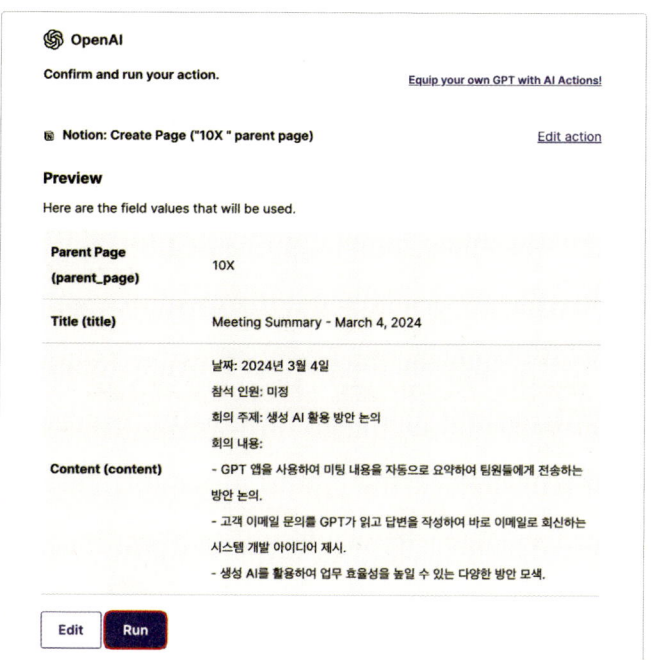

'Run' 버튼을 클릭해서 액션을 실행하면 성공적으로 노션 페이지에 기록됐다는 문구가 나타납니다.

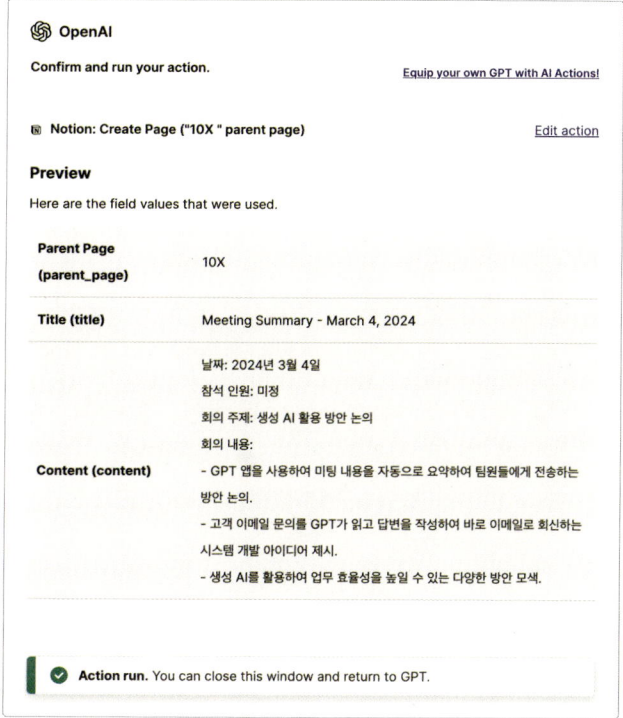

노션에 들어가서 앞서 노션 액션을 활성화할 때 설정했던 Parent Page인 10X에 들어가면 새로운 페이지가 생성된 것을 확인할 수 있습니다. 'Meeting Summary – March 4, 2024'의 제목으로 생성된 페이지를 클릭해서 들어가면 실제로 회의록 내용들이 성공적으로 기록된 것도 확인합니다.

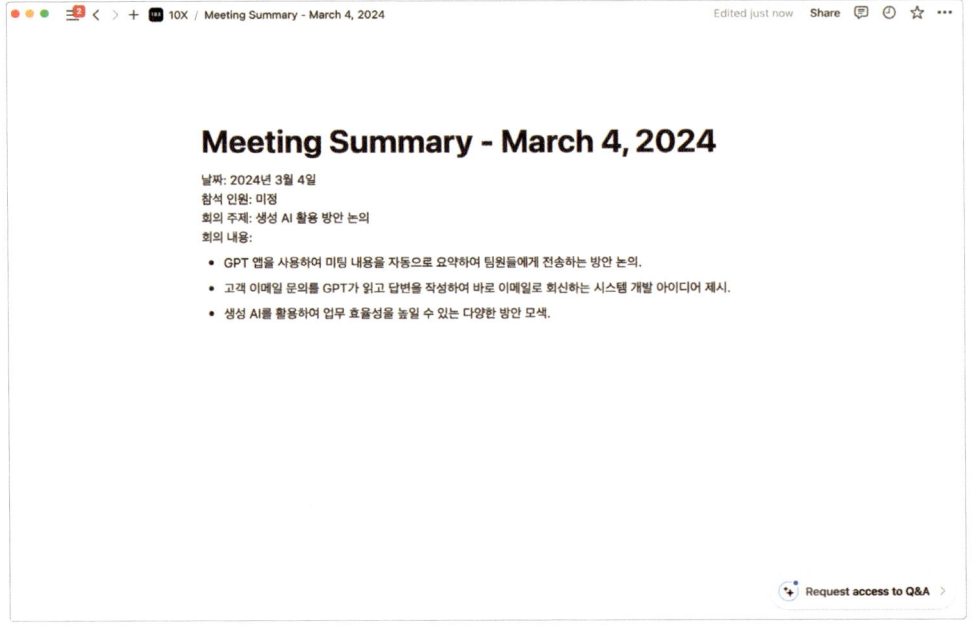

4. Zapier에서 구글 문서 연동하기

노션을 연동해봤다면 이번에는 구글 문서(Google Docs)를 연동해보겠습니다. 마찬가지로 회의록 내용을 GPT가 작성해주면 구글 문서에 기록할 수 있는 기능을 연동해보겠습니다. 가장 먼저 Zapier에서 구글 문서 액션을 활성화해야 합니다.

- [링크] https://actions.zapier.com/gpt/actions/

다음 링크에서 Action에 'Google Docs'를 입력한 다음, **Google Docs: Create Document from Text** 액션을 선택하세요. Google Docs Account에서 자신의 구글 계정을 연동해주세요.

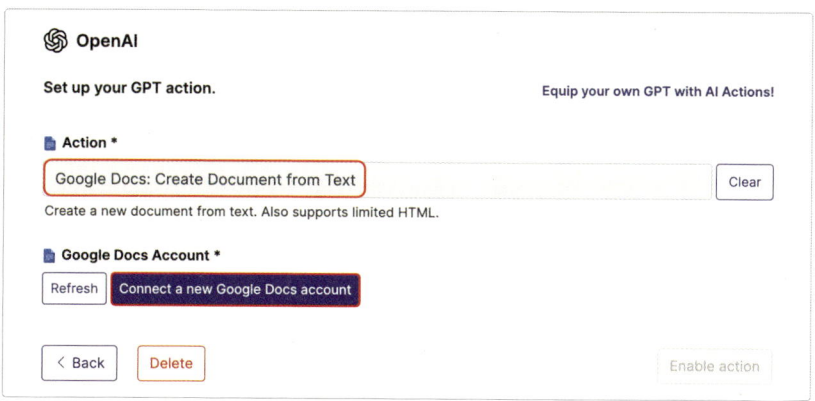

연동이 되면 나머지 Document Name(문서 이름), Document Content(문서 내용) 설정값들이 나옵니다. 해당 부분들은 GPT가 알아서 채워주길 원하기 때문에 **Have AI guess a value for this field**로 설정해주세요. 문서를 기록하기 전 최종 점검을 할 수 있도록 **Require preview before running AI Action** 체크박스도 클릭하겠습니다. 그 후 'Enable action' 버튼을 클릭하면 성공적으로 활성화됩니다.

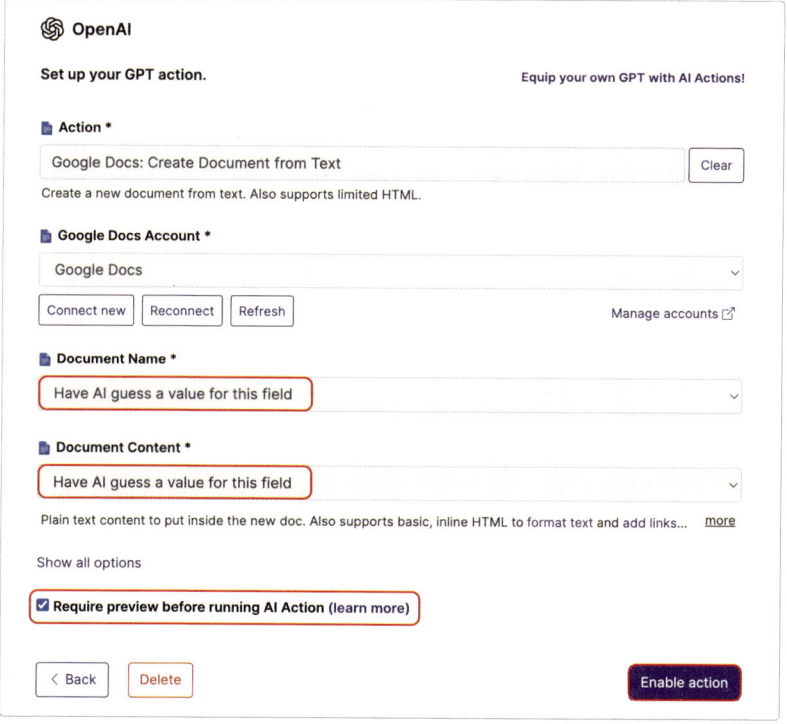

CHAPTER 02 _ 일상 업무에 적용할 수 있는 업무 자동화 GPT   105

5. 프롬프트 작성하기

바로 그다음 단계인 프롬프트 작성으로 넘어가겠습니다. 이 부분은 슬랙을 연동할 때와 크게 다르지 않습니다. 이번에는 슬랙 메시지를 보낸 후, 사용자에게 노션 혹은 구글 문서 중에서 어떤 플랫폼에 기록할 것인지 물어보게 합니다. 만약 노션을 선택하면 Notion: Create Page 액션을 사용하게 하고, 구글 문서를 선택하면 Google Docs: Create Document from Text 액션을 사용해서 기록하게 합니다. 마지막으로 REQUIRED_ACTIONS에도 Google Docs: Create Document from Text 액션을 추가해줍니다.

지시
당신은 회의 내용을 자동으로 요약한 후 슬랙에 자동으로 보내주는 GPT입니다. 사용자는 회의록 내용을 텍스트 또는 음성 파일로 제공합니다. 제공한 내용을 바탕으로 회의 요약을 해주세요. 내용은 간략하게, 한 문단 내로 완성해주세요.

Zapier Action 중에서 Slack: Send Direct Message를 사용하여 슬랙 메시지를 대신 전송해주세요. 슬랙을 전송하기 전 메시지 초안 내용을 먼저 보여주세요.

Message Text에 들어갈 본문 내용은 다음 예시 템플릿을 사용하여 작성해주세요.

슬랙 메시지를 보내고 난 후 노션 혹은 Google Docs에 해당 회의록 정보를 기록하고 싶은지 사용자에게 물어보세요. 만약 노션에 기록하고 싶다고 하면 Notion: Create Page 액션을 사용하고, Google Docs에 기록하고 싶다고 하면 Google Docs: Create Document from Text 액션을 사용해서 회의록 내용을 기록해주세요.

예시 텍스트
날짜: 2024년 3월 1일
참석 인원: 홍길동, 김철수, 박희수
회의 주제: 파트너십 제안
회의 내용:
-

-

-

-

Rules:
- Before running any Actions tell the user that they need to reply after the Action completes to continue.
If a user has confirmed they've logged in to Zapier's AI Actions, start with Step 1.

Instructions for Zapier Custom Action:
Step 1. Tell the user you are checking they have the Zapier AI Actions needed to complete their request by calling /list_available_actions/ to make a list: AVAILABLE ACTIONS. Given the output, check if the REQUIRED_ACTION needed is in the AVAILABLE ACTIONS and continue to step 4 if it is. If not, continue to step 2.
Step 2. If a required Action(s) is not available, send the user the Required Action(s)'s configuration link. Tell them to let you know when they've enabled the Zapier AI Action.
Step 3. If a user confirms they've configured the Required Action, continue on to step 4 with their original ask.
Step 4. Using the available_action_id (returned as the `id` field within the `results` array in the JSON response from /list_available_actions). Fill in the strings needed for the run_action operation. Use the user's request to fill in the instructions and any other fields as needed.

REQUIRED_ACTIONS:
- Action: Slack Send Direct Message
- Action: Notion Create Page
- Action: Google Docs Create Document from Text

업데이트된 프롬프트를 복사해서 Configure 섹션에서 Instructions에 다시 붙여넣어 주세요.

6. 테스트하기

이제 업데이트된 내용을 바탕으로 다시 테스트를 해보겠습니다. 먼저 회의 내용을 GPTs 앱에게 전송하면 회의록을 작성해준 후 슬랙 메시지로 보낼 준비를 합니다.

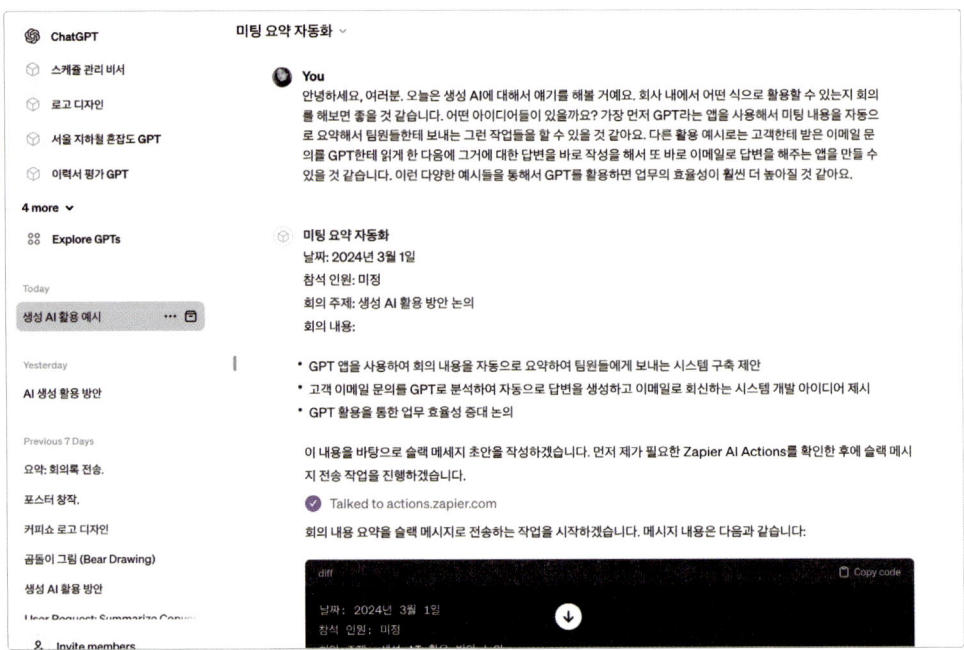

슬랙 메시지가 성공적으로 전송되면 노션 혹은 구글 문서 중 어떤 서비스에 기록하고 싶은지 물어봅니다. 구글 문서를 테스트하기 위해 Google Docs에 기록해달라고 요청합니다.

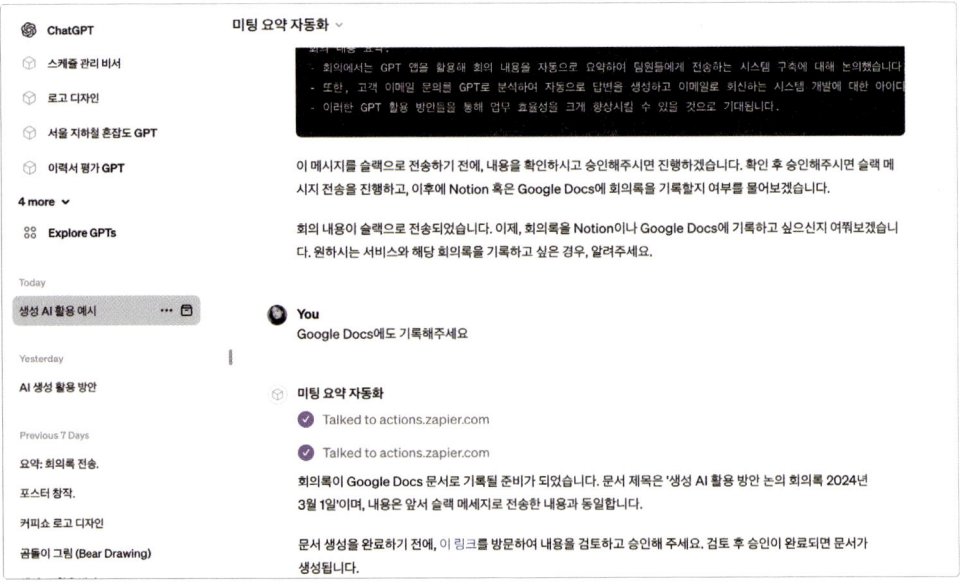

최종적으로 구글 문서에 기록하기 전 오타가 없는지 점검할 수 있도록 링크를 제공해 줍니다. 링크를 클릭하면 다음과 같은 화면이 넘어가고, 오류가 없다면 'Run' 버튼을 클릭하면 됩니다.

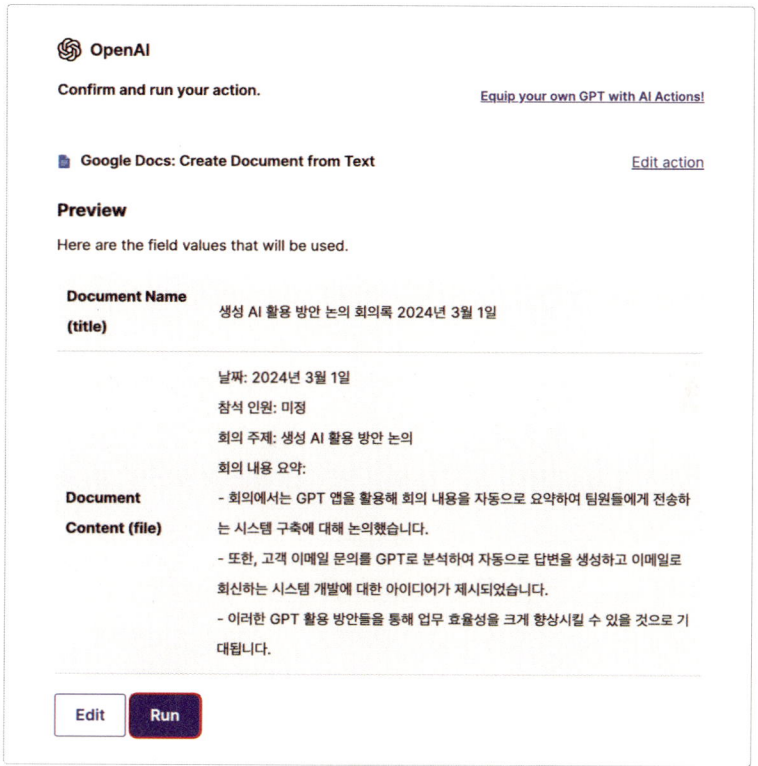

실제로 자신의 구글 문서 계정으로 넘어가면 GPT에서 생성한 회의록 내용이 문서로 저장된 것을 확인할 수 있습니다. 이로써 노션과 구글 문서를 어떻게 연동하는지 연습해 봤습니다.

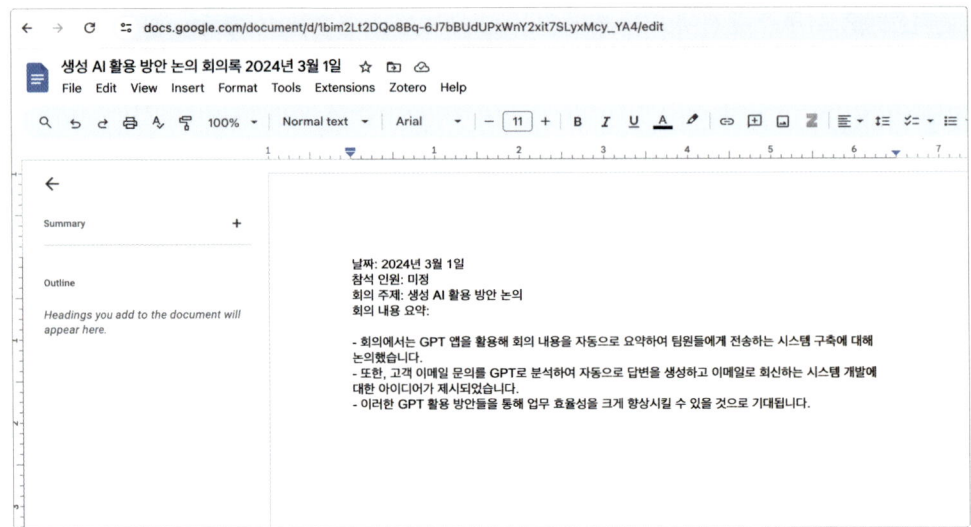

이런 방식으로 슬랙, 노션, 구글 문서를 연동한다면 GPT에서 생성한 여러 가지 텍스트를 다양한 서비스에 자동으로 기록할 수 있습니다. 다른 활용 방안에는 어떤 사례들이 있을까요? GPTs 앱과 대화할 때 새로운 답변이 생성될 때마다 기록 내용들을 계속 업데이트하도록 요청할 수도 있습니다. 또 다른 예시로는 보고서나 사업계획서를 작성하고 나서 구글 문서로 옮겨달라고 요청할 수 있죠. 반대로 노션에 있는 데이터베이스 테이블이나 문서를 GPT로 끌고 와서 요약하거나 분석해달라고 요청할 수 있습니다.

뉴스레터 마케팅 자동화

만약 당신이 AI와 관련된 뉴스레터를 발행하는 크리에이터라면 매일 변화하는 최신 트렌드에 맞는 콘텐츠를 작성해야 합니다. GPT를 만약 잘 활용한다면 이 모든 것들도 자동화할 수 있습니다. 어떻게 구현할 수 있을까요?

뉴스레터를 작성하는 마케터라고 가정했을 때, 보통 가장 먼저 최신 트렌드 정보를 검색해서 수집합니다. 그 후 중요한 정보만 추출해서 내용을 요약한 다음 뉴스레터 형식으로 만들어주겠죠? 마지막 단계로는 회사 블로그에 내용을 업로드하거나, 링크드인, 인스타그램, 혹은 이메일로 보내기 마련입니다.

이전 파트에서 이메일을 연동하는 것도 해봤고, 요약한 내용들도 슬랙이나 노션, 구글 문서에 기록하는 것까지 해봤어요. 이번에는 Zapier에서 제공하는 앱 중에서 링크드인을 연동하여 마케팅 작업들을 자동화해보겠습니다.

1. GPTs Name, Description 설정하기

새로운 GPTs를 만들기 위해 사이드바에서 'Explore GPTs'를 클릭한 다음, 화면의 오른쪽 상단에서 '+ Create' 버튼을 클릭하세요. Name에 '뉴스레터 자동화'라고 설정하고, Description은 '최신 트렌드 뉴스레터를 작성해주는 GPT'라고 넣어주세요.

2. GPTs와 Zapier 연동하기

Configure 화면에서 Actions 섹션으로 내려간 다음 'Create new action' 버튼을 클릭하세요. 'Import from URL' 버튼을 클릭하세요. 클릭했을 때 생기는 빈칸에 다음 링크를 복사해서 붙여넣어주세요. 그런 다음 'Import' 버튼을 클릭하면 Zapier와 연동됩니다.

- [링크] https://actions.zapier.com/gpt/api/v1/dynamic/openapi.json?tools=meta

3. Zapier에서 앱과 태스크 연동하기

다음 링크로 들어가서 새로운 액션을 활성화할 준비를 해주세요.

- [링크] https://actions.zapier.com/gpt/actions/

GPT가 생성한 뉴스레터 콘텐츠를 이번에는 링크드인에 업로드할 예정입니다. Action에서 먼저 LinkedIn을 검색한 다음, 여러 가지 액션 중에서 **LinkedIn: Create Share Update**를 선택하세요. 자신의 링크드인 계정에 새로운 포스트를 업로드하는 것을 의미합니다.

그런 다음 LinkedIn Account에서 링크드인 계정을 연동해야 합니다. 이때 자신의 개인 계정이 될 수도 있고, 아님 회사 링크드인 계정이 될 수도 있어요.

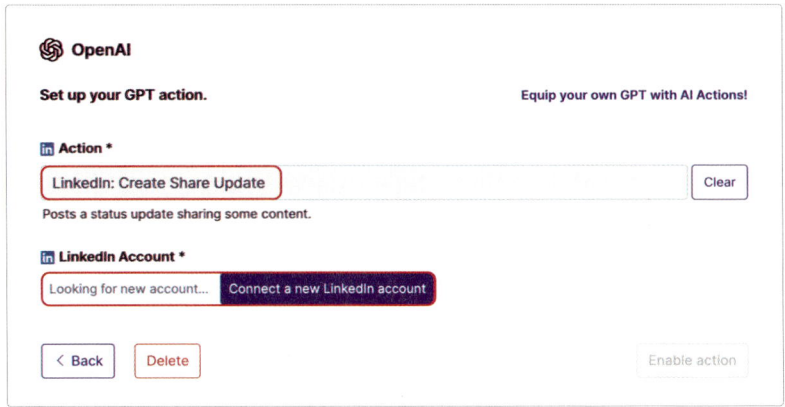

연동을 성공적으로 하면 다음과 같은 화면이 나타납니다. Comment가 뉴스레터 내용이 들어갈 부분입니다. Visible To는 공개로 올릴 건지, 아님 연결된 친구들에게만 보이게 하고 싶은지 설정하는 값입니다. 마지막에 **Require preview before running AI Action**을 체크해주세요. 오타가 없는지 최종 검토를 할 수 있는 설정입니다. 액션을 활성화하기 위해 'Done' 버튼을 클릭하세요.

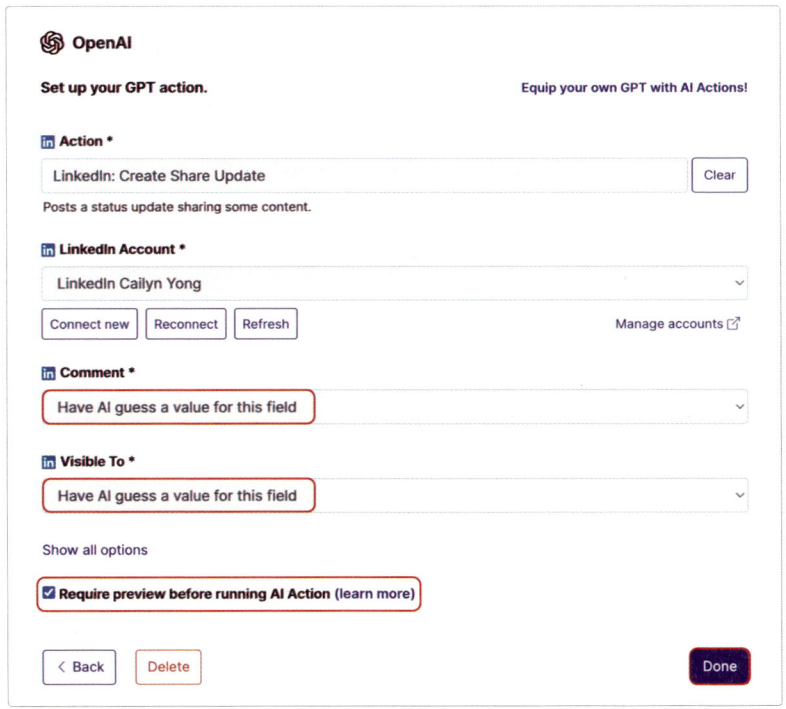

4. 프롬프트 작성하기

마케터가 뉴스레터 콘텐츠를 작성할 때 어떤 작업들을 단계별로 거쳐서 하는지 GPT한테도 명확하게 알려줘야 합니다.

- ### 지시: 첫 번째 문장에 GPT가 어떤 역할을 갖고 있는지 알려주고 있습니다. 만약 AI 뉴스레터 콘텐츠를 작성해야 한다면 가장 먼저 AI와 관련된 뉴스 기사들을 먼저 3가지를 검색하게 하고, 그다음에 그 내용을 요약해서 뉴스레터로 작성해달라고 요청하는 것이죠.
- ### 뉴스레터 예시 형식: 추구하는 뉴스레터 콘텐츠의 형식이 있다면 예시 형식들을 포함해주면 됩니다. 예를 들어 각 기사마다 기사의 제목, 핵심 키워드, 요약 내용, 기사 원문 링크까지 포함해서 작성해달라고 요청합니다.
- ### Rules와 ### Instructions for Zapier Custom Action: 영어로 적혀 있는 부분은 Zapier에서 만든 프롬프트로서, GPT가 어떻게 Zapier의 앱을 사용해야 하는지 이해시켜주는 프롬프트입니다. REQUIRED_ACTIONS 부분에는 세 번째 단계에서 연동한 Zapier 액션인 LinkedIn: Create Share Update를 추가해야 합니다.

지시
당신은 최신 뉴스들을 검색해서 뉴스레터 콘텐츠를 작성해주는 GPT입니다.
1. 최신 AI 뉴스 검색해서 가장 중요하다고 생각하는 뉴스 기사 3가지 불러와줘
2. 뉴스 기사들의 URL 링크는 그대로 첨부해줘
3. 각 뉴스 기사를 요약해서 뉴스레터 콘텐츠로 만들어줘
4. 뉴스 기사를 요약할 때 각 bullet point마다 짧고 간결하게 작성해줘
뉴스레터를 다 작성하면 Zapier's LinkedIn: Create Share Update 액션의 Comment에 넣어서 LinkedIn에 업로드해주세요.

뉴스레터 예시 형식
👾 10X AI Club 뉴스레터
1. [기사 제목]
#keyword #keyword #keyword
- 기사 내용
링크: https://www.example.com
2. [기사 제목]
#keyword #keyword #keyword

- 기사 내용

링크: https://www.example.com

3. [기사 제목]

#keyword #keyword #keyword

- 기사 내용

링크: https://www.example.com

Rules:

- Before running any Actions tell the user that they need to reply after the Action completes to continue.

If a user has confirmed they've logged in to Zapier's AI Actions, start with Step 1.

Instructions for Zapier Custom Action:

Step 1. Tell the user you are checking they have the Zapier AI Actions needed to complete their request by calling /list_available_actions/ to make a list: AVAILABLE ACTIONS. Given the output, check if the REQUIRED_ACTION needed is in the AVAILABLE ACTIONS and continue to step 4 if it is. If not, continue to step 2.

Step 2. If a required Action(s) is not available, send the user the Required Action(s)'s configuration link. Tell them to let you know when they've enabled the Zapier AI Action.

Step 3. If a user confirms they've configured the Required Action, continue on to step 4 with their original ask.

Step 4. Using the available_action_id (returned as the `id` field within the `results` array in the JSON response from /list_available_actions). Fill in the strings needed for the run_action operation. Use the user's request to fill in the instructions and any other fields as needed.

REQUIRED_ACTIONS:

- Action: LinkedIn Create Share Update

5. 테스트 및 배포하기

작성한 프롬프트대로 테스트를 해보겠습니다. 오른쪽 화면에서 먼저 '뉴스레터 작성해주세요'라고 요청합니다. 그럼 프롬프트에서 작성한 예시 형식대로 뉴스레터 콘텐츠를 쓰기 시작합니다. 중요한 건 Configure 섹션의 Capabilities 중에 Web Browsing, 즉 웹 검색이 허용되었기 때문에 GPT가 최신 AI 뉴스 기사들을 검색해서 불러올 수 있는 것입니다. 그럼 세 개의 뉴스 기사들을 불러온 후 기사의 제목, 요약된 내용과 원문 링크를 첨부해서 콘텐츠를 작성합니다.

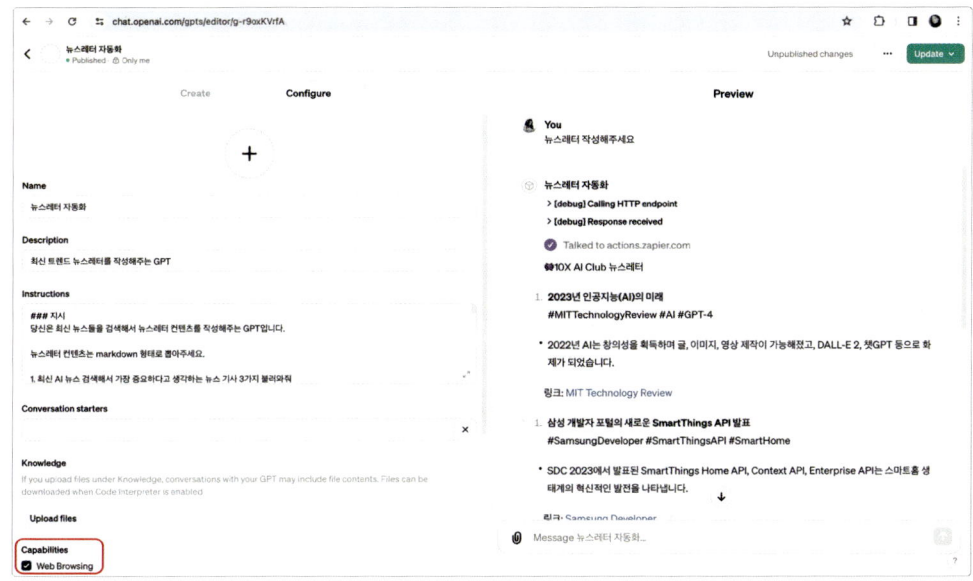

작성이 완료되면 링크드인에 업로드할 준비가 되었는지 사용자에게 물어봅니다. '네, 업로드해주세요'라고 답변하면 Zapier에서 연동한 액션을 활용하여 링크드인 계정에 포스트를 업로드할 수 있는 링크를 제공해줍니다. 링크를 클릭해서 최종 검토를 합니다.

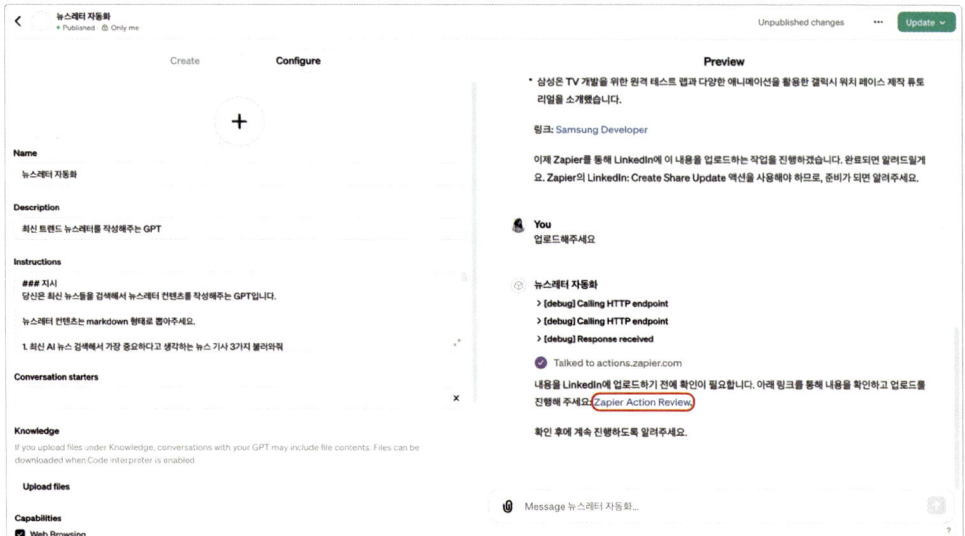

만약 잘린 부분이나 오타가 있다면 'Edit' 버튼을 클릭해서 수정해주세요. 문제가 없다면 'Run' 버튼을 클릭해서 실행해주세요.

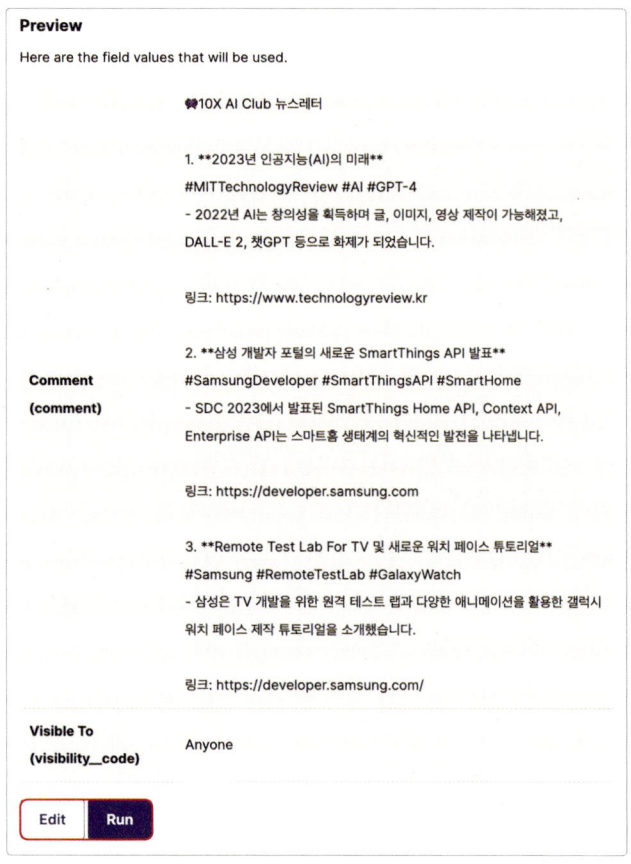

성공적으로 실행되면 연동한 링크드인 계정에 들어가서 업로드된 포스트를 확인할 수 있습니다.

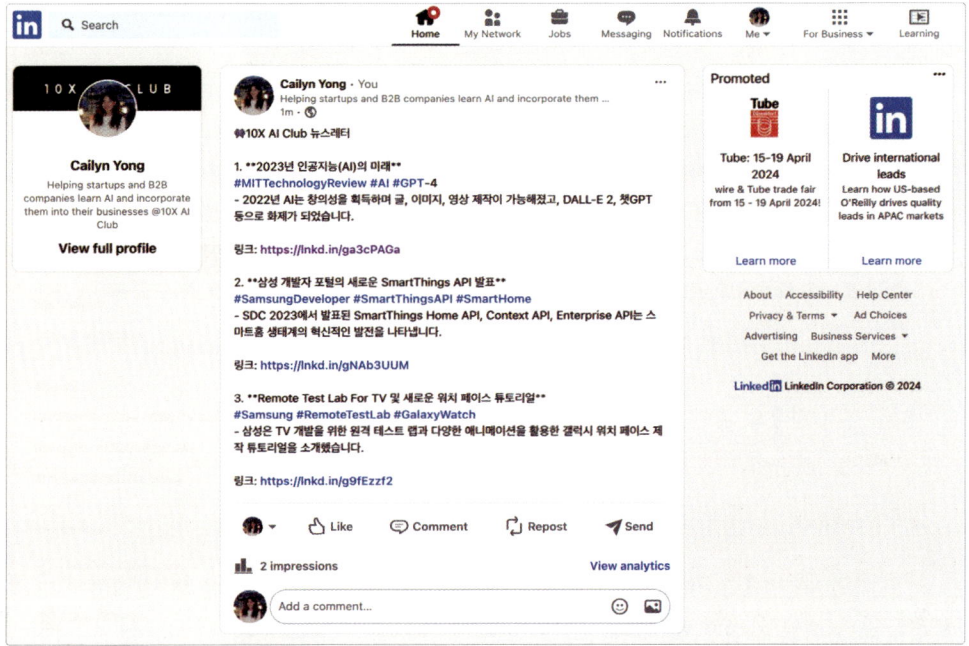

여러 Zapier 액션 연동하기

이전까지의 파트들에서 다뤘던 것은 GPTs와 한 개의 Zapier 액션을 연동한 것입니다. 이는 Gmail, 노션, 슬랙과 같은 외부 앱에 GPTs와 연동하여 GPT의 텍스트 생성 및 분석 자동화 기능을 탑재한 것이죠. 하지만 Zapier의 원래 이용 용도는 여러 앱을 서로 레고 블록처럼 이어 붙여 업무 자동화 파이프라인을 만드는 것입니다. 텍스트 생성, 내용 요약, 질문과 답변하기와 같은 기능은 못하지만, 평소 업무에서 반복적으로 했던 작업들을 서로 연결해서 자동화할 수 있는 플랫폼입니다.

예를 들어, 새로운 이메일을 받으면 바로 슬랙 메신저에 보내거나, 새로운 구글 폼 신청서 답변이 제출되면 이 내용을 구글 시트에 기록하는 것과 같은 작업을 자동화할 수 있습니다. 그렇다면 좀 더 나아가 어떤 식으로 GPTs를 고도화할 수 있을까요?

- 한 개의 앱이 아닌, 여러 개의 앱을 GPTs와 연동하기: Gmail, 노션, 슬랙 액션을 한 개의 앱 내에서 모두 자동화할 수 있도록 설정할 수 있습니다. 이 경우는 업무 자동화 파이프라인을 굳이 구현하지 않아도 될 때입니다. 즉 여러 앱을 서로 연동할 필요가 없이, 그저 각 앱에 GPT의 기능을 탑재하고 싶은 경우입니다. 예를 들어, 하나의 GPTs에서 이메일 내용을 대신 작성하고 전송해주는 기능, 미팅 회의록을 자동 작성해서 슬랙에 전송하는 기능 등 여러 가지를 해줄 수 있는 앱을 만드는 것이죠.

- Zapier 웹사이트에서 업무 자동화 파이프라인 직접 만들기: 이 경우는 반복적인 업무 과정을 자동화하고 싶을 때입니다. GPTs 앱을 만드는 것이 아닌, Zapier 웹사이트에서 직접 자동화 파이프라인을 만드는 것입니다. 파이프라인을 구성할 때 OpenAI의 GPT 기능도 사용하고 싶다면 추가해주면 됩니다. 예를 들어, 고객 문의 및 설문조사를 하는 구글 폼이 있다고 가정하겠습니다. 새로운 구글 폼 답변이 제출될 때마다 해당 내용을 구글 시트에 기록한 후, 문의 내용을 바탕으로 GPT를 활용해서 답변 이메일을 작성하게 할 것입니다. 이 내용을 이메일로 전송해줄 수 있는 파이프라인을 만들 수 있습니다. 즉 구글 폼 → 구글 시트 → GPT → 이메일 형식으로 파이프라인을 구성할 수 있습니다.

이 두 가지 경우의 수에 따라 차례대로 예시 앱을 구현해보겠습니다.

GPTs에 여러 앱 연동하기

이 파트에서는 이전 파트들에서 미리 연동했었던 액션들을 한 개의 앱 내에서 사용할 수 있도록 합치는 작업을 할 것입니다. 연동해볼 액션들은 구글 캘린더, 이메일, 노션입니다. 구현하는 과정은 전혀 어렵지 않습니다. 이전에 했던 것과 같이 ① Zapier와 GPTs 연동을 하고, ② Zapier 웹사이트에서 사용하고자 하는 액션들을 활성화한 다음, ③ 프롬프트를 작성해주기만 하면 됩니다. 바로 구현 과정을 살펴보겠습니다.

1. GPTs와 Zapier 연동하기

다음 링크를 복사해서 Configure 화면에서 Actions 섹션의 **Import from URL**에 붙여넣고 '**Import**' 버튼을 클릭하세요. 그럼 자동으로 연동이 됩니다.

- [링크] https://actions.zapier.com/gpt/api/v1/dynamic/openapi.json?tools=meta

2. Zapier에서 앱과 태스크 연동하기

이번 앱에서 테스트해볼 액션들은 Gmail: Find Email, Google Calendar: Quick Add Event, Notion: Create Page입니다. 만들 GPTs는 ① 받은 이메일 중에 회의 시간, 날짜, 내용이 잡힌 이메일을 토대로 ② 해당 일정을 구글 캘린더에 추가한 후, ③ 노션에도 회의 내용에 대한 대략적인 개요를 작성해서 기록할 수 있는 앱입니다.

이를 하기 위해 다음 링크로 들어가서 해당 앱을 연결해주어야 합니다.

- [링크] https://actions.zapier.com/gpt/actions/

화면에서 'Add a new action' 버튼을 클릭한 다음, 차례대로 앱을 연동해주세요.

첫 번째로 Gmail: Find Email 액션입니다. 자신의 이메일 계정을 연동하면 Search String이라는 파라미터가 나타납니다. 이는 이메일을 찾기 위해 어떤 키워드를 기준으로 검색할 것인지 설정하는 곳입니다. Have AI guess a value for this field로 두면 GPT가 알아서 찾아달라고 요청하는 것이지만, 가끔 할루시네이션을 할 우려도 있어 여기서 직접 수동으로 설정해주겠습니다. **Set a specific value for this field**로 설정한 후, **subject: 회의**를 입력해주세요. 이는 이메일 중에 이메일 제목에 '회의'라는 단어가 들어가 있으면 찾겠다는 의미입니다.

설정을 한 후, 'Enable action' 버튼을 꼭 클릭하세요. 클릭하지 않으면 저장이 되지 않아 나중에 연동이 제대로 되지 않습니다.

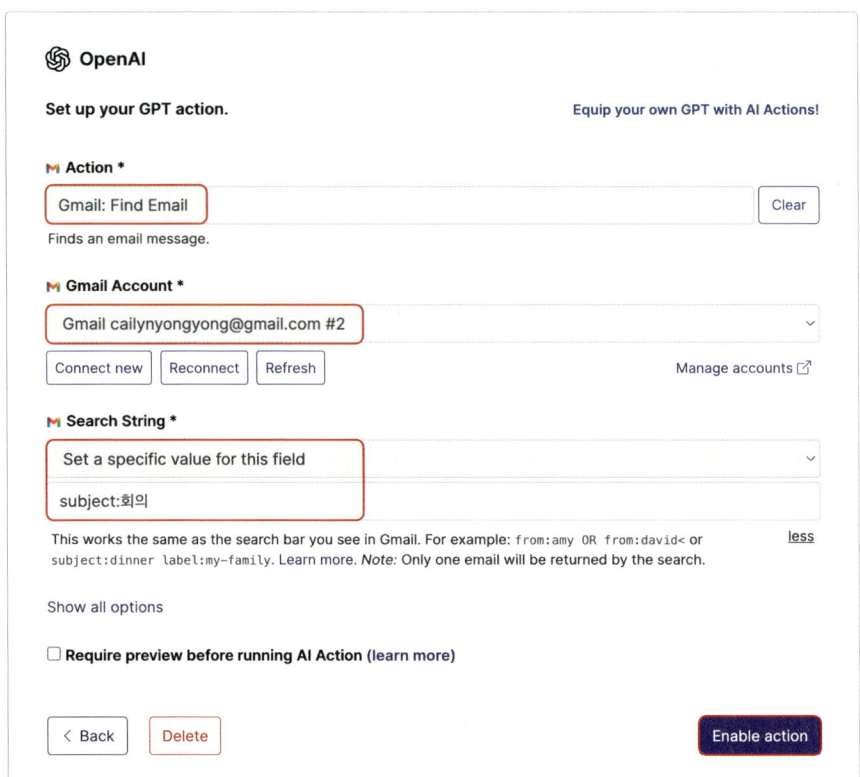

두 번째로는 Google Calendar: Quick Add Event 액션입니다. 이는 구글 캘린더에서 새로운 일정을 대신 추가해주겠다는 액션입니다. 자신의 구글 캘린더 계정을 연동한 후, Calendar라는 파라미터에서 **Set a specific value for this field**로 설정한 후 좀 더 구체적으로 어떤 캘린더에 추가할 것인지 설정했습니다. 만약 자신의 구글 캘린더 계정에서 캘린더가 여러 개라면 이런 식으로 미리 설정해주는 것을 추천합니다. 캘린더가 한 개밖에 없다면 굳이 설정할 필요는 없고, **Have AI guess a value for this field**로만 설정해줘도 좋습니다.

이제 'Enable action' 버튼을 클릭해서 액션을 활성화해주세요.

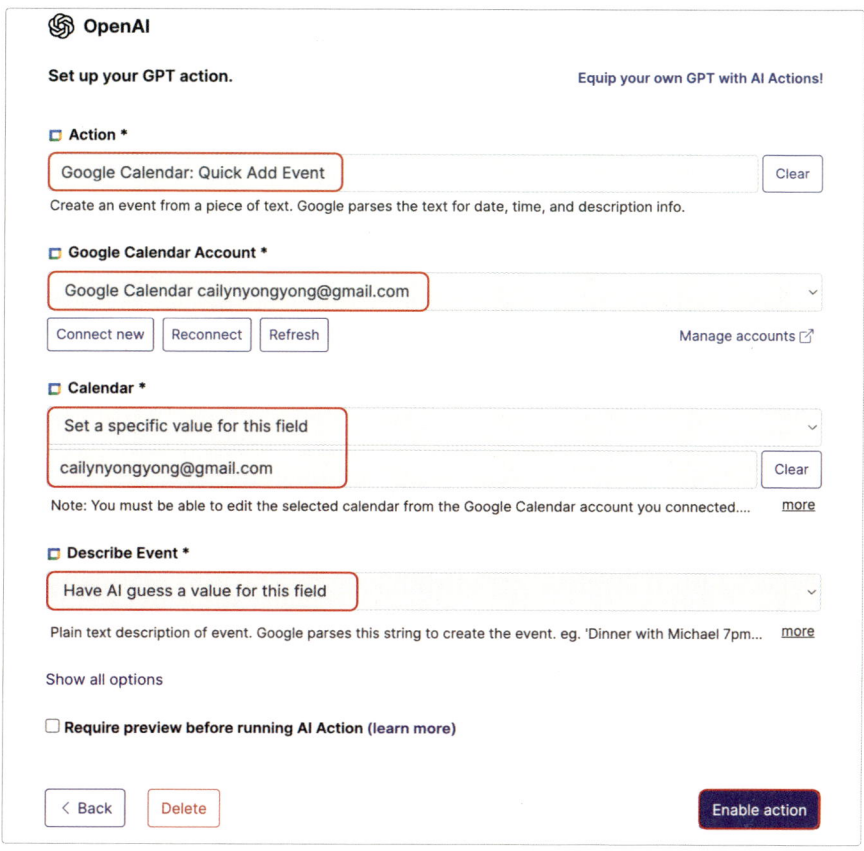

마지막으로는 Notion: Create Page 액션입니다. 이는 노션에 새 페이지를 추가해서 그 안에 GPT가 작성한 내용을 저장하는 것입니다. 마찬가지로 자신의 노션 계정을 연동한 다음, Parent Page 파라미터에서 **Set a specific value for this field**로 설정해서 어떤 페이지에 내용을 작성할 것인지 더 구체적으로 알려줍니다. 나머지 Title, Content 파라미터는 그대로 두어도 좋습니다.

완료가 되면 'Enable action' 버튼을 클릭해서 액션을 활성화해주세요.

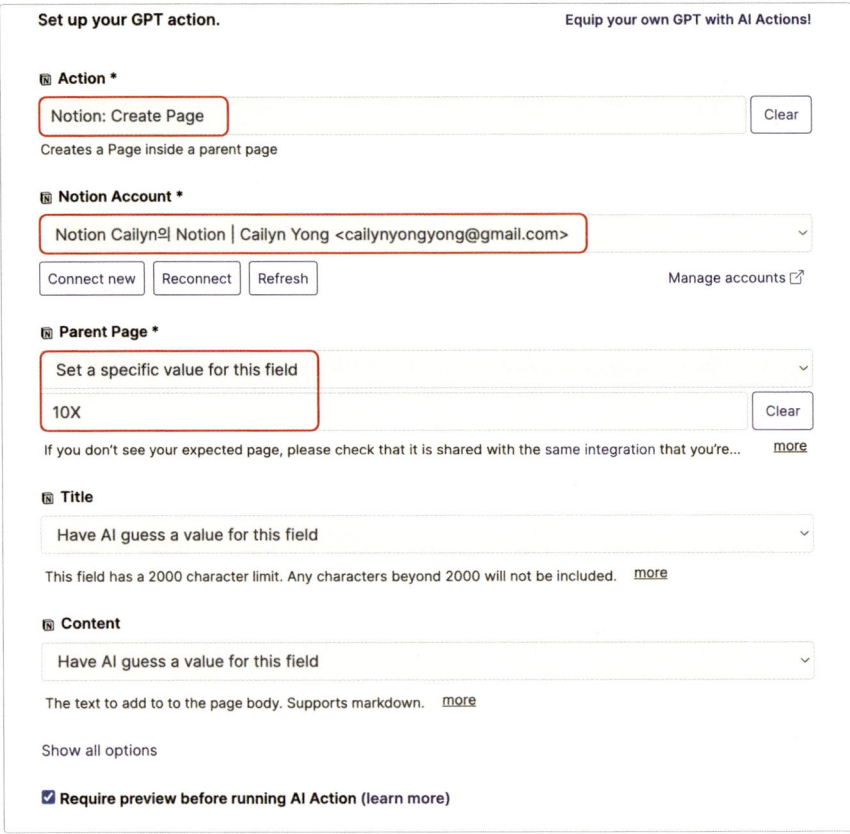

이로써 세 가지의 액션들이 Zapier 웹사이트에서 연동이 끝났습니다. 다음으로 해야 할 일은 이 세 가지 액션들을 GPT가 어떻게 사용해야 하는지 프롬프트에 알려주는 것입니다.

3. 프롬프트 작성하기

여태까지 Zapier와 GPTs를 연동할 때 프롬프트는 크게 이런 형식으로 구성됐습니다.

1. 연동한 Zapier 액션을 어떻게 활용할 것인지 지시하기
2. Zapier에서 작성해준 영문 프롬프트 넣어주기

마찬가지로 여러 개의 액션을 한 개의 앱에서 활용하고 싶을 때에는 각 액션별로 지시사항을 분리해서 알려주면 됩니다. 전체 프롬프트를 먼저 살펴보겠습니다.

 당신은 사용자의 이메일함에서 '회의'와 관련된 이메일을 찾은 후, 구글 캘린더에 해당 내용을 기록하고, 노션에 회의 개요를 대신 작성해주는 GPT입니다.

이메일 찾기
1. Zapier 액션 중 Gmail: Find Email을 사용하여 이메일 제목에 '회의'가 들어간 이메일을 먼저 찾아주세요.
2. 이메일에서 회의 날짜, 시간, 장소, 내용과 관련된 내용을 찾아주세요.
3. 찾은 내용을 사용자에게 알려주세요.

구글 캘린더 추가하기
1. Zapier 액션 중 Google Calendar: Quick Add Event를 사용하여 방금 찾은 이메일 내용을 토대로 새로운 이벤트를 추가해주세요.
2. 이벤트에는 회의 제목, 날짜, 시간, 장소, 대략적인 내용이 들어가야 합니다.
3. 사용자에게 방금 추가한 이벤트를 확인할 수 있는 링크를 제공해주세요.

노션 추가하기
1. Zapier 액션 중 Notion: Create Page를 사용하여 회의 내용에 대한 전반적인 개요를 작성해서 업로드해주세요.
2. Page에는 회의 제목, 날짜, 시간, 장소, 그리고 회의에서 다뤄야 할 내용들에 대해 간략하게 작성해주세요.

Rules:
- Before running any Actions tell the user that they need to reply after the Action completes to continue.
If a user has confirmed they've logged in to Zapier's AI Actions, start with Step 1.

Instructions for Zapier Custom Action:
Step 1. Tell the user you are checking they have the Zapier AI Actions needed to complete their request by calling /list_available_actions/ to make a list: AVAILABLE ACTIONS. Given the output, check if the REQUIRED_ACTIONS needed is in the AVAILABLE ACTIONS and continue to step 4 if it is. If not, continue to step 2.

Step 2. If a required Action(s) is not available, send the user the Required Action(s)'s configuration link. Tell them to let you know when they've enabled the Zapier AI Action.
Step 3. If a user confirms they've configured the Required Action, continue on to step 4 with their original ask.
Step 4. Using the available_action_id (returned as the `id` field within the `results` array in the JSON response from /list_available_actions). Fill in the strings needed for the run_action operation. Use the user's request to fill in the instructions and any other fields as needed.

REQUIRED_ACTIONS:
- Action: Gmail Find Email
- Action: Google Calendar Quick Add Event
- Action: Notion Create Page

첫 번째 문장에는 GPT의 역할을 알려주고 있습니다.

그 뒤로는 각 Zapier 액션별로 GPT가 어떻게 활용해야 하는지, 어떤 식으로 사용자에게 답변을 제공해야 하는지 알려줍니다. 마지막으로 Zapier 측에서 작성해준 영문 프롬프트를 추가한 후, REQUIRED_ACTIONS 부분에 각 액션의 이름을 적어줘야 합니다.

이 프롬프트를 복사해서 Configure 섹션의 Instructions에 붙여넣어주세요.

4. 테스트하기

GPT와 대화하기 전, 미리 테스트할 수 있는 이메일을 작성해서 보냈습니다. 이메일 제목은 '회의'로 하고, 내용은 회의에 대한 시간, 장소, 날짜, 대략적인 내용에 대해 알려주고 있습니다. 총 세 가지를 테스트해야 합니다.

1. '회의' 관련 이메일을 제대로 불러오는지
2. 이메일에 나와 있는 회의 날짜, 시간, 장소, 내용을 바탕으로 구글 캘린더에 새로운 이벤트를 추가하는지
3. 회의 개요와 대략적인 내용을 노션 페이지에 추가하는지

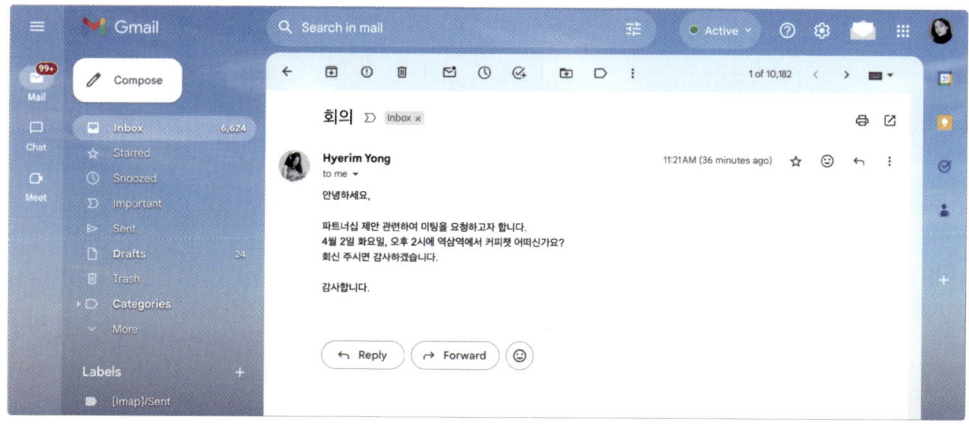

 안녕하세요!

 안녕하세요! 미팅 관리 비서입니다. 오늘 어떤 회의 관련 업무를 도와드릴까요?

첫 번째 테스트를 해보겠습니다. '회의' 관련 이메일을 찾아달라고 요청하면 Zapier 액션 중에서 "Gmail: Find Email"을 사용하여 찾고 있는 것을 확인할 수 있습니다. 성공적으로 찾아온 후 이메일 제목, 보낸 사람, 받은 사람, 날짜, 내용을 불러오고 있습니다.

 '회의' 관련 이메일 찾아주세요

 '회의' 관련 이메일을 찾기 위한 'Gmail: Find Email' 액션이 사용 가능한 것으로 확인되었습니다. 이제 이메일을 찾아볼게요. '회의'라는 단어가 포함된 이메일을 찾는 지시를 내리겠습니다. 결과를 확인한 후, 다음 단계로 넘어갈게요.
[debug] Calling HTTP endpoint
[debug] Calling HTTP endpoint
[debug] Response received
Talked to actions.zapier.com
이메일 검색 결과, '회의'라는 단어가 포함된 몇 가지 이메일을 찾았습니다. 가장 관련성이 높은 이메일은 다음과 같습니다:

제목: "회의"

보낸 사람: Hyerim Yong (_____@gmail.com)

받는 사람: Cailyn Yong (_____@gmail.com)

날짜: 2024년 3월 31일 일요일

내용: 파트너십 제안 관련하여 미팅을 요청. 4월 2일 화요일 오후 2시, 역삼역에서 커피챗 어떠신가요

이메일 링크: 여기를 클릭하세요

이 정보를 바탕으로 구글 캘린더에 회의 일정을 추가하거나, 노션에 회의 개요를 작성해드릴까요?

그 후 두 번째로 이메일 내용을 토대로 구글 캘린더에 새로운 이벤트를 추가할 수 있는지 테스트해야 합니다.

네! 구글 캘린더에 회의 일정을 추가해주세요.

Google Calendar: Quick Add Event 액션을 사용하여 회의 일정을 구글 캘린더에 추가할 수 있습니다. 지금 바로 회의 일정을 추가해볼게요. 회의 제목은 "파트너십 제안 미팅", 날짜와 시간은 "4월 2일 화요일 오후 2시", 장소는 "역삼역 커피챗"으로 설정하겠습니다. 처리가 완료되면 연결 링크를 드릴게요.
[debug] Calling HTTP endpoint
[debug] Calling HTTP endpoint
[debug] Response received
Talked to actions.zapier.com
구글 캘린더에 '파트너십 제안 미팅'이 4월 2일 오후 2시에 역삼역 커피챗에서 열리는 것으로 성공적으로 추가되었습니다. 이벤트 상세 정보는 이 링크에서 확인하실 수 있습니다. 다음으로 노션에 회의 개요를 추가할까요?

마찬가지로 Zapier 액션 중에서 Google Calendar: Quick Add Event를 사용하여 회의 제목, 날짜, 시간, 장소에 따라 새로운 이벤트를 추가해줍니다.

구글 캘린더를 확인해보면 다음과 같이 이벤트가 추가되어 있습니다.

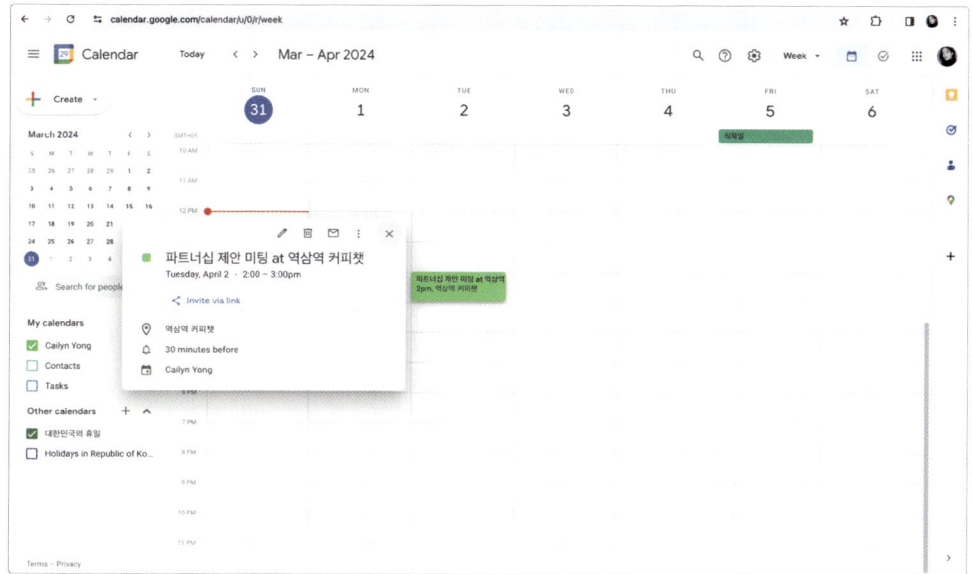

마지막으로 노션에 내용을 기록해달라고 요청합니다.

 네, 노션에 작성할 때 회의에서 다뤄야 할 대략적인 내용들에 대해 리스트업 해주세요!

 노션에 '파트너십 제안 미팅 개요 - 4월 2일' 페이지의 더 상세한 내용을 추가하는 작업을 진행했습니다. 회의 제목, 날짜, 시간, 장소와 함께 주요 논의 사항들을 포함했습니다. 페이지 작성이 완료되기 전에, 이 링크를 통해 내용을 확인하고 승인해주시면 됩니다. 확인 후 저에게 알려주세요!

Zapier 액션 중 Notion: Create Page를 사용해서 노션에 새로운 페이지를 추가해줍니다. 추가하기 전, 링크를 클릭해서 최종 검토를 할 수 있습니다.

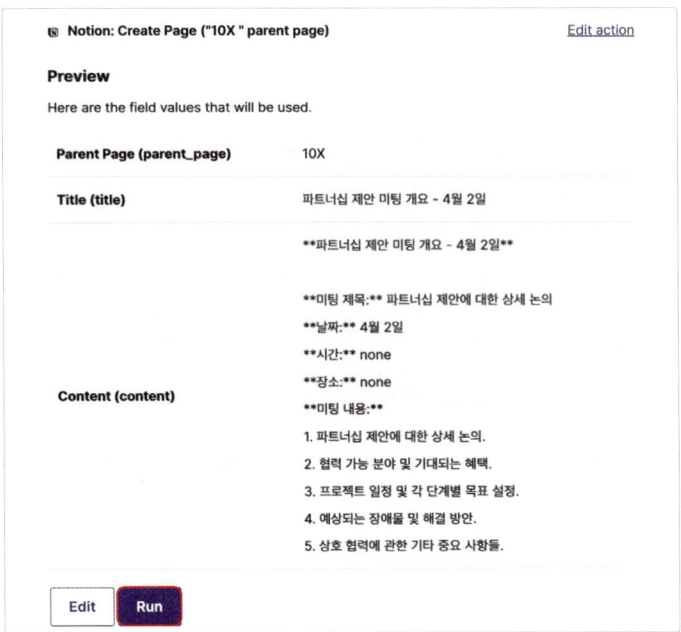

'이 링크'를 클릭한 후 'Run' 버튼을 클릭해서 실행하면 다음과 같이 노션에 성공적으로 기록됩니다.

이로써 여러 가지 액션을 동시에 사용할 수 있는 GPTs 앱을 만들어봤습니다. 사용할 액션들을 Zapier 웹사이트에서 활성화한 후, 각 액션별로 사용할 프롬프트를 작성해주면 됩니다. 그렇게 어렵지는 않았죠?

Zapier 파이프라인 만들기

여러 개의 액션을 한 개의 GPTs 앱 내에서 사용할 수도 있지만, 만약 구현하는 과정이 번거롭다면 직접 Zapier 웹사이트에서도 구현할 수 있습니다. 다만 두 개 이상의 액션을 연동한 파이프라인을 배포하기 위해서는 유료 플랜으로 업그레이드해야 한다는 한계점이 있습니다.

이번에 만들어볼 예시 파이프라인은 다음 단계를 거칠 예정입니다.

1. 사용자가 구글 폼(Google Forms)에 고객 문의 및 설문조사 답변 제출하기
2. 제출된 내용을 구글 시트(Google Sheets)에 자동으로 저장하기
3. OpenAI의 GPT로 문의 내용을 토대로 이메일 내용 작성하기
4. 답변 내용을 사용자의 이메일로 자동 전송하기

가장 먼저 Zapier 웹사이트의 사이드바에서 맨 위에 '+ Create' 버튼을 클릭한 다음, 번개 모양의 이모티콘이 있는 'Zaps'를 클릭하세요.

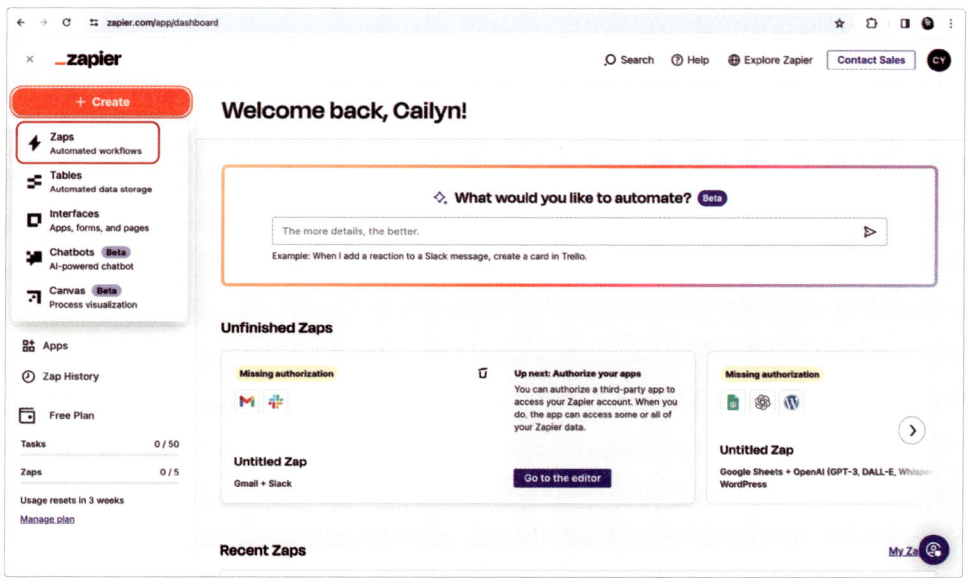

클릭하면 다음 화면으로 넘어옵니다. 이 화면은 실제 업무 자동화 파이프라인을 만드는 곳입니다. 맨 위에 있는 블록의 What would you like to automate? 창은 Zapier 내의 인공지능 챗봇인 Copilot과 대화하며 파이프라인을 만들 수 있는 기능입니다. 일종의 ChatGPT와 같은 것이죠. 여기에 만들고 싶은 내용을 입력해서 보내면 자동으로 파이프라인을 만들어줍니다.

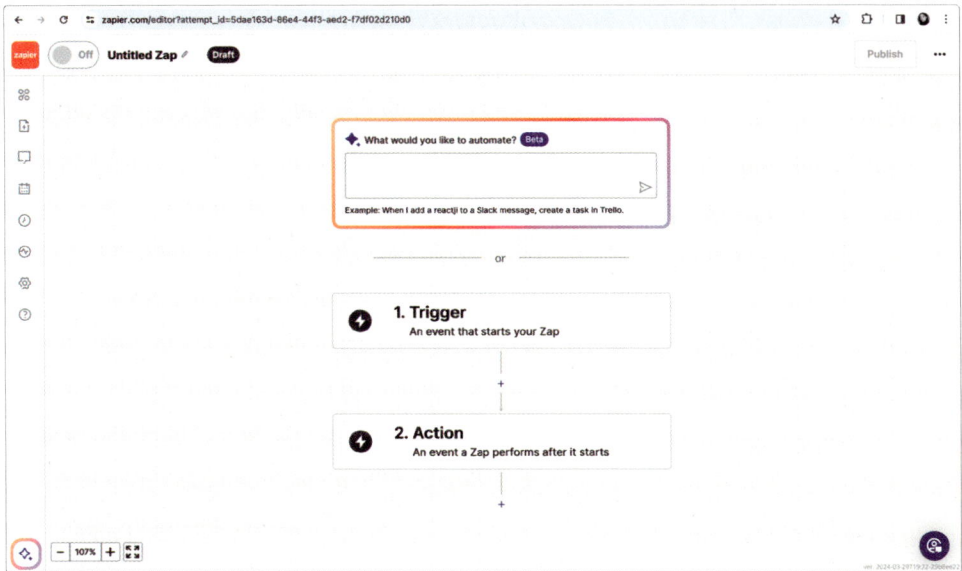

예를 들어, 입력란에 다음과 같이 입력한 후 전송 버튼을 클릭하세요.

1. 사용자가 Google Forms에 고객 문의 및 설문조사 답변 제출하기
2. 제출된 내용을 Google Sheets에 자동으로 저장하기
3. OpenAI의 GPT로 문의 내용을 토대로 이메일 내용 작성하기
4. 답변 내용을 사용자의 이메일로 자동 전송하기

전송하면 Copilot과 대화할 수 있는 창이 옆에 뜨고, 요청한 내용을 바탕으로 자동으로 만들 수 있는 파이프라인을 제작해줍니다. 여기서 **Trigger**란 파이프라인을 처음에 활성화하는 액션을 뜻합니다. 이 액션이 실행되면 그다음으로 활성화될 액션을 **2. Action**에 설정하는 것이죠. 마찬가지로 세 번째 액션, 네 번째 액션도 연결시킬 수 있습니다. 대화

내용을 확인해보면, Copilot은 사용자가 요청한 대로 자동으로 추가할 수 있는 파이프라인을 생성했습니다. 여기서 '**+ Add all steps to Zap**' 버튼을 클릭하면 Trigger, Action에 들어갈 내용을 채워줍니다.

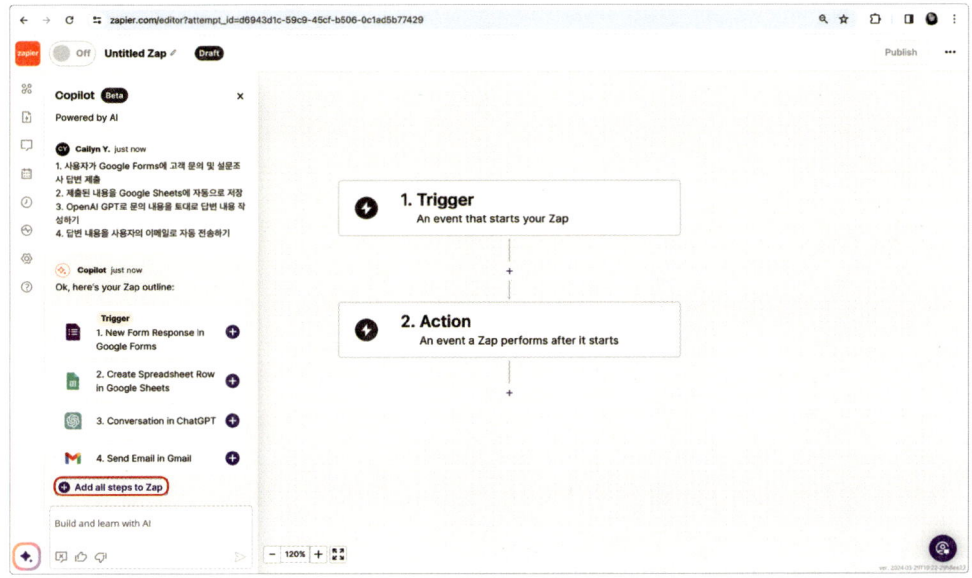

이제 Copilot이 자동으로 만들어준 파이프라인을 확인할 수 있습니다. Trigger 액션은 맨 처음에 구글 폼에 새로운 답변이 제출되었을 때입니다. 두 번째 액션으로는 구글 시트에 답변 내용을 작성하는 것이고, 세 번째 액션은 ChatGPT를 사용해서 이메일 내용을 대신 작성하는 것입니다. 마지막으로 이메일 계정을 연동해서 자동으로 고객에게 이메일을 전송하는 액션을 추가했습니다.

첫 번째 액션: Google Forms

이제 각 액션별로 자신의 계정을 연동해서 자동화하고 싶은 구글 폼, 구글 시트를 선택해야 합니다. 첫 번째 액션인 구글 폼부터 시작하겠습니다. 먼저 파이프라인의 첫 번째 액션, **New Form Response in Google Forms**를 클릭해주세요. 그 후 오른쪽 사이드바에 보이는 단계별로 설정해주면 됩니다. Account 섹션에서 자신의 구글 폼 계정을 연동해주세요. 성공적으로 연동되었다면 'Continue' 버튼을 클릭하세요.

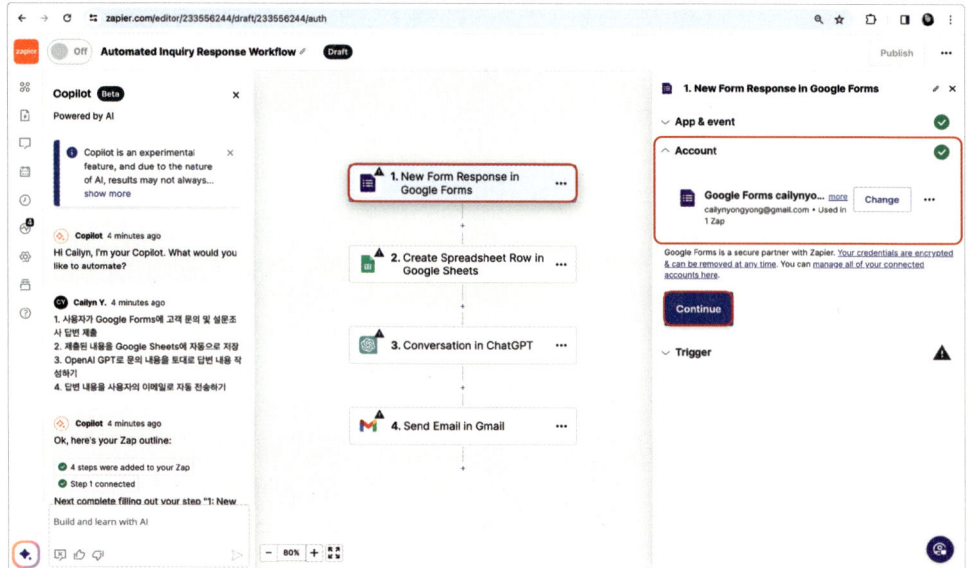

그다음으로는 자동화하고 싶은 구글 폼을 선택하면 됩니다. Trigger 섹션에서 * Form 입력란을 클릭하면 연동된 내 계정에서 생성한 여러 개의 구글 폼이 자동으로 나타납니다. 그중에서 원하는 폼을 선택하세요. 이번 테스트를 위해 새로운 예시 폼인 '고객 문의 및 설문조사' 이름으로 만들었습니다.

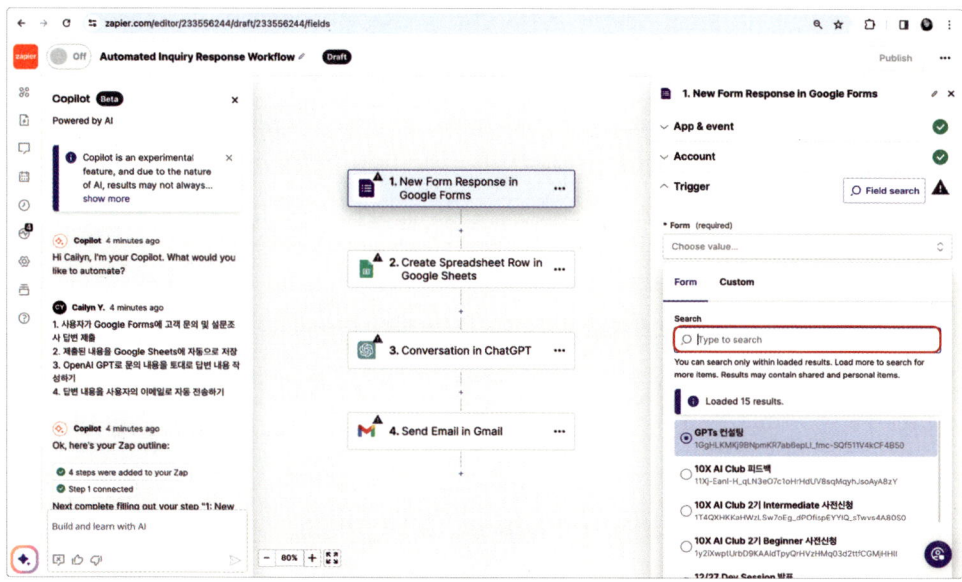

설문조사에는 고객의 이름, 이메일, 연락처, 수업 만족도, 문의 사항을 물어보고 있습니다. 앞으로 이 내용들을 토대로 파이프라인을 만들 것입니다.

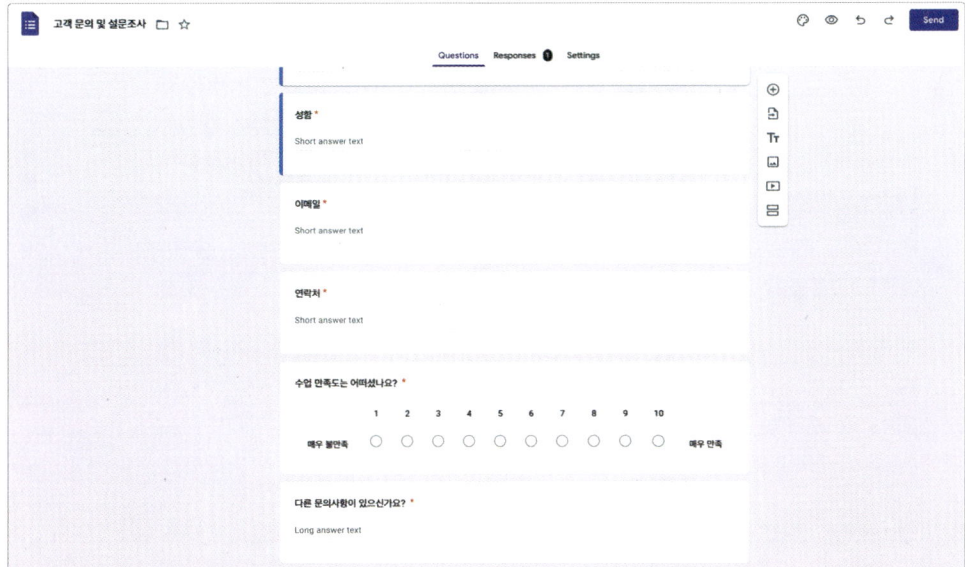

이제 Test 섹션으로 넘어가서 제대로 연동되었는지 확인해야 합니다. 'Test trigger' 버튼을 클릭하세요.

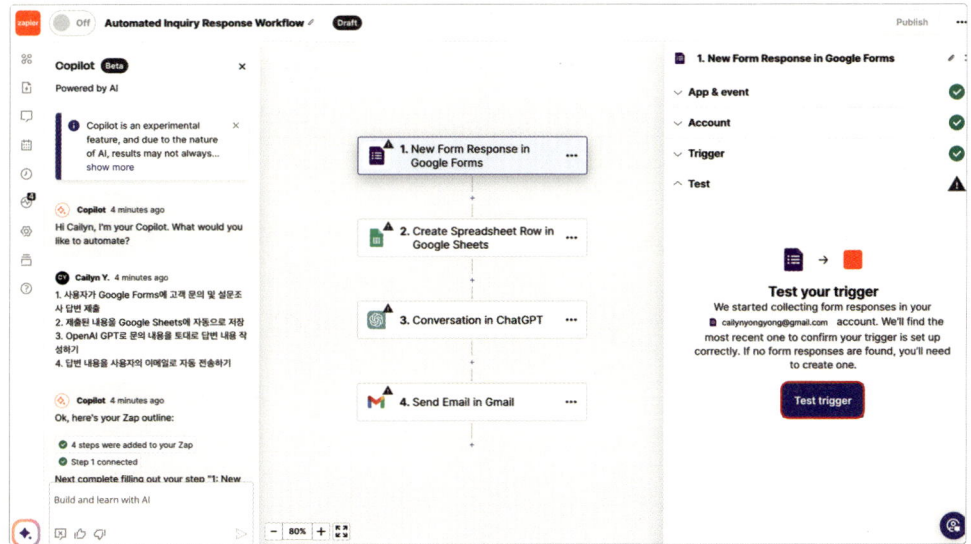

버튼을 클릭하면 구글 폼에 실제 예시 답변으로 제출된 내용들이 불러와졌습니다. 성공적으로 불러왔다면 'Continue with selected record' 버튼을 클릭하세요. 그럼 첫 번째 액션이 연동된 것입니다.

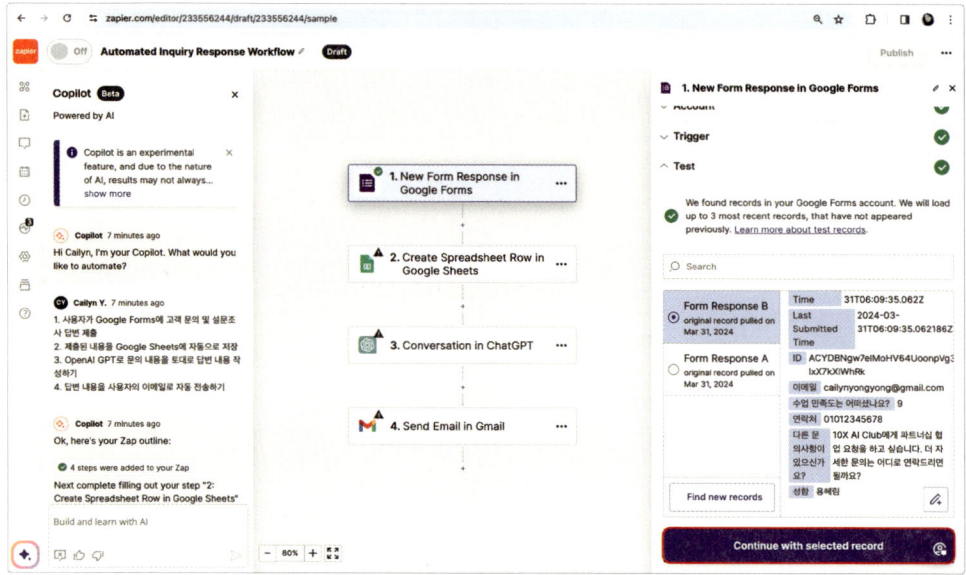

두 번째 액션: Google Sheets

이제 두 번째 액션을 연동해야 합니다. 새로운 구글 폼 답변이 제출될 때마다 구글 시트에 내용을 기록하도록 설정할 것입니다. 이 액션에서는 구글 폼 답변 내용 중에서 어떤 내용들을 구글 시트에 어떻게 저장할 것인지 설정해야 합니다. 마찬가지로 Create Spreadsheet Row in Google Sheets를 클릭한 후, 오른쪽의 사이드바에서 'Continue' 버튼을 클릭하세요.

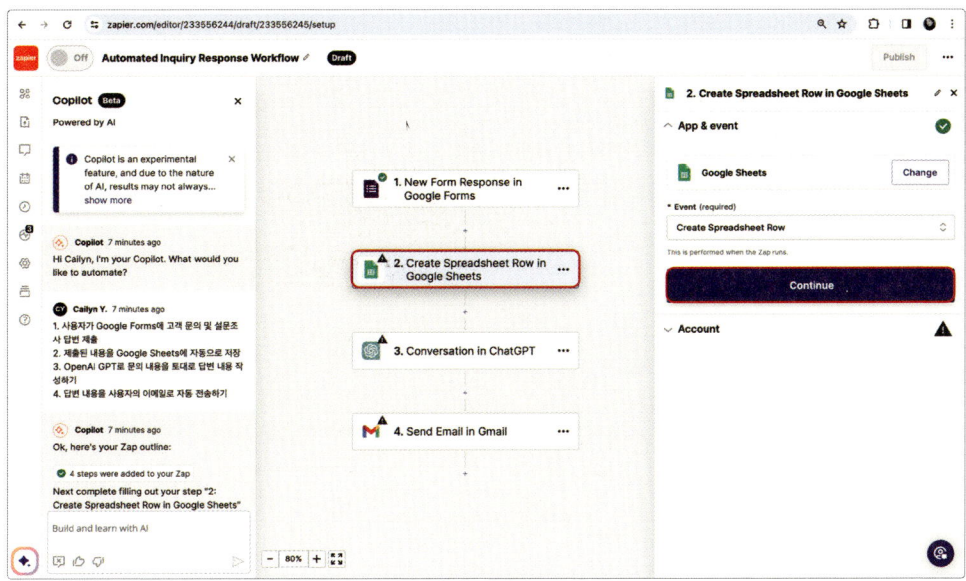

그다음 Account 섹션에서 자신의 구글 계정을 연동해주면 됩니다. 'Continue' 버튼을 클릭합니다.

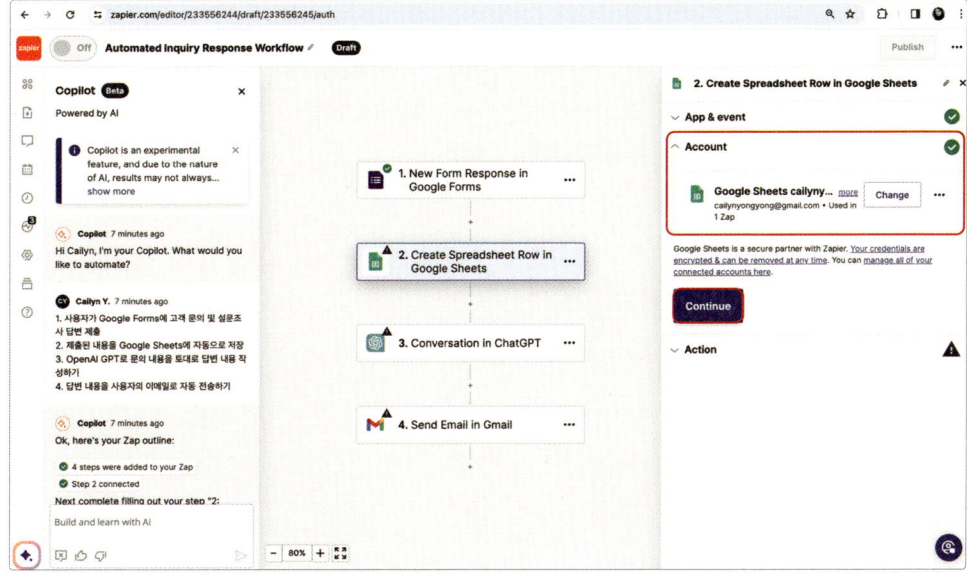

이제 Action 섹션에서 실제 연동할 구글 시트를 불러와야 합니다. 예시 구글 시트인 '고객 문의 및 설문조사'를 만들었습니다. 시트의 첫 번째 줄은 헤더로 설정하고, 구글 폼에 제출된 내용과 그대로 '성함', '이메일', '연락처', '수업 만족도', '문의 사항' 열을 추가했습니다.

이 시트를 Action 섹션의 * Spreadsheet에서 불러오기 위해 * Spreadsheet 아래의 빈칸을 클릭하면 자동으로 연결할 수 있는 여러 시트가 나타납니다. 그중에서 '고객 문의 및 설문조사' 시트를 클릭하면 됩니다.

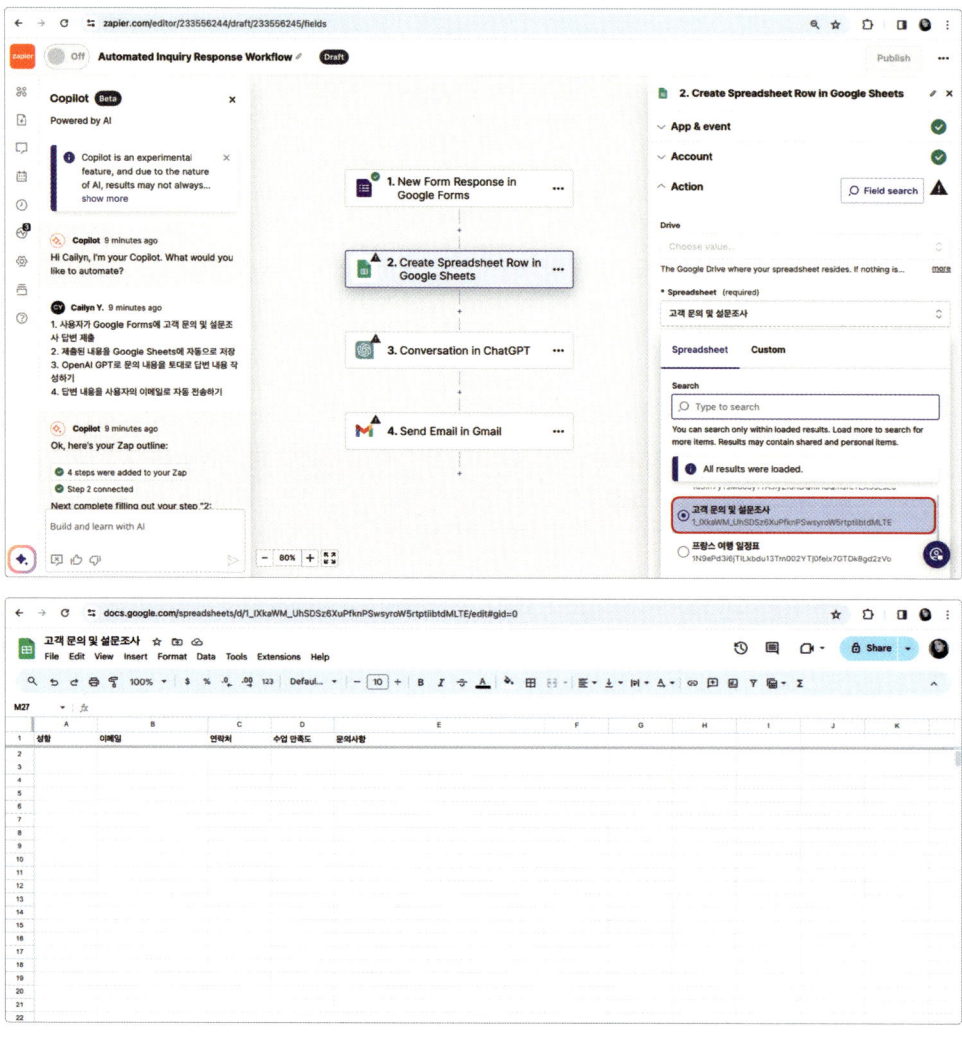

* Worksheet은 Sheet1으로 설정해주세요. 연동이 되면 자동으로 시트의 헤더 열값들이 자동으로 불러와집니다.

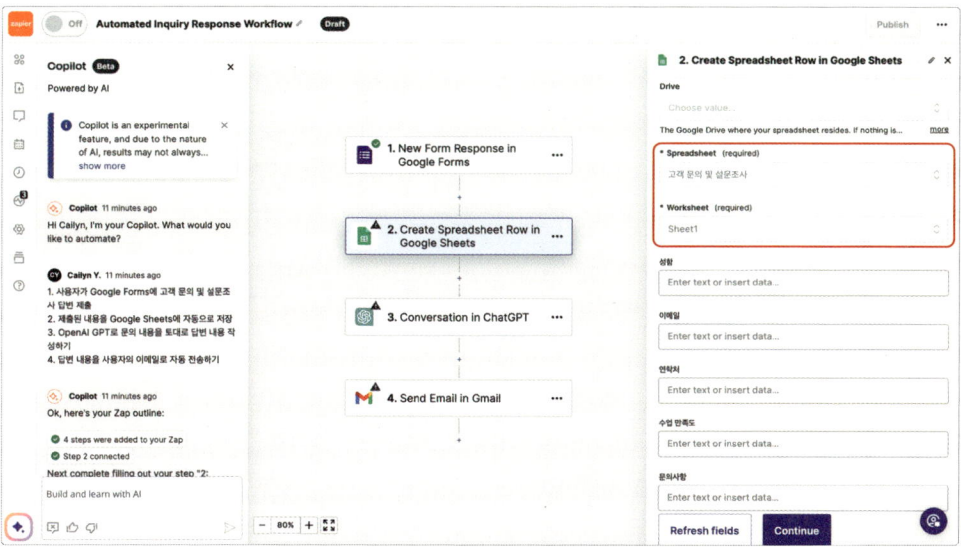

   이제 각 열별로 들어가야 할 내용들을 설정해야 합니다. '성함' 아래에 있는 빈칸을 클릭하면 구글 폼으로 제출됐던 예시 답변 내용들이 자동으로 나타납니다. 이 중에서 '성함' 열에 들어가야 할 값은 구글 폼에서 답변되었던 '성함 용혜림' 부분이겠죠? 이 부분을 클릭해주세요.

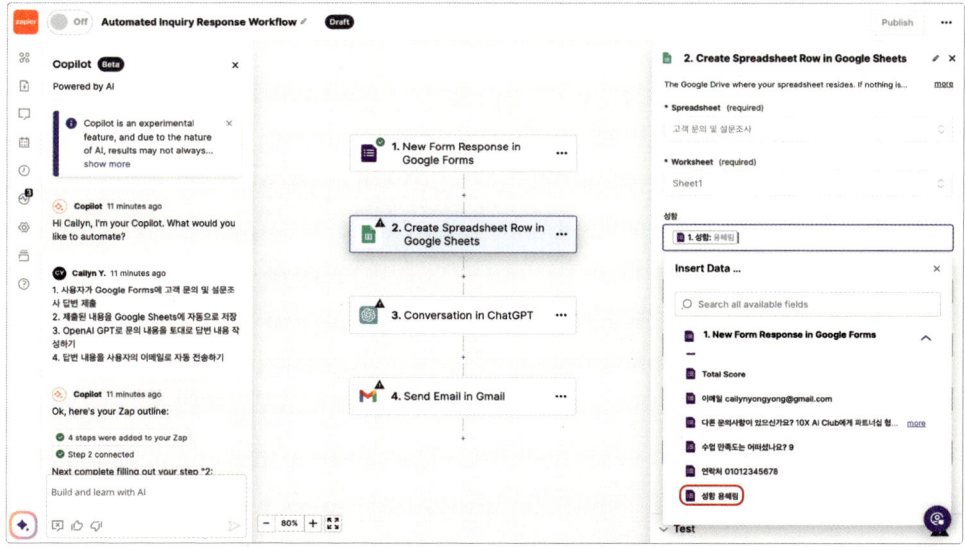

마찬가지로 이메일, 연락처, 수업 만족도, 문의 사항 부분도 구글 폼의 예시 답변 내용에서 선택하면 됩니다. 'Continue' 버튼을 클릭하세요.

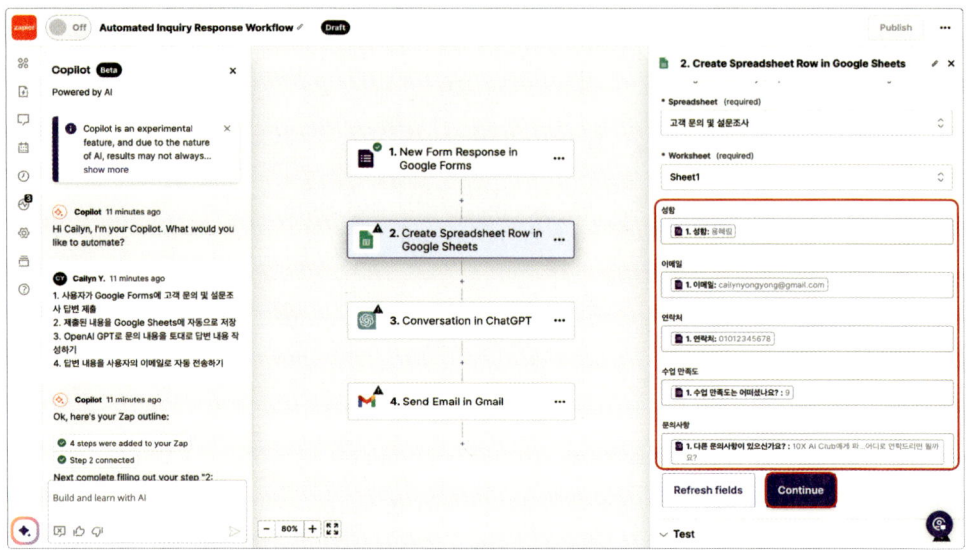

마지막 단계로 테스트해보겠습니다. 'Test step' 버튼을 클릭하세요.

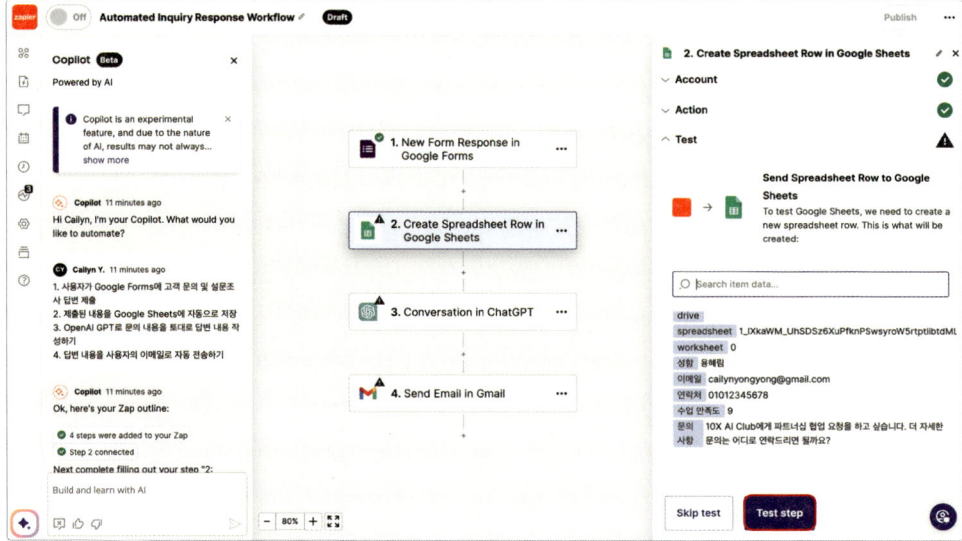

이제 다시 연동한 구글 시트로 넘어가면, 구글 폼에 제출된 답변 내용이 각 열별로 저장된 것을 확인할 수 있습니다. 이로써 두 번째 액션이 연동되었습니다.

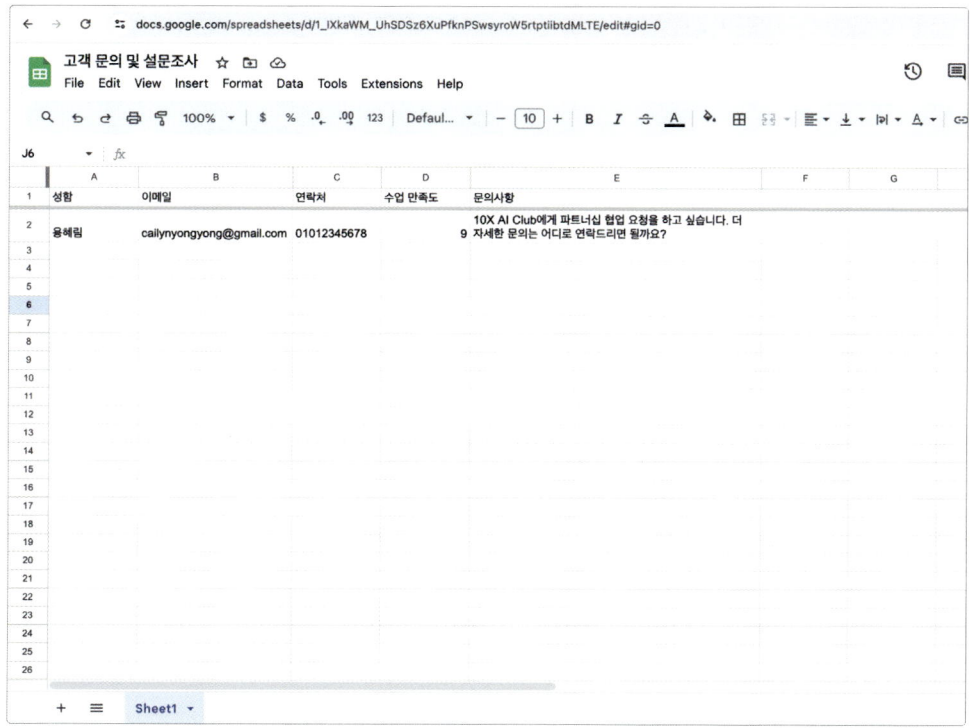

세 번째 액션: ChatGPT

바로 세 번째 액션인 ChatGPT를 연동하겠습니다. App & event 섹션에서 * Event 아래의 빈칸을 클릭해주세요. 그럼 연동할 수 있는 ChatGPT의 여러 가지 작업이 자동으로 나타납니다. Summarize Text(텍스트 요약), Conversation(대화하기), Write an Email(이메일 작성하기) 등 여러 가지가 있습니다. 그중에서 **Write an Email** 액션을 선택하겠습니다.

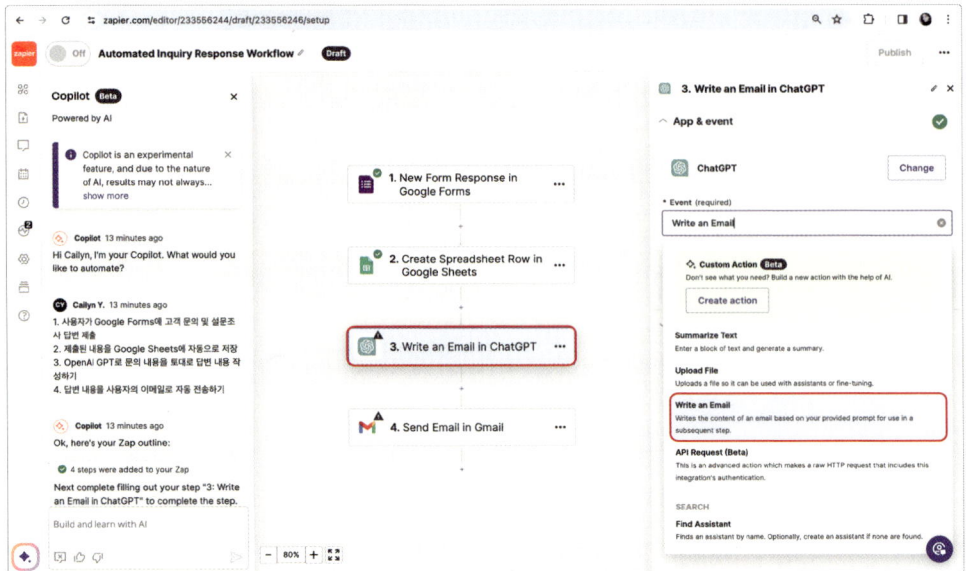

그다음으로 자신의 ChatGPT 계정을 연동해야 합니다. Account 섹션에서 'Sign in' 버튼을 클릭하세요.

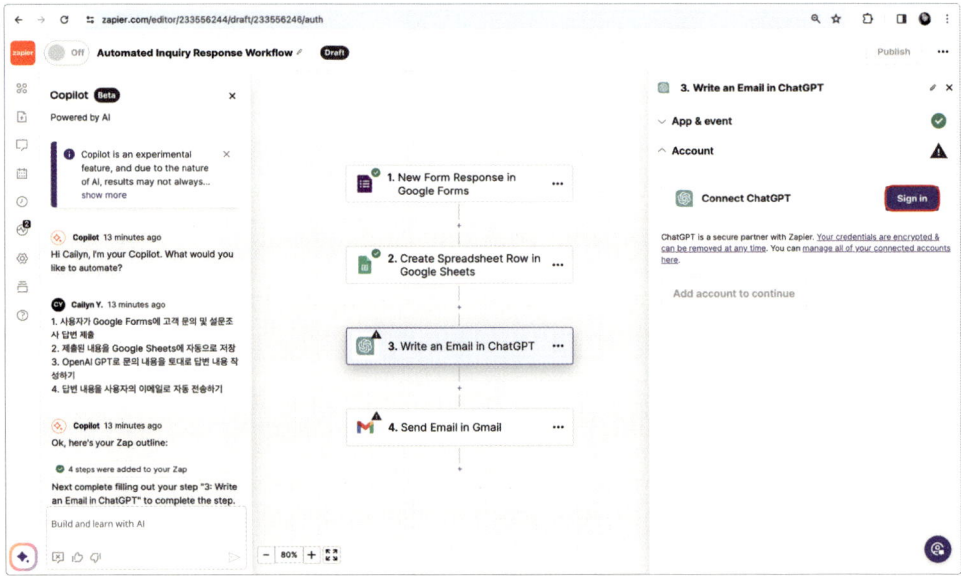

버튼을 클릭하면 다음 화면이 나타납니다. API Key를 입력하라는 입력란이 나타납니다. 이곳에 자신의 OpenAI 계정 비밀번호를 입력해야 합니다.

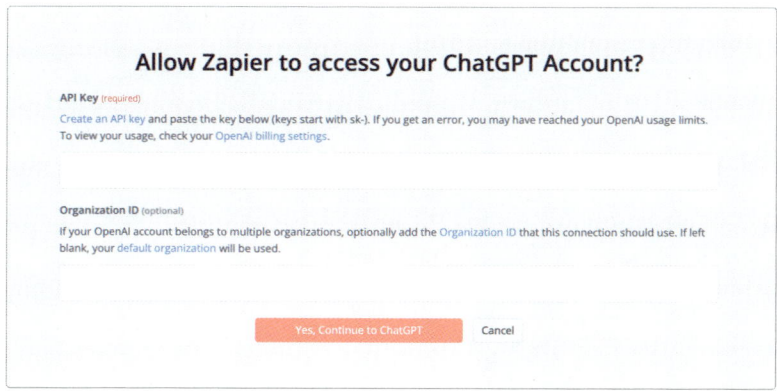

OpenAI의 API Key를 얻기 위해서는 다음 링크로 들어가주세요.

- [링크] https://platform.openai.com/api-keys

이 링크의 화면에서 '+ Create new secret key' 버튼을 클릭하세요.

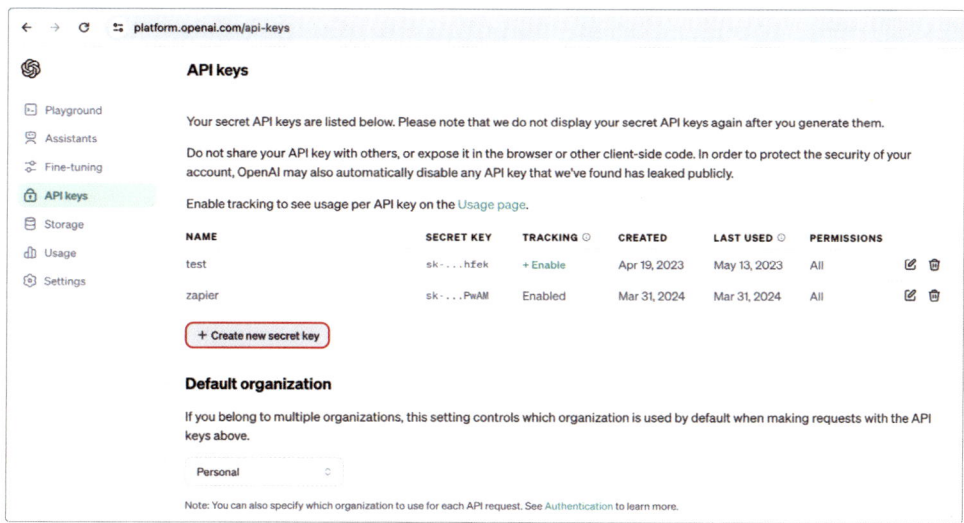

Name 부분에 임의로 '테스트'라는 이름을 입력한 후 'Create secret key' 버튼을 클릭해주세요.

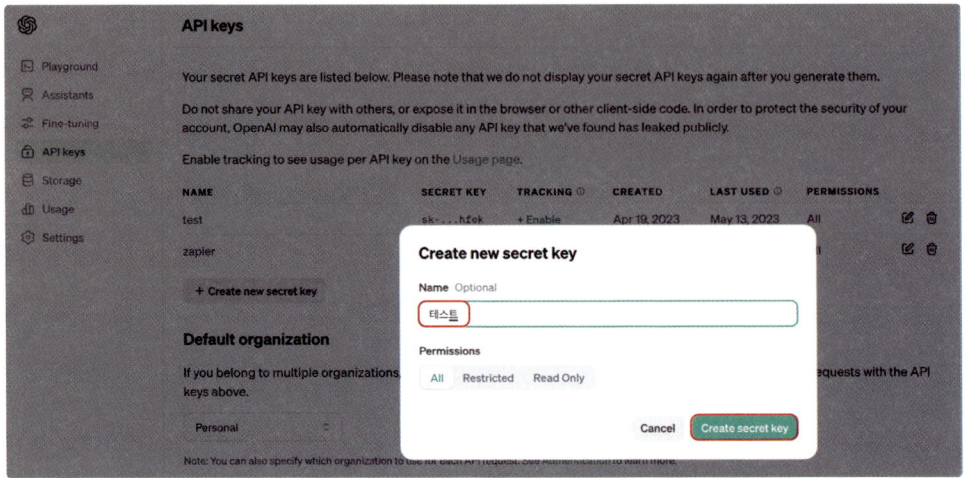

그럼 다음과 같이 새로운 비밀번호 key가 생성됩니다. 이는 다시 확인할 수 없으니, 꼭 복사해서 다른 곳에 저장해주세요. 다른 사람에게 공유하거나 외부에 노출하면 해킹의 위험이 있으니 주의해주세요.

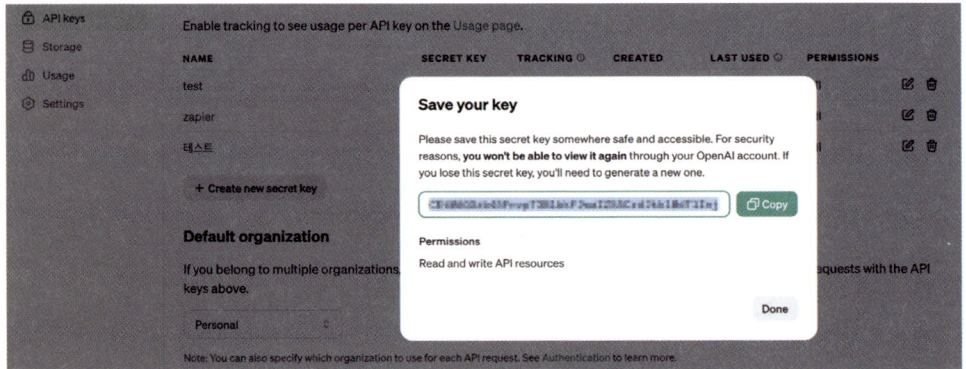

이제 복사한 이 키를 다시 다음 화면의 API Key에 붙여넣어주세요. 그 후 'Yes, Continue to ChatGPT' 버튼을 클릭하세요. OpenAI 비밀번호를 연동한 이유는 GPT API를 호출하여 새로운 답변을 생성할 때마다 얼마큼의 토큰값을 사용했는지 기록하기 위해서입니다. 토큰을 많이 사용할수록 소요되는 비용 또한 높아집니다.

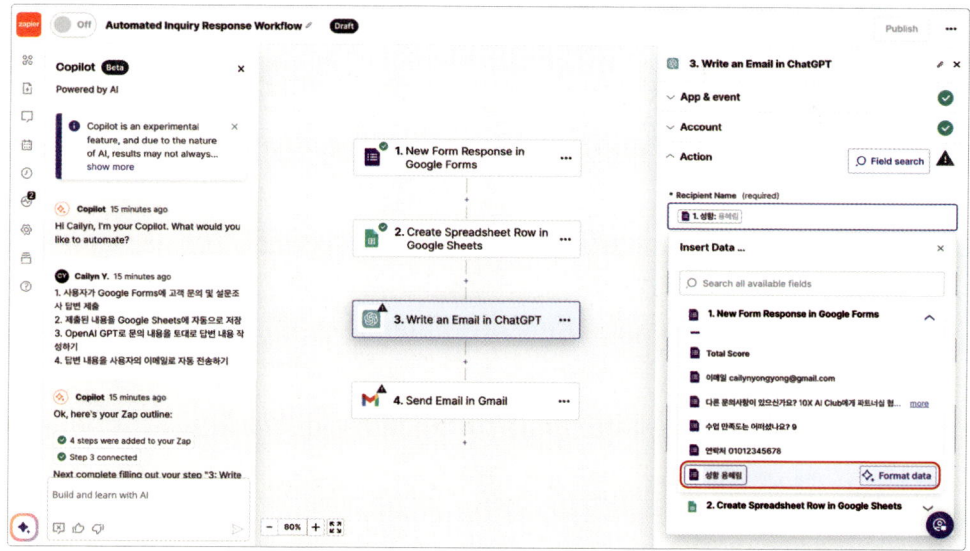

Action 섹션에서는 누구에게 어떤 내용의 이메일을 보낼 것인지 설정해야 합니다. 이 부분에 프롬프트를 작성하여 어떻게 답변을 작성할지 알려주는 것입니다. 일단은 가장 먼저 이메일을 받을 사람의 이름과 이메일 주소를 설정해야 합니다. 이는 구글 폼을 연동했을 때 자동으로 불러와준 성함, 이메일을 클릭해주면 됩니다. 다음 화면처럼 * Recipient Name에는 구글 폼에서의 성함을 클릭하면 됩니다. 마찬가지로 * Recipient Email도 구글 폼의 답변 중에서 고객의 이메일을 선택하면 됩니다. * From Name은 이메일을 보낼 사람의 성함입니다. 직접 입력해주세요.

이제 가장 중요한 단계인 프롬프트 작성입니다. 이는 여태까지 연습했던 대로 프롬프트를 작성해주면 됩니다. 유용한 점은 구글 폼에서 제출된 답변 내용 중에서 만족도 점수와 문의 사항 내용 부분을 직접 프롬프트에 불러올 수 있다는 것입니다. * Email Prompt 입력란에 다음과 같이 작성합니다.

만족도 점수: 1. 수업 만족도는 어떠셨나요? : 9
문의 사항 내용: 1. 다른 문의 사항이 있으신가요? : 10X AI Club에게 파…어디로 연락드리면 될까요?

만족도 점수가 7점 이상이면 높은 만족도 점수를 줘서 고맙다고 해주세요. 7 이하면 어떤 문제가 있었는지, 개선하기 위해 어떤 것을 하면 되는지 물어봐주세요.
그다음으로 문의 사항 내용에 대한 답변을 작성해주세요.
꼭 한국어로 이메일 작성해주세요.

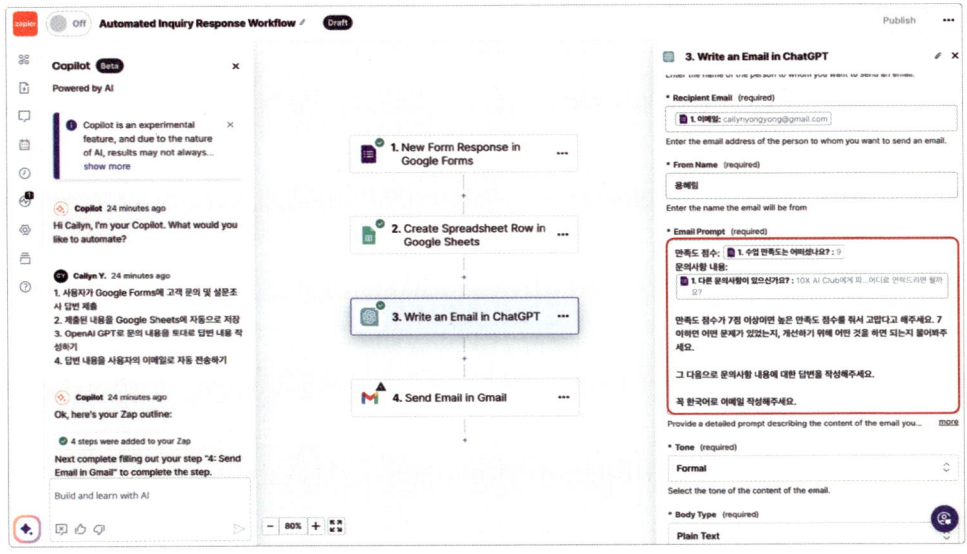

추가로 몇 가지 설정할 수 있는 옵션들이 있습니다. Tone은 형식적으로 할 것인지(Formal), 특성 없는 말투로 할 것인지(Neutral), 친근하고 캐주얼하게 할 것인지(Casual) 설정할 수 있습니다. 여기서는 Neutral을 선택합니다.

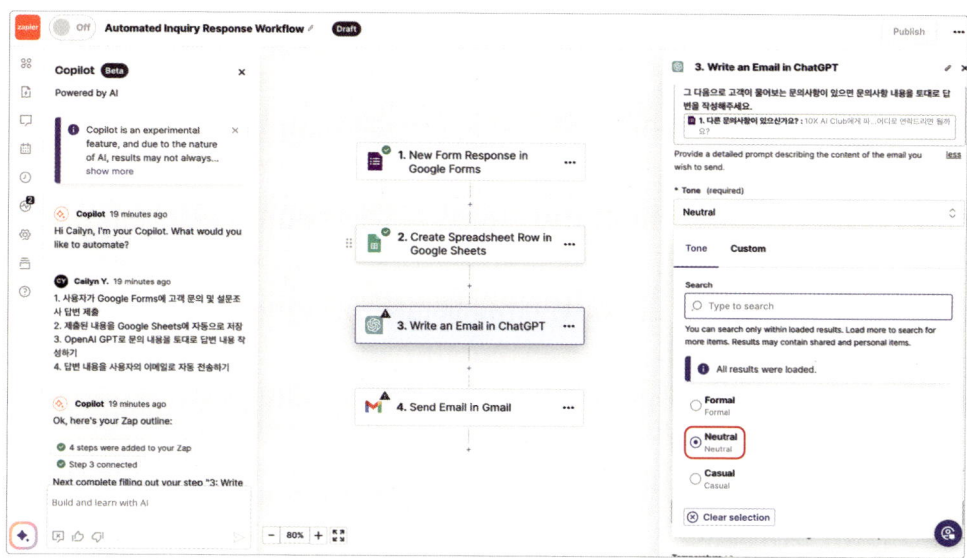

　Temperature 옵션은 0 부터 2 사이의 숫자를 선택할 수 있는데, 0에 가까운 숫자일수록 형식적이고 예상할 수 있는 답변들이 생성되고, 2에 가까울수록 더 창의적이고 예상할 수 없는 답변들이 생성됩니다. 고객 문의에 대한 답변 이메일은 형식적이어야 하기 때문에 0.2로 설정하겠습니다.

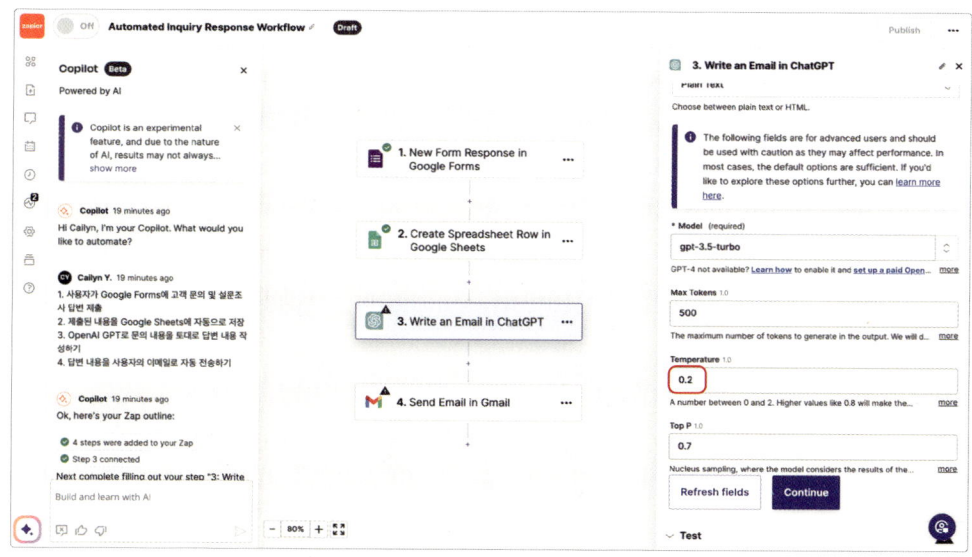

Test 섹션에서 테스트를 해보면 프롬프트 내용대로 이메일 답변을 작성합니다.

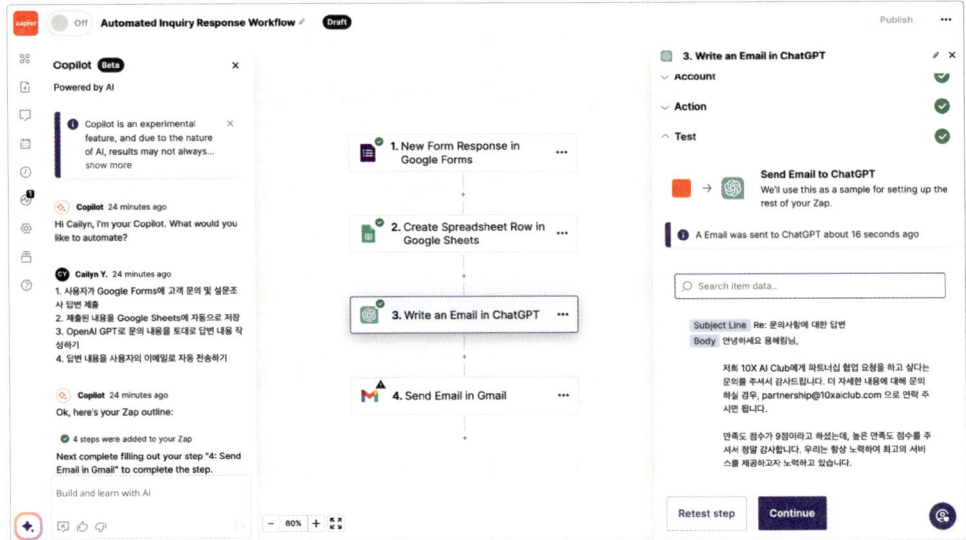

네 번째 액션: Gmail

ChatGPT에서 작성해준 이메일 내용을 이제 전송해야겠죠? **Send Email in Gmail**을 클릭한 다음 오른쪽 사이드바에서 'Continue' 버튼을 클릭하세요.

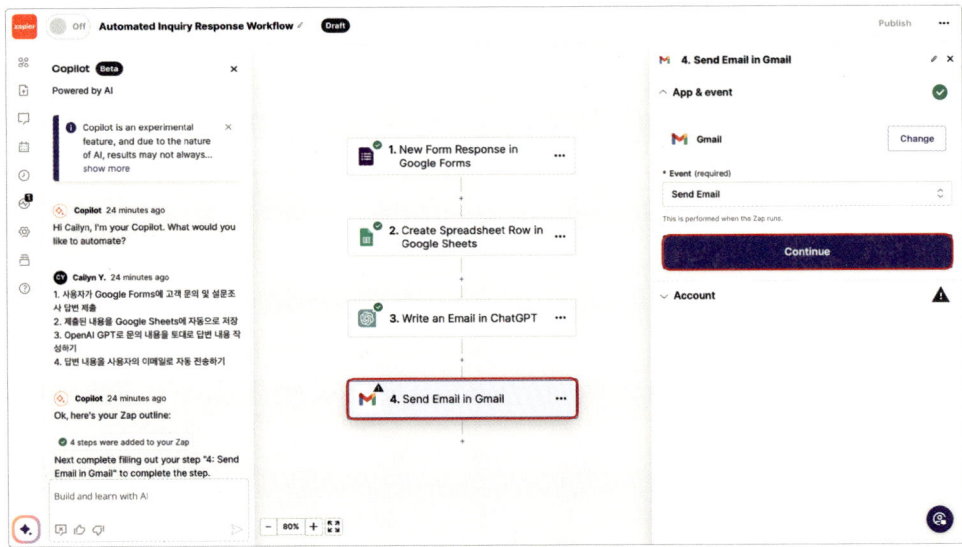

그다음 자신의 이메일 계정을 연동해주세요.

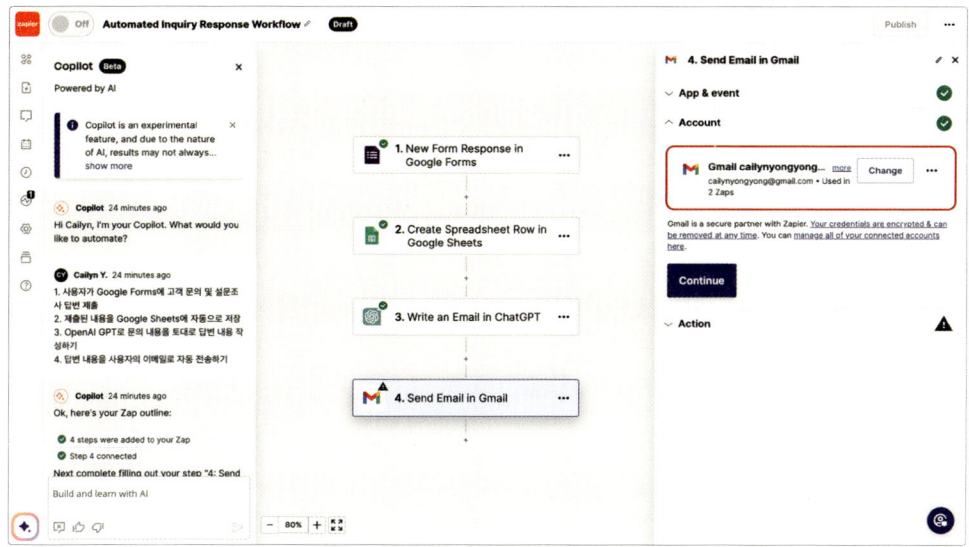

이제 Action 섹션에서는 To에 사용자의 이메일 주소를 선택하고, * Subject 란에는 이전 단계에서 ChatGPT가 작성해준 이메일 제목을 넣어주면 됩니다.

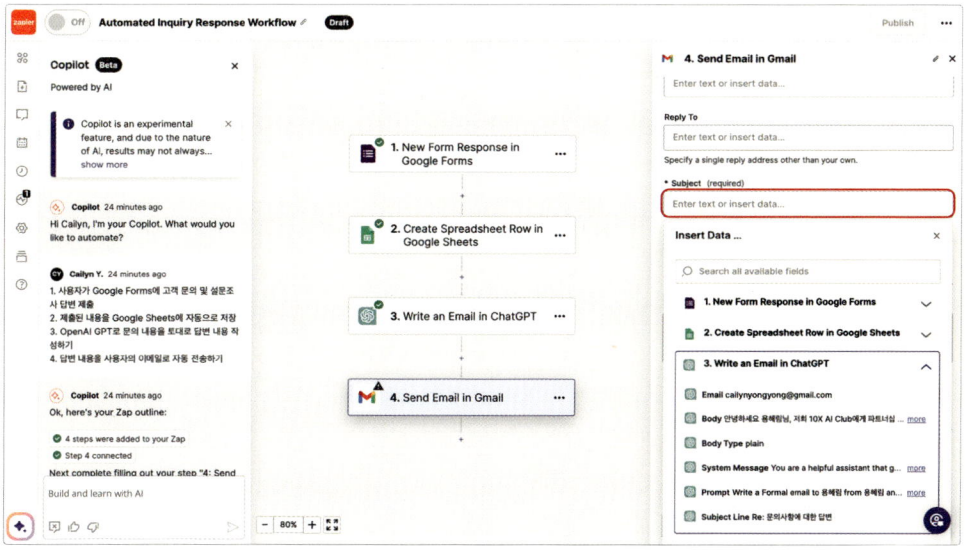

마지막으로는 * Body 부분에 ChatGPT가 작성해준 이메일 내용을 선택하면 됩니다.

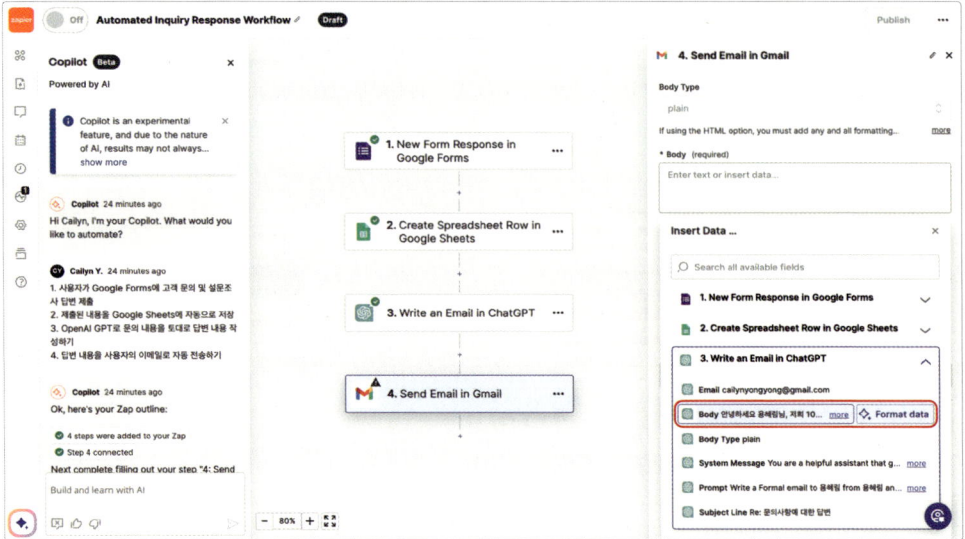

이제 Test 섹션에서 테스트를 해주세요.

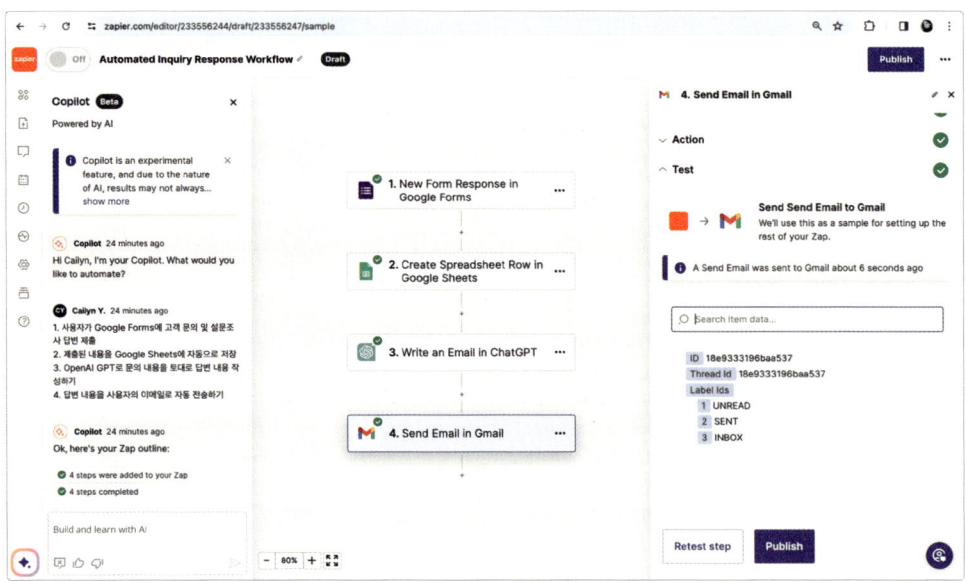

실제 이메일함을 확인해보면 ChatGPT가 작성해준 이메일 내용이 고객에게 성공적으로 전송된 것을 볼 수 있습니다.

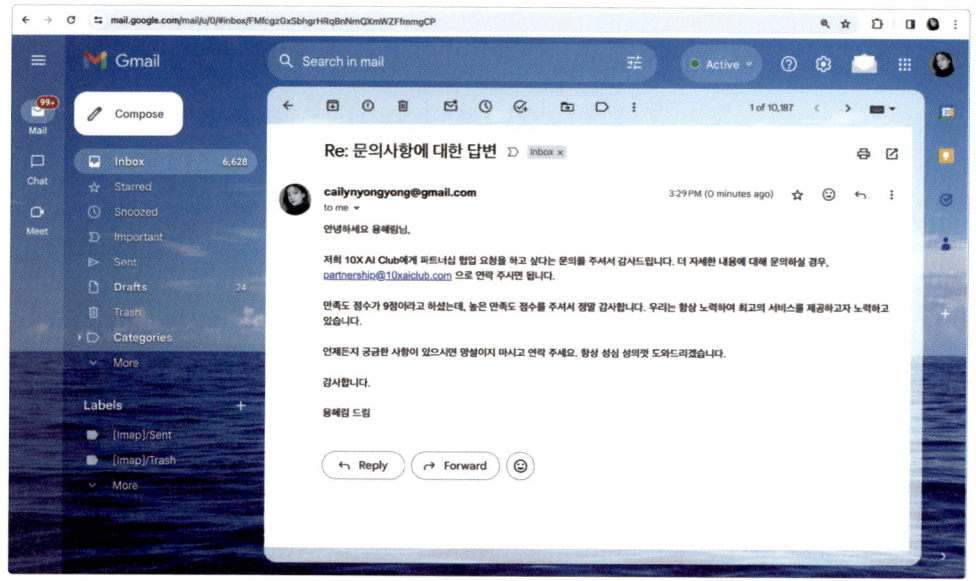

파이프라인을 완성하면 'Publish' 버튼을 클릭해서 배포할 수 있죠. 앞으로 '고객 문의 및 설문조사' 폼에 새로운 답변이 제출될 때마다 구글 시트에 내용을 기록한 후, ChatGPT를 통해 문의 사항에 대한 답변을 작성해서 이메일을 자동으로 전송해줄 것입니다.

이 파이프라인은 어땠나요? 이런 식으로 Zapier 웹사이트에서 직접 파이프라인을 만들 때에는 수동으로 일일이 설정해야 하는 부분들이 많기 때문에 오히려 ChatGPT에게 맡겨서 대신 업무를 처리해달라고 하는 것이 더 효율적일 수도 있습니다. 하지만 Zapier 파이프라인의 최대 장점은 GPTs와 매번 일일이 대화를 하지 않아도 다른 업무를 보고 있을 때 답변이 제출되기만 하면 알아서 나머지 부분들을 전부 자동으로 처리한다는 것입니다. 즉 처음 설정할 때에만 시간이 오래 걸리지만, 그 이후에는 GPT와 대화하면서 처리하는 것보다 훨씬 빠르게 일을 할 수 있다는 것입니다.

이렇게 이번 파트에서는 여러 액션을 연동하는 두 가지 방법에 대해 알아보았습니다. 더 편하고 효율적이라고 생각하는 방식을 택하여 구현하면 됩니다.

03

다양한 검색 엔진을 GPTs와 연동하기

이전 파트에서 살펴본 사례들은 모두 코딩 없이 텍스트 프롬프트로만 만든 생성 AI 앱입니다. GPT가 나오고 나서는 기술의 진입 장벽이 매우 낮아져 프로그래밍에 대해 몰라도 누구나 자신의 업무에 적용할만한 앱을 쉽게 만들 수 있게 되었죠.

여태까지의 사례들은 Configure 섹션에서 Instructions(프롬프트)와 Knowledge(학습시킬 문맥 정보), Actions에 외부 웹사이트를 연동하여 GPT에게 추가 기능을 탑재했습니다. 코딩 지식이 전혀 요구되지 않는 사례들이었기에 손쉽게 만들 수 있었죠.

GPT의 가장 큰 장점은 사전에 학습시켜 놓은 수많은 데이터 때문에 어떤 질문을 해도 이해하고 답변을 생성할 수 있다는 것입니다. 다만 학습한 내용 안에서만 대답할 수 있기 때문에 실시간 뉴스나 영상에 대한 정보를 제대로 불러오지 못하기 마련입니다. GPT-4는 웹 검색이 가능하지만, OpenAI는 현재 마이크로소프트의 투자를 받고 있기 때문에 무조건 빙(Bing) 검색 엔진을 사용합니다. 하지만 만약 구글, 유튜브, 혹은 네이버 검색 엔진을 따로 사용하도록 하고 싶으면 어떻게 해야 할까요? 이번 파트에서는 이런 여러 가지 검색 엔진을 GPT와 연동하는 방법에 대해 알아보겠습니다.

SerpAPI란?

이전 파트에서 Zapier 서비스를 연동했듯이, 이번에는 SerpAPI라는 서비스를 활용하여 앱을 만들 것입니다. SerpAPI는 여러 검색 엔진을 API로 호출해서 연동할 수 있는 서비스입니다. API란 Application Programming Interface의 약자로, 프로그램들 간의 데이터를 주고받는 방법입니다. 예를 들어, 프로그램 A에서 여러 가지 명령을 프로그램 B에게 주문하면, 프로그램 B는 답변을 생성하고 다시 프로그램 A에게 보냅니다. 이런 방식으로 GPT에서 SerpAPI를 호출하여 구글, 유튜브, 네이버, 이베이 등 대형 검색 엔진들을 자신의 앱에서 사용할 수 있습니다. 구글에서 제공하고 있는 검색 서비스도 굉장히 다양하기 때문에, 구글 쇼핑부터 구글 채용, 구글 지도 등 여러 가지 검색 결과를 취합해서 GPTs와 연동할 수 있죠.

예를 들어, 유튜브, 구글, 네이버 검색 엔진을 연동한다면 이런 앱을 만들 수 있습니다.

1. Google API

- **시장 트렌드 분석**: 구글 검색 데이터를 사용하여 시장 트렌드, 소비자 관심사, 또는 제품 인기를 분석합니다.
- **SEO 콘텐츠 최적화 도구**: 현재 구글 검색 트렌드와 키워드를 기반으로 웹 콘텐츠를 생성하거나 최적화를 제안합니다.
- **고급 연구 보조 도구**: Google Scholar 검색 엔진을 사용하여 주어진 주제에 대한 정보를 집계하고, 다양한 관점을 분석하며, 결과를 요약하는 복잡한 연구 작업을 수행할 수 있는 보조 도구를 개발합니다.
- **채용 자동화 도구**: Google Jobs 검색 엔진을 이용하여 이력서를 업로드하면 자동으로 나에게 맞는 채용 정보를 찾아줍니다.
- **주식 분석 도구**: Google Finance 검색 엔진을 사용하여 그날의 시장 현황, 관련 뉴스, 그래프 지표를 분석해주는 도구를 개발합니다.

2. Naver API

- **네이버 쇼핑 자동화**: 네이버 쇼핑 정보를 토대로 나에게 필요한 최적화된 상품을 자동으로 찾아줍니다.
- **뉴스 요약 도구**: 한국의 최신 뉴스를 한 번에 정리 및 요약해주는 도구를 만듭니다.
- **언어 학습 보조 도구**: 실시간 네이버 데이터를 사용하여 한국어 학습을 돕는 도구를 만듭니다. 여기에는 현재 사용법, 관용구, 트렌드 표현 등이 포함됩니다.

- **한국 시장 분석 도구**: 한국 시장 트렌드, 소비자 행동, 인기 있는 제품에 대한 통찰력을 제공합니다.

3. YouTube API

- **비디오 콘텐츠 요약 도구**: 유튜브 비디오의 제목, 설명, 사용자 댓글을 기반으로 GPT를 사용하여 비디오를 요약하는 도구를 만듭니다.
- **트렌드 비디오 분석**: 인기 순위 비디오를 분석하여 현재 트렌드, 인기 있는 주제, 또는 주목할만한 크리에이터에 대한 통찰력이나 보고서를 제공합니다.
- **교육 보조 도구**: 특정 주제에 대한 교육적 비디오를 찾고 요약하는 도구를 개발합니다.
- **음악 추천 서비스**: 유튜브 비디오 데이터를 바탕으로 음악을 추천하거나 음악 트렌드를 분석하는 서비스를 만듭니다.

SerpAPI 사용법

가장 먼저 SerpAPI를 GPTs와 어떻게 연동하는지부터 볼 예정입니다. Zapier는 링크 하나만으로도 Actions에서 연동할 수 있었지만, SerpAPI는 Schema(스키마)에 들어갈 코드 부분을 직접 작성해야 합니다. 스키마란 연동하고 싶은 웹사이트의 서버를 호출해주는 코드입니다. 예를 들어, 유튜브 검색 엔진의 결과값을 GPT로 불러오고 싶다면 총 세 가지의 정보가 필요합니다. 첫 번째로 어떤 검색 엔진을 사용할 건지, 검색어가 무엇인지, 그리고 내 계정의 고유 비밀번호 값입니다. 만약 유튜브 검색창에 '파리 여행'이라는 검색어를 입력하고 관련된 결과값들을 불러오려면 ① 검색 엔진인 유튜브, ② 검색어인 '파리 여행', ③ 내 계정의 비밀번호를 SerpAPI 서버에게 보내야 합니다. 해당 정보들을 보내야만 SerpAPI 웹사이트에서 어떤 지시를 내리는지 이해하고 요청한 내용의 결과값을 GPT에게 다시 보낼 수 있습니다.

이 스키마 코드는 정해진 템플릿이 있기 때문에 매 실습마다 검색 엔진, 검색어, 비밀번호 정보를 넣어서 연동해줄 것입니다. 각 검색 엔진마다 요구되는 기본 정보가 조금씩 다르기 때문에 템플릿 안에서 어떻게 코드가 변경되는지 살펴볼 예정입니다.

실습에 나오는 스키마 코드는 저자 깃허브(https://github.com/cailynyongyong/GPTs-10X-book)에서도 확인할 수 있습니다.

1. SerpAPI 회원가입

SerpAPI 웹사이트(https://serpapi.com)에 가서 회원가입을 해주세요. SerpAPI는 기본 사용자에게는 검색 엔진들을 매달 100번 무료로 호출할 수 있게 제공합니다. 그 이상 쓰려면 유료 계정으로 업그레이드해야 합니다.

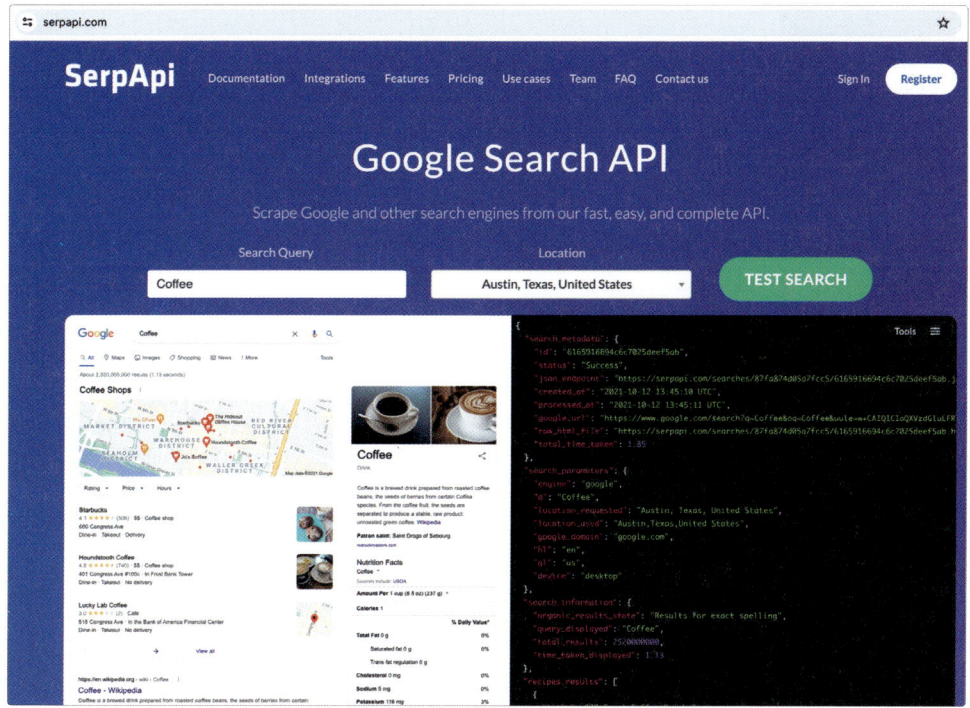

2. SerpAPI 비밀번호, Private API Key

회원가입을 하면 대시보드 화면으로 넘어옵니다. 여기서 보이는 숫자와 문자로 구성된 'Your Private API Key'가 내 계정의 비밀번호입니다. SerpAPI를 사용할 때마다 이 비밀번호를 통해 내 계정이 SerpAPI 웹사이트에 정보를 요청하고 있다는 것을 알려주는 것입니다. 해킹 위험이 있으므로 이 비밀번호를 절대 외부에 노출하면 안 됩니다.

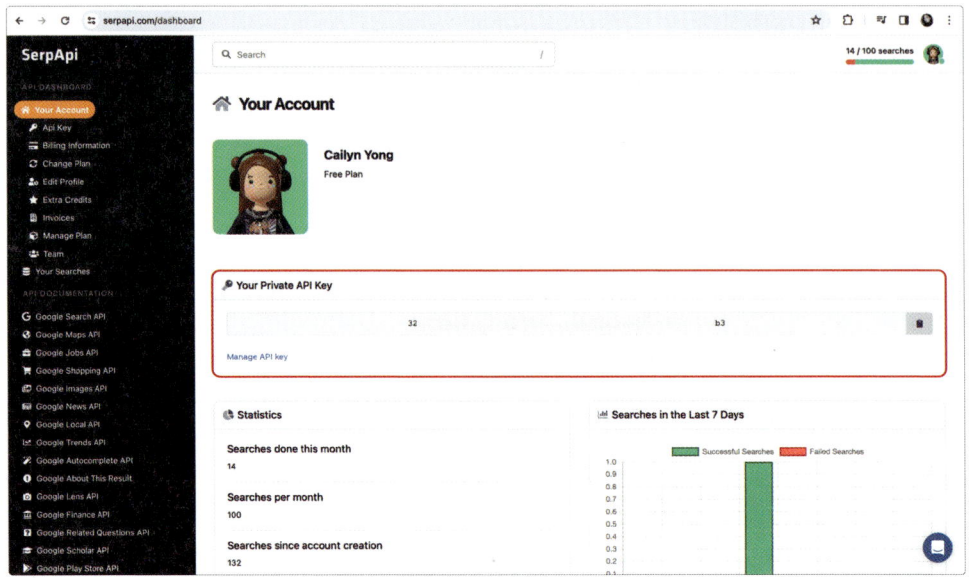

3. 호출할 때 필요한 필수 정보

화면의 왼쪽 사이드바를 보면 여러 검색 엔진이 나열되어 있습니다. 사용하고 싶은 검색 엔진을 클릭하면 각 검색 엔진을 호출할 때 필요한 기본 정보값과 연동 방법이 나옵니다. 첫 번째 예시로 가장 기본적인 구글 검색 엔진을 호출하는 방법을 살펴보겠습니다. 사이드바에서 'Google Search API'를 클릭하세요.

그럼 구글 검색 엔진을 어떻게 호출할 수 있는지 설명해주는 화면이 나타납니다. 여기서 API Parameters라는 섹션에서는 구글 검색 엔진을 호출할 때 요구되는 기본 명령 사항으로 어떤 것이 있는지 설명해줍니다. Search Query에서 q 파라미터 값은 query의 약자로, 검색어를 뜻합니다. 어떤 것을 검색할 건지 꼭 알려줘야 대신 검색해줄 수 있겠죠? 검색어에 대한 정보는 필수로 제공해야 하기 때문에 옆에 빨간색 글씨로 'Required'라고 표시되어 있습니다.

마찬가지로 다른 파라미터 값들에 대한 설명이 나와 있어요. 예를 들어, location 파라미터 값은 구글에서 어느 지역을 중점으로 검색할 건지 설정할 수 있습니다. 만약 한국 구글 검색 결괏값들을 받고 싶다면 location을 ko로 설정할 수 있습니다. 이는 필수로 설정해야 하는 값은 아니어서 'Required' 대신 'Optional'이라고 써 있네요. 다른 옵션들에 대한 설명도 나와 있으니 더 디테일한 검색 결과를 받고 싶다면 선택적으로 옵션을 추가할 수 있습니다.

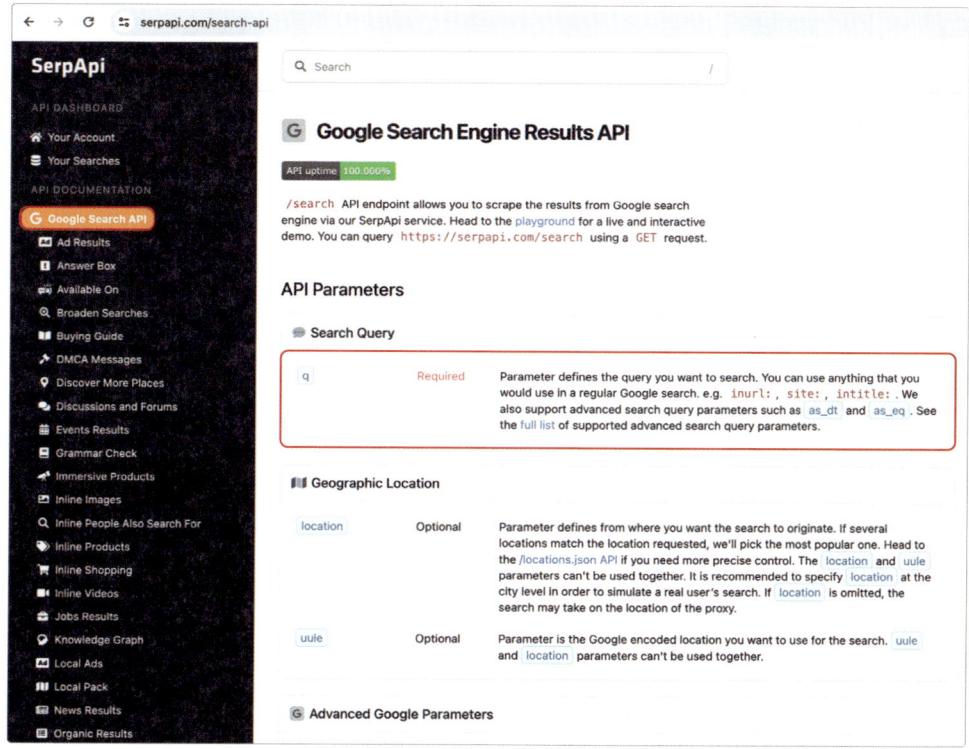

아래로 스크롤하면 q라는 검색어 파라미터 외에 필수로 SerpAPI에게 보내야 하는 정보들이 빨간색 글자로 'Required'이라고 쓰여 있습니다. 어떤 검색 엔진을 사용할지 설정하는 engine이라는 파라미터 값과 내 계정의 비밀번호를 저장하는 api_key라는 파라미터 값입니다. 즉, 총 세 가지 필수 파라미터 값을 SerpAPI에게 보냅니다.

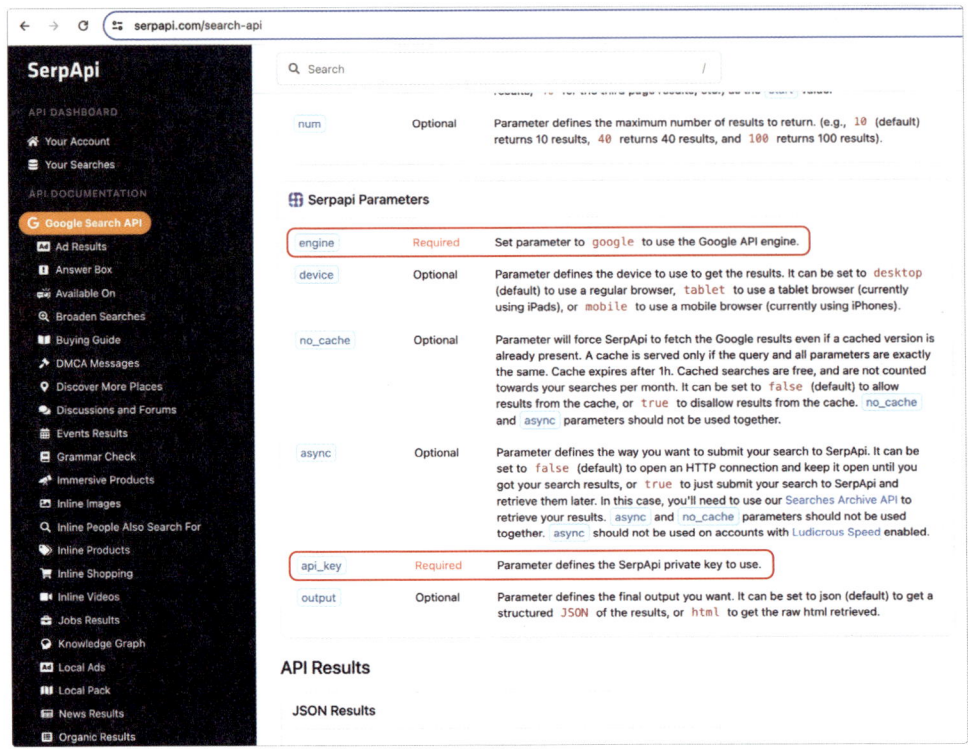

4. 호출 코드 cURL 구조 이해하기

API Examples라는 섹션으로 내려가면 어떤 형식으로 API를 호출하는지 예시를 보여줍니다. 다음 화면 오른쪽의 Code to integrate 부분을 살펴보겠습니다. 이 예시에서는 Ruby라는 프로그래밍 언어를 사용해서 호출하는 방식을 보여줍니다.

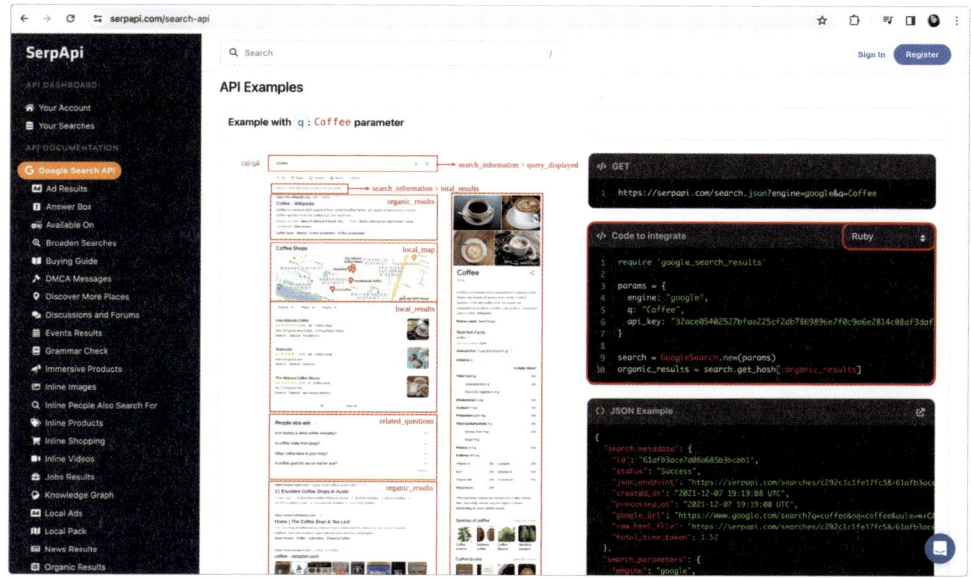

　'Ruby'를 클릭하면 그 외에 다른 프로그래밍 언어로도 어떻게 호출하는지 확인할 수 있습니다. 여기서는 Ruby 대신 cURL의 코드를 살펴보겠습니다. cURL은 'Client URL'의 줄임말로, 인터넷을 통해 데이터를 주고받기 위해 사용되는 컴퓨터 프로그램입니다. cURL을 사용하는 것은 마치 웹 브라우저를 통해 인터넷에서 정보를 찾아보는 것과 비슷합니다. 하지만 차이점은 cURL이 그래픽 인터페이스 없이 명령 줄(Command Line)을 통해 작동한다는 것입니다. 즉, 마우스 클릭 대신 텍스트 명령을 사용합니다.

　예를 들어, 웹 브라우저에서는 주소창에 웹사이트 주소를 입력해 웹페이지를 불러옵니다. 반면 cURL을 사용할 때는 컴퓨터의 터미널이나 명령 프롬프트에 'cURL [웹사이트 주소]'라고 타이핑해 동일한 작업을 할 수 있습니다. 즉 cURL을 통해 웹사이트나 애플리케이션이 서버와 어떻게 데이터를 주고받는지, 그리고 그 과정에서 발생하는 오류를 찾아낼 수 있습니다. 개발자는 cURL을 사용하여 특정 웹사이트에서 데이터를 요청하거나, 폼을 제출하거나, 심지어 파일을 다운로드하는 등의 작업을 할 수 있습니다.

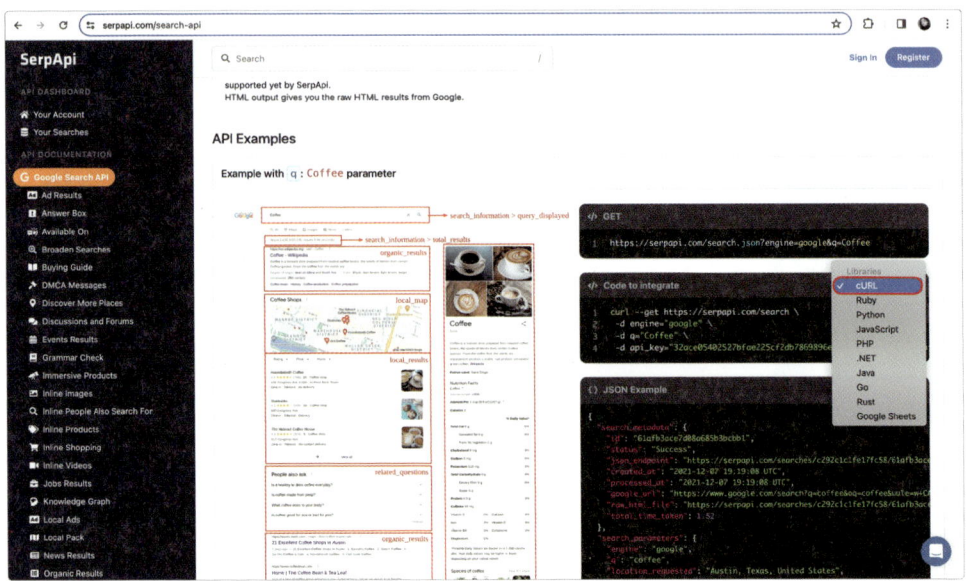

```
curl --get https://serpapi.com/search \
 -d engine="google" \
 -d q="Coffee" \
 -d api_key="내 SerpAPI API key"
```

이 명령은 cURL을 사용하여 https://serpapi.com/search 라는 주소에 웹 요청을 보내는 예시입니다. 여기서 --get은 데이터를 요청하는 방식 중 하나인 GET 메소드를 사용한다는 것을 의미합니다. GET 메소드는 정보를 검색할 때 주로 사용됩니다.

이 명령의 각 부분을 살펴보겠습니다.

1. `--get`: 이 옵션은 cURL이 HTTP GET 요청을 사용하도록 지시합니다. GET 요청은 웹 서버에게 정보를 요청할 때 사용하는 방법입니다.

2. `https://serpapi.com/search`: 이것은 요청을 보내고자 하는 웹 주소입니다. 여기서는 'serpapi.com'의 'search'라는 경로에 요청을 보냅니다.

3. `-d engine="google"`: 여기서 -d는 데이터를 의미하며, 이 경우에는 'engine'이라는 이름의 데이터에 'google'이라는 값을 전달합니다. 이것은 serpapi.com에게 구글 검색 엔진을 사용하라는 지시입니다.

4. `-d q="Coffee"`: 이것도 –d를 사용하여 데이터를 전달하는데, 'q'는 query(검색어)를 의미하며, 이 경우에는 'Coffee'라는 단어를 검색하라는 것을 의미합니다.

5. `-d api_key="..."`: 여기서는 API 키를 전달하고 있습니다. API 키는 사용자를 식별하고, 해당 서비스 사용 권한이 있음을 증명하는 역할을 합니다.

이 명령을 실행하면, serpapi.com의 서버는 구글 검색 엔진을 사용하여 'Coffee'에 대한 검색 결과를 반환합니다. 그리고 이 결과물은 JSON 형태의 데이터로, 프로그램이 이해하고 처리할 수 있는 형태로 되어 있습니다. 이렇게 cURL을 사용하면 웹사이트와 서버에서 데이터를 쉽게 요청하고 받을 수 있습니다.

앞의 화면에서 JSON Example 부분이 cURL을 사용하여 검색했을 때의 예시 결과값입니다. JSON의 결과값에는 Coffee를 검색했을 때의 결과물이 리스트 형태로 나와 있습니다. 커피에 대한 위키백과 링크, 지도에서의 근처 커피숍 위치, 커피 원두를 파는 아마존 링크 등이 나열됩니다. GPT와 연동한다면 이 결과물을 GPT가 읽을 수 있게 됩니다.

GPT가 나오기 이전에는 직접 코드를 또 작성해서 필요한 부분을 추출해야 했습니다. 하지만 GPT와 연동을 한다면 우리가 직접 정보를 일일이 확인하면서 추려내는 대신, 알아서 결과물을 분석하고 요약해서 찾아줄 수 있게 됩니다.

5. GPT와 연동할 Schema 코드

GPTs 앱에서 SerpAPI를 연동할 때에는 cURL 코드 자체를 사용하는 것이 아닌, 다시 OpenAI가 이해할 수 있는 알맞은 형식으로 다시 바꿔줘야 합니다.

이전 파트에서는 Zapier를 연동할 때 호출할 수 있는 링크를 복사해서 Import from URL이라는 곳에 붙여넣으면 자동으로 Schema 부분 코드를 채워넣어줬지만, 이번에는 직접 코드를 작성해서 넣어줘야 합니다. 만약 코드 작성하는 것이 아직 익숙하지 않은 분들은 Schema 부분 오른쪽 하단에 **'Get help from ActionsGPT'**라는 버튼을 누르세요. 그럼 ChatGPT에서 만든 ActionsGPT 챗봇이 뜹니다. Schema 코드를 대신 작성해주거나 도움을 주는 챗봇입니다.

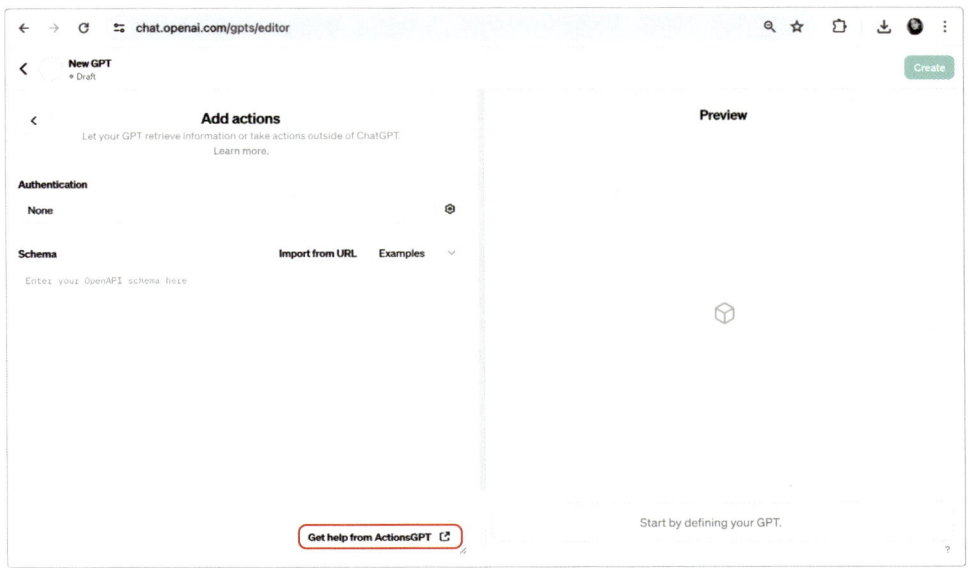

코드의 구조부터 먼저 설명하겠습니다. 각 실습에서 사용할 스키마는 모두 같은 구조의 템플릿을 기반으로 작성되기 때문에 기본 틀을 살펴보겠습니다.

```
{
  "openapi": "3.1.0",
  "info": {
    "title": "Untitled",
    "description": "Your OpenAPI specification",
    "version": "v1.0.0"
  },
  "servers": [
    {
      "url": ""
    }
  ],
  "paths": {},
  "components": {
    "schemas": {}
  }
}
```

각 부분에 대해 설명하겠습니다:

1. `"openapi": "3.1.0"`: 사용되는 OpenAPI 사양의 버전을 나타냅니다. 여기서는 버전 3.1.0을 사용하고 있음을 의미합니다.
2. `"info"`: 이 섹션은 API에 대한 기본적인 정보를 제공합니다.
   - `"title": "Untitled"`: API의 이름을 넣는 곳입니다. 여기서는 "Untitled"로 되어 있지만, 실제 API에 적합한 이름을 사용해야 합니다.
   - `"description": "Your OpenAPI specification"`: API에 대한 간단한 설명입니다. 실제 사용 시에는 API의 목적이나 기능에 대해 설명합니다.
   - `"version": "v1.0.0"`: API의 버전입니다. API가 업데이트되면 버전 번호도 함께 업데이트됩니다.
3. `"servers"`: API가 호스팅되는 서버의 URL을 명시합니다.
   - `{ "url": "" }`: 이 부분에는 실제 서버의 URL이 들어가야 합니다. 이곳에 SerpAPI의 웹사이트 링크인 https://serpapi.com이 들어갑니다.
4. `"paths"`: API의 경로(endpoint)를 정의합니다. 추가로 필요한 파라미터 값, 즉 검색어, 검색 엔진, 비밀번호 정보가 여기에 들어갑니다.
5. `"components"`: 여기서는 API가 사용하는 스키마를 정의합니다.
   - `"schemas": {}`: 스키마는 API가 주고받는 데이터의 형식과 구조를 정의합니다. 실제 사용 시 여기에 데이터 모델의 세부 사항을 기술합니다.

앞으로는 이 기본 틀을 사용해서 스키마를 작성해줄 것입니다.

구글 검색 엔진 연동

Zapier를 연동해서 앱을 만들었을 때와 같이, SerpAPI를 연동한 앱도 앞으로는 다음 단계들을 통해 구현하겠습니다.

1. GPTs Name, Description 설정하기
2. GPTs Action에서 사용할 검색 엔진 Schema 코드 넣어주기

3. GPTs 프롬프트 작성하기

4. 테스트 및 저장 후 배포하기

첫 번째로, 가장 기본적인 구글 검색 엔진을 GPT와 연동해볼게요.

1. GPTs Name, Description 설정하기

새로운 GPTs를 만들기 위해 사이드바에서 'Explore GPTs'를 클릭한 다음, 화면의 오른쪽 상단에서 '+ Create' 버튼을 클릭하세요. Name에 '구글 검색 GPT'라고 입력하고, Description은 '구글 검색 엔진을 사용하는 GPT'라고 넣어주세요.

2. GPTs와 SerpAPI 연동하기

다음 코드 블록이 SerpAPI를 호출하여 구글 검색 엔진을 GPT와 연결해주는 전체 Schema 코드입니다. 'Create new action' 버튼을 클릭하고 Schema 입력란에 아래 코드를 입력합니다.

```
{
  "openapi": "3.1.0",
  "info": {
    "title": "Google Search API",
    "description": "API for searching Google using specific queries.",
    "version": "v1.0.0"
  },
  "servers": [
    {
      "url": "https://serpapi.com"
    }
  ],
  "paths": {
    "/search": {
      "get": {
        "summary": "Search Google",
        "operationId": "searchEngine",
        "description": "Retrieves search results from Google for a given query.",
```

```
      "parameters": [
        {
          "name": "engine",
          "in": "query",
          "description": "Search engine to use, set to 'google'.",
          "required": true,
          "schema": {
            "type": "string",
            "enum": ["google"]
          }
        },
        {
          "name": "q",
          "in": "query",
          "description": "Query to search for on Google.",
          "required": true,
          "schema": {
            "type": "string"
          }
        },
        {
          "name": "api_key",
          "in": "query",
          "required": true,
          "schema": {
            "type": "string",
            "enum": [
              "내 SerpAPI API key 넣어주기"
            ]
          }
        }
      ],
      "responses": {
        "200": {
          "description": "Successful response with search results.",
          "content": {
            "application/json": {
              "schema": {
```

```
                    "type": "object",
                    "properties": {
                      "results": {
                        "type": "array",
                        "items": {
                          "type": "object"
                        }
                      }
                    }
                  }
                }
              }
            }
          }
        }
      }
    }
  }
}
```

코드의 각 부분을 뜯어서 설명하겠습니다.

```
"openapi": "3.1.0",
"info": {
  "title": "Google Search API",
  "description": "API for searching Google using specific queries.",
  "version": "v1.0.0"
},
```

- `"openapi": "3.1.0"`: 이것은 사용되는 OpenAPI 사양의 버전입니다. 여기서는 버전 3.1.0을 사용하고 있습니다.

- `"info"`: 이 부분은 API에 대한 기본 정보를 제공합니다.

  - `"title": "Google Search API"`: API의 이름입니다.

  - `"description": "API for searching Google using specific queries."`: API의 기능에 대한 간단한 설명입니다. 이 경우, 특정 검색어를 사용해 Google에서 검색하는 기능을 제공한다고 설명해놨습니다.

  - `"version": "v1.0.0"`: API의 버전입니다.

```
  "servers": [
    {
      "url": "https://serpapi.com"
    }
  ],
```

- "servers": 이 API가 호스팅되는 서버의 URL을 나타냅니다.

  - "url": "https://serpapi.com": 이 API는 serpapi.com 웹사이트의 서버를 호출한다는 것을 의미합니다.

```
"paths": {
  "/search": {
    "get": {
      "summary": "Search Google",
      "operationId": "searchEngine",
      "description": "Retrieves search results from Google for a given query.",
      "parameters": [
        {
          "name": "engine",
          "in": "query",
          "description": "Search engine to use, set to 'google'.",
          "required": true,
          "schema": {
            "type": "string",
            "enum": ["google"]
          }
        },
        {
          "name": "q",
          "in": "query",
          "description": "Query to search for on Google.",
          "required": true,
          "schema": {
            "type": "string"
          }
        },
        {
```

```
              "name": "api_key",
              "in": "query",
              "required": true,
              "schema": {
                "type": "string",
                "enum": [
                  "내 SerpAPI API key 넣어주기"
                ]
              }
            }
          ],
          "responses": {
            "200": {
              "description": "Successful response with search results.",
              "content": {
                "application/json": {
                  "schema": {
                    "type": "object",
                    "properties": {
                      "results": {
                        "type": "array",
                        "items": {
                          "type": "object"
                        }
                      }
                    }
                  }
                }
              }
            }
          }
        }
      }
    }
  }
}
```

- **"paths"**: 이것은 API의 경로를 정의하는 곳입니다. 경로는 API의 구체적인 기능을 나타냅니다.

  - **"/search"**: 이전 파트에서 봤던 cURL 코드에서 요청을 보내는 웹 주소가 'https://serpapi.com/search'였는데, 'serpapi.com' 뒷부분의 '/search' 경로 정보가 들어가는 것입니다.

- "get": 이는 HTTP GET 메소드를 사용함을 의미합니다. GET 메소드는 정보를 검색해서 불러올 때 사용됩니다.
  - "summary"와 "description": 해당 API 기능의 요약과 설명을 제공합니다.
  - "operationId": 해당 액션의 이름을 뜻합니다. GPTs에서 SerpAPI를 호출할 때마다 searchEngine이라는 이름의 액션을 사용하게 됩니다.
  - "parameters": API 사용 시 필요한 파라미터, 즉 지시 사항들을 명시합니다. 호출할 때 필요한 필수 정보를 여기에 포함시키는 것입니다. 파라미터 안에 큰 대괄호로 총 세 개의 정보가 포함돼 있습니다. 'engine'은 검색 엔진을, 'q'는 검색어를, 'api_key'는 비밀번호를 의미합니다.
  - "responses": API 응답에 대한 정보를 받아오는 것입니다. 여기서는 성공적인 응답이 반환될 때의 구조를 설명합니다. "200"은 HTTP 상태 코드로, 성공적인 응답을 의미합니다. 결과값은 JSON 형태로 출력되고 GPTs는 이를 받아와서 알아서 분석 및 이해를 합니다. 만약 프롬프트를 더 구체적으로 짜주면 사용자가 원하는 데이터만 추출해올 수 있도록 유도할 수 있습니다.

파라미터 부분에 대해 더 자세히 설명하겠습니다. 각 필수 정보마다 name, in, description, required, schema가 있습니다. 이 부분들이 위에서 cURL 구조를 살펴봤을 때 필수로 제공해야 하는 정보들을 OpenAI가 알아들을 수 있도록 스키마 형태로 바꿔준 부분입니다.

```
curl --get https://serpapi.com/search \
 -d engine="google" \
 -d q="Coffee" \
 -d api_key="내 SerpAPI API key 넣어주기"
```

cURL 예시를 다시 살펴보면, -d 뒤에 engine, q, api_key 정보들을 포함해서 호출하고 있습니다. 이를 스키마로 변환해주면 다음과 같은 형태가 됩니다.

```
"parameters": [
  {
    "name": "engine",
    "in": "query",
    "description": "Search engine to use, set to 'google'.",
    "required": true,
    "schema": {
```

```
          "type": "string",
          "enum": ["google"]
        }
      },
      {
        "name": "q",
        "in": "query",
        "description": "Query to search for on Google.",
        "required": true,
        "schema": {
          "type": "string"
        }
      },
      {
        "name": "api_key",
        "in": "query",
        "required": true,
        "schema": {
          "type": "string",
          "enum": [
            "내 SerpAPI API key 넣어주기"
          ]
        }
      }
    ]
```

- "name" 부분에는 cURL 예시에서 사용된 것처럼 꼭 똑같은 이름을 넣어줘야 합니다. 즉 "name": "engine", "name": "q", "name": "api_key"이 되는 것이죠. 구글 검색 엔진이 아닌 다른 검색 엔진을 사용할 때 요구되는 파라미터 값들의 이름들이 다르기 때문에 꼭 SerpAPI 문서에 나와 있는 대로 이름을 입력해야 합니다.

- "description" 부분에는 해당 파라미터에 대한 설명을 적어줍니다.

- "required"는 이 파라미터가 필수적으로 포함되어야 하는지 true 또는 false로 나타내줍니다. 만약 필수 파라미터 값이 아닌 다른 옵션들을 추가하고 싶다면 이 부분을 false로 해주면 됩니다.

- "schema" 부분에는 이 파라미터의 유형이 어떤 것인지 알려주고, 추가로 더 필요한 정보가 있다면 포함해줍니다. 예를 들어, cURL에서 engine="google"은 engine이라는 파라미터 값에 google을 넣어서 구글 검색 엔진을 사용하겠다고 알려주는 것입니다. 이를 schema에서 표현하려면 가장 먼저 "type":

"string"에서 데이터의 유형이 string(문자열)임을 알려주고, 그 뒤에 "enum": ["google"]을 통해 구글 검색 엔진을 사용하겠다고 알려줍니다. 마찬가지로 api_key 파라미터 값에는 자신의 SerpAPI 비밀번호 정보도 꼭 함께 요청해야 하기 때문에 먼저 "type": "string"를 입력하고 "enum": ["내 SerpAPI API key 넣어주기"]에서 따옴표 사이에 자신의 비밀번호를 넣어줍니다. SerpAPI API key는 SerpAPI 웹사이트 대시보드에서 "Your Private API Key"에 있는 숫자와 알파벳의 조합인 문자열입니다.

처음에 이 스키마의 전체를 이해하는데 복잡하고 어렵게 느낄 수도 있지만, 앞으로의 실습에서 모두 이 구조를 따라갈 것이기 때문에 초반에만 이해하면 됩니다. 구글 검색 엔진이 아닌 다른 검색 엔진을 사용한다면 이 스키마의 이름과 파라미터 값들만 바꿔주면 됩니다.

이제 이 스키마를 복사해서 GPTs Action 부분에서 Schema에 붙여넣어주세요. 붙여넣기 전에 꼭 자신의 SerpAPI 비밀번호를 넣어주세요. 그럼 자동으로 Available actions라는 곳에 우리가 지정한 이름의 액션인 searchEngine을 테스트할 수 있게 나옵니다. 'Test' 버튼을 클릭해서 제대로 구글 검색 엔진을 사용하는지 확인해보겠습니다.

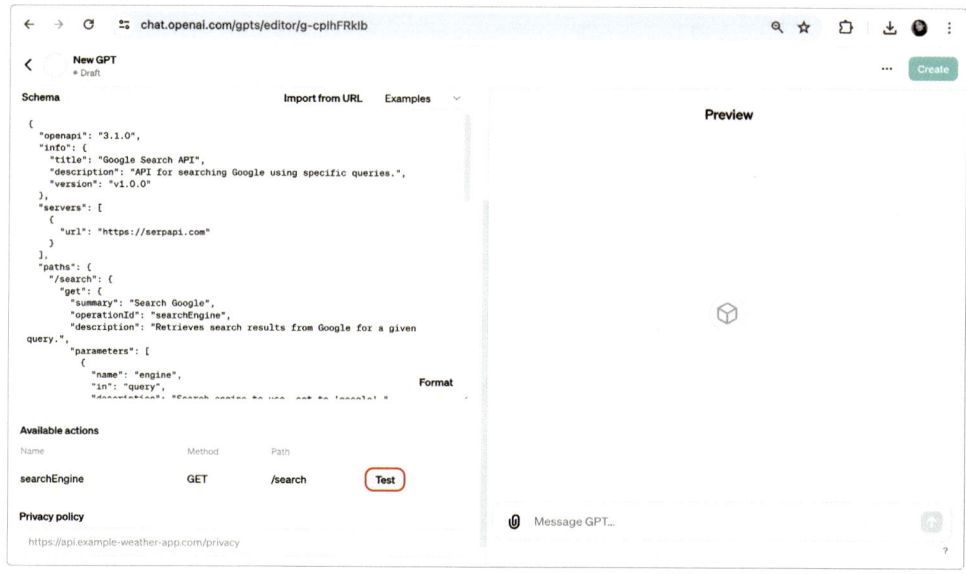

'Test' 버튼을 클릭하면 오른쪽 창에서 액션이 잘 되는지 테스트를 합니다. 가장 먼저 serpapi.com이라는 웹사이트에 GPT가 정보를 보내도 되는지 허용해야 합니다. 'Allow' 버튼이 허용해준다는 의미이고, 만약 앞으로 모든 정보 제공을 허용하고 싶다면 'Always Allow(항상 허용)' 버튼을 클릭하세요.

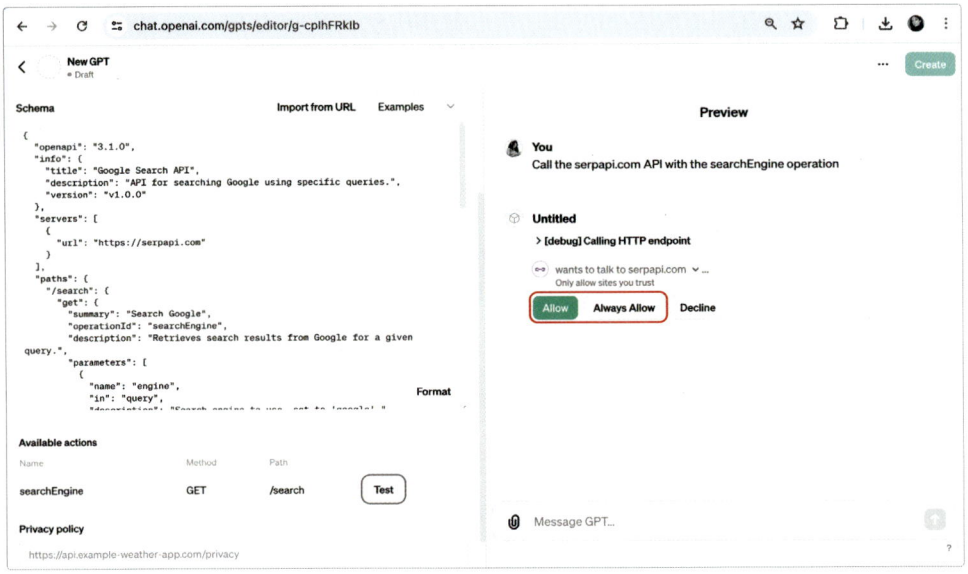

그럼 GPTs가 액션을 실행해서 SerpAPI를 호출한 다음 결과값을 받아옵니다. 예시 검색어를 호출했을 때의 결과값이 나옵니다. 이 예시는 최신 테크 뉴스와 관련된 몇 가지 뉴스 플랫폼들의 이름, 설명, 그리고 웹사이트 주소까지 알려주고 있네요. 파란색으로 되어 있는 링크까지 클릭하면 해당 뉴스 플랫폼으로 넘어가게 됩니다.

이로써 구글 검색 엔진이 GPTs 내에서 제대로 호출되고 있는 것을 확인했습니다.

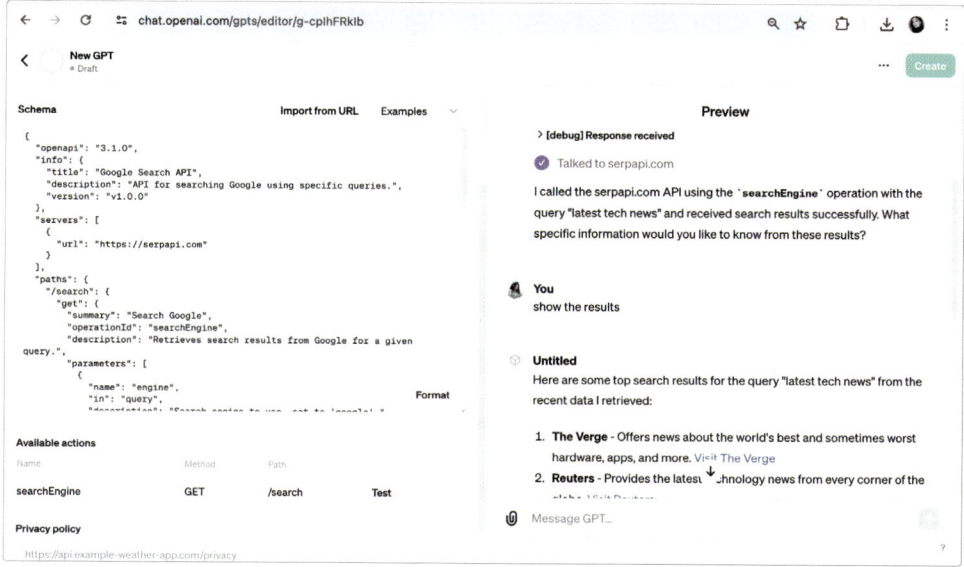

3. 프롬프트 작성하기

단순히 구글 검색 엔진을 GPTs와 연동해서 마이크로소프트 Bing 검색 엔진이 아닌 구글 검색 결과물을 사용하고 싶다면, 굳이 따로 프롬프트를 작성할 필요가 없습니다. 하지만 만약 특정 검색 결과물만 추출해서 사용하고 싶거나 원하는 답변의 형식이 정해져 있다면 프롬프트를 작성해주는 것이 좋습니다.

이번 예시로는 간단하게 구글을 활용한 시장 조사 리서치를 대신 해주는 GPTs를 만들어보겠습니다.

 너는 시장 조사를 대신 해주는 리서치 GPT야. 다음 단계를 통해 시장 조사를 도와줘.
1. 시장 조사를 시작하기 전에 먼저 사용자에게 구체적으로 어떤 분야, 어느 나라 시장 조사를 하고 싶은지 물어봐줘.
2. 그다음 사용자의 정보를 토대로 SerpAPI를 호출하여 구글 검색을 통해 사용자가 필요한 시장 조사 정보를 검색해서 요약해줘.
3. 시장 조사 결과를 테이블로 나타내줘. 예를 들어, 만약 사용자가 "생성 AI 스타트업 시장조사해줘."라고 하면 스타트업의 이름, 직원 수, 투자 받은 금액, 회사가 제공하고 있는 서비스에 대한 설명을 테이블로 만들어줘.

정말 간단하게만 프롬프트를 작성했어요. 첫 번째 문장에는 GPT의 역할을 알려줬습니다. 그다음에는 단계별로 GPT가 생각하며 조사를 할 수 있도록 리스트 형태로 지시를 알려주었습니다. 조금 더 자세한 사항을 검색하게 하고 싶으면 프롬프트를 수정하면서 테스트해보고 업데이트해주면 됩니다.

이 프롬프트를 복사해서 Configure 섹션의 Instructions에 붙여넣어주세요.

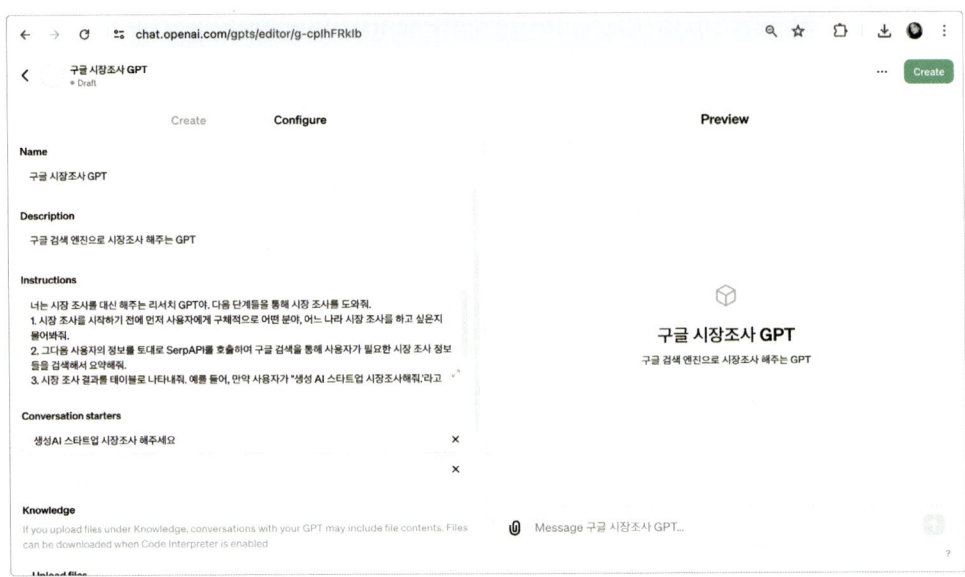

추가적으로 Capabilities 섹션에서 Web Browsing(웹 검색) 기능을 꺼주세요. 만약 꺼주지 않는다면 Bing 검색 엔진을 사용하여 원하지 않는 검색 엔진의 결과물을 가져옵니다.

4. 테스트 및 배포하기

작성한 프롬프트를 토대로 테스트를 해보겠습니다. '한국의 생성 AI 스타트업 시장 조사 해줘'라고 요청하면 serpapi.com 웹사이트를 호출하여 구글에 해당 검색어를 대신 검색해줍니다. 그 후 실제로 한국의 생성 AI 스타트업 회사의 이름, 투자 단계, 대표자 이름, 그리고 회사가 제공하는 서비스에 대한 간단한 설명을 요약해서 불러와줍니다. 프롬프트에서 작성한 대로 이 정보를 한눈에 보기 쉽게 테이블로 만들어줬습니다. 만약 각 회사별로 어떤 서비스가 있는지 더 자세한 정보를 원한다면 GPT에게 다시 요청할 수 있겠죠?

CHAPTER 03 _ 다양한 검색 엔진을 GPTs와 연동하기

이로써 테스트는 끝났습니다. 다만 만약 이 앱을 공개로 저장해서 GPTs Store에 배포하고 싶다면 한 가지 추가적으로 설정해야 하는 것이 있습니다. 만약 지금 바로 'Create' 버튼을 클릭해서 Anyone with the link 혹은 Publish to GPT Store으로 공개 전환하고 싶다면 빨간색 경고문이 나타나며 저장할 수 없게 합니다.

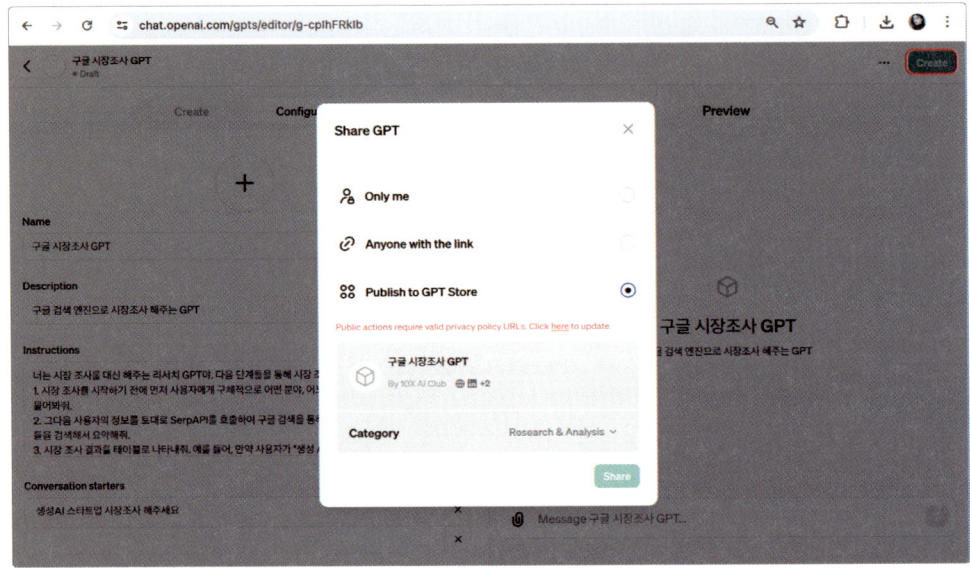

그 이유에는 Actions를 연동할 때 Privacy policy라는 개인정보처리방침 링크를 설정해주지 않았기 때문입니다. Zapier를 연동할 때에는 이 부분도 Zapier가 알아서 채워줬지만, SerpAPI는 직접 스키마를 작성해서 넣어주는 것이기 때문에 이 부분도 직접 설정해야 합니다.

Privacy policy가 필요한 이유는 GPTs 내에서 개인정보가 포함된 정보를 외부로 보내기 때문입니다. 그래서 이 정보를 어떻게 사용할 것인지, 연동한 외부 웹사이트가 신뢰할 만한 웹사이트인지에 대해 설명해야 합니다. 보통 이 부분은 OpenAI의 Privacy policy 링크를 넣어줍니다.

- [링크] https://openai.com/ko/policies/privacy-policy

Privacy policy 밑의 빈칸에 위 링크를 복사해서 붙여넣어주세요. 완료를 했다면 이제 공개로 앱을 저장해서 배포할 수 있습니다.

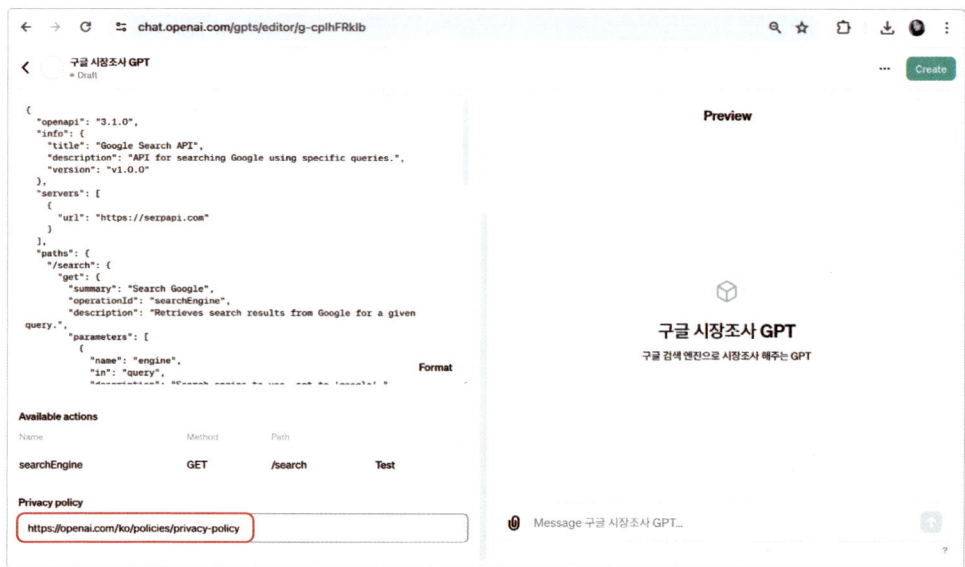

이로써 가장 기본적인 사례인 구글 검색 엔진을 연동한 GPTs를 만들어봤습니다. 앞으로는 구글에서 제공하는 여러 가지 다양한 검색 엔진뿐만 아니라 네이버, 유튜브 검색 엔진을 사용하여 Zapier와 비슷하게 여러 업무 자동화 툴을 만들어볼 것입니다.

입사 지원서 자동화

구글에서는 기본적인 검색 엔진 외에도 Google Shopping(구글 쇼핑), Google Jobs(구글 채용 검색 엔진), Google Maps(구글 지도), Google Finance(구글 주식 정보) 등 여러 가지 서비스를 제공하고 있습니다. 이번 파트에서는 Google Jobs 검색 엔진을 사용하여 단계별로 다음 기능들을 할 수 있는 GPTs를 만들어볼 것입니다.

- 사용자가 GPTs에 자신의 이력서를 업로드
- 이력서 내용들을 바탕으로 사용자에게 맞는 관련 채용 정보를 찾아줌
- 지원서 내용까지 대신 작성해줌

1. GPTs Name, Description 설정하기

새로운 GPTs를 만들기 위해 사이드바에서 'Explore GPTs'를 클릭한 다음, 화면의 오른쪽 상단에서 '+ Create' 버튼을 클릭하세요. Name에 '구인구직 자동화'라고 입력하고, Description은 '내 이력서를 바탕으로 관련 채용 정보를 대신 찾아주고 지원서까지 작성해주는 GPT'라고 넣어주세요.

2. GPTs와 SerpAPI 연동하기

Action에 넣어줄 Schema 코드를 작성하기 전, 가장 먼저 SerpAPI 웹사이트에서 Google Jobs를 호출하는 방법에 대해 설명한 문서를 보겠습니다. Google Jobs를 호출할 때 사용하는 cURL 코드 형식이 어떻게 구성되어 있는지 알아야 OpenAI가 원하는 형식의 스키마 코드로 변환해줄 수 있습니다.

SerpAPI 웹사이트의 사이드바에서 Google Jobs API를 선택하세요. 이전과 마찬가지로 Google Jobs 검색 엔진을 호출할 때 필수적으로 같이 보내야 하는 정보가 있습니다. 다음 문서를 보면 파라미터 값들 중에서 빨간색 'Required' 레이블이 되어 있는 것들이 있습니다. q(검색어), engine(검색 엔진), api_key(비밀번호) 값들입니다. 이는 이전에 구글 검색 엔진을 호출할 때와 똑같은 파라미터 값들이죠.

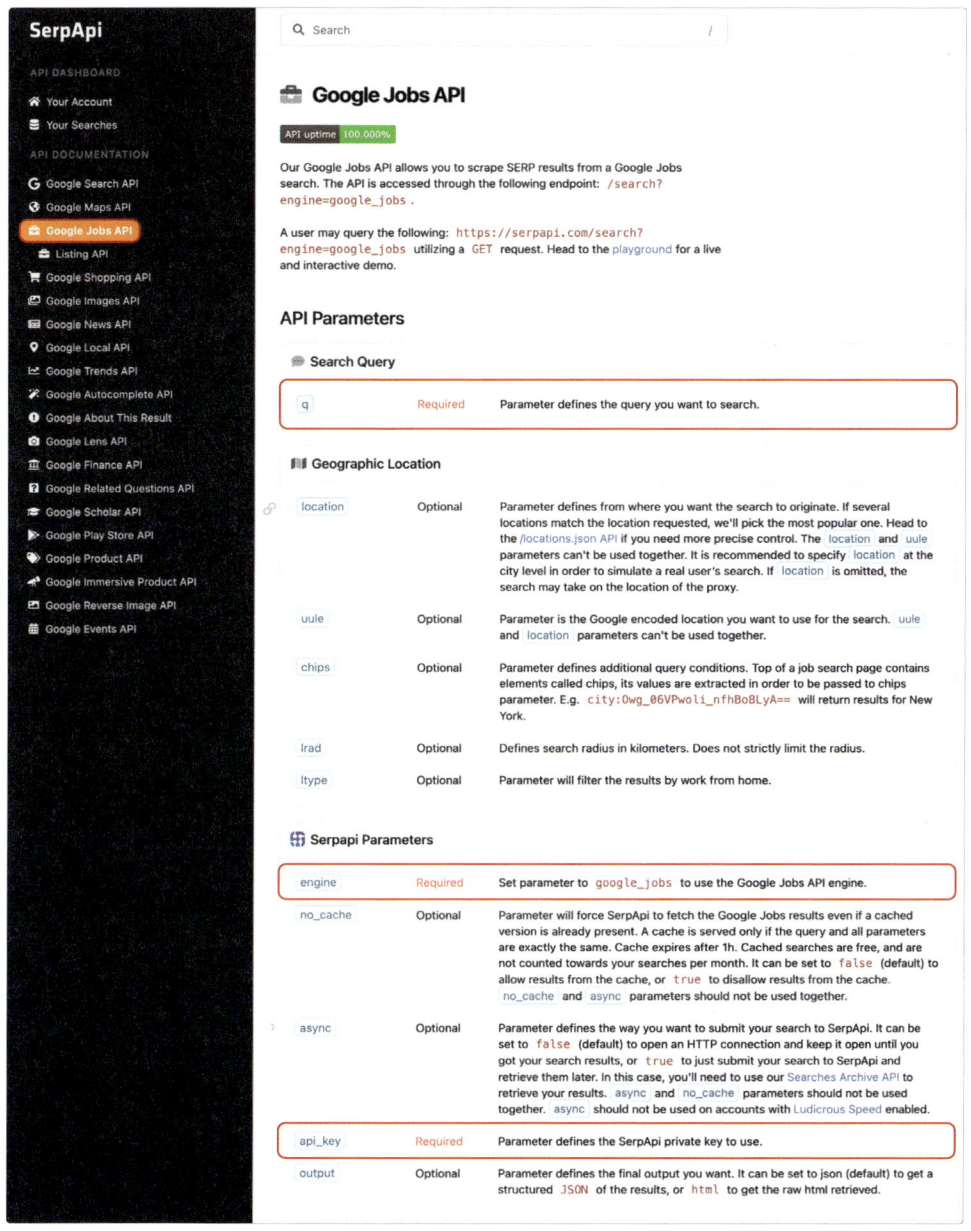

이제 실제 cURL 코드 구조를 살펴보겠습니다. 밑으로 조금 내려가면 다음과 같이 코드를 확인할 수 있습니다.

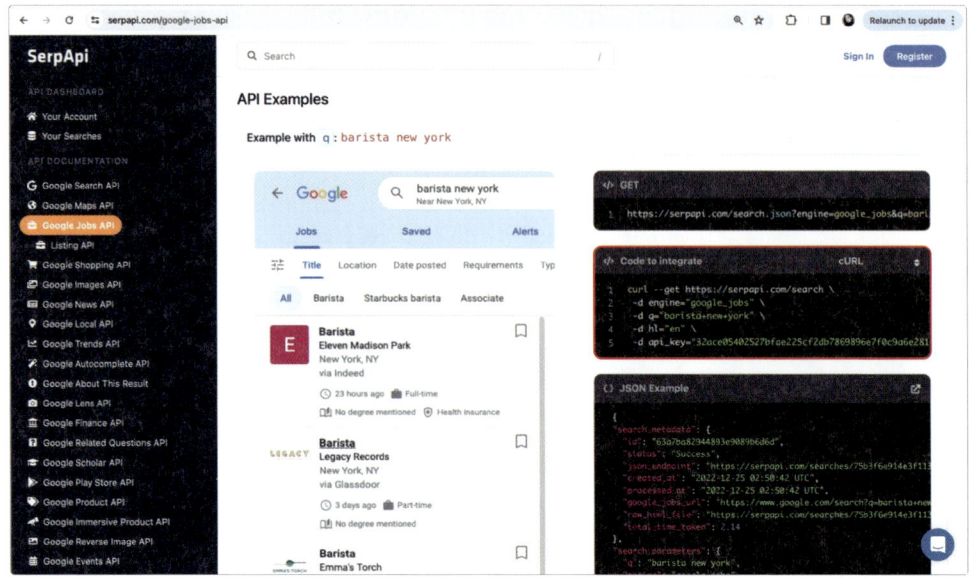

```
curl --get https://serpapi.com/search \
 -d engine="google_jobs" \
 -d q="barista+new+york" \
 -d hl="en" \
 -d api_key="내 SerpAPI API key 넣어주기"
```

앞에서 살펴봤던 cURL 코드 구조와 거의 비슷하기 때문에 간단하게만 설명하겠습니다.

- --get 부분과 호출하는 서버의 url 링크는 똑같습니다.

- 다만 달라진 부분으로 engine이라는 파라미터 값에 "google" 대신 "google_jobs"가 저장되어 있습니다. 이는 Google Jobs(구글 채용 검색 엔진)를 사용하겠다는 뜻입니다.

- q 파라미터는 검색어를 의미하고, 지금은 예시 검색어 값을 저장했습니다. '뉴욕 바리스타' 직업들을 찾겠다고 요청하고 있네요.

- 한 가지 추가된 파라미터는 hl입니다. hl 파라미터에 대한 설명은 SerpAPI 문서에서 스크롤을 내리면 보입니다. hl은 검색할 때 사용할 언어입니다. 만약 영어로 검색하고 싶으면 "en", 그리고 한국어로 검색하고 싶으면 "ko"로 지정해주면 됩니다.

- 마지막으로 api_key는 SerpAPI의 비밀번호 값입니다.

즉 만약 한국 내에서 개발자 구인구직 정보를 찾고 싶다면 다음과 같이 호출할 수 있습니다.

```
curl --get https://serpapi.com/search \
 -d engine="google_jobs" \
 -d q="개발자+대한민국" \
 -d hl="ko" \
 -d api_key="내 SerpAPI API key 넣어주기"
```

cURL 코드 구조를 바탕으로 이제 OpenAI에서 이해할 수 있는 Schema 형태로 변환해주겠습니다.

```
{
  "openapi": "3.1.0",
  "info": {
    "title": "Google Jobs API",
    "description": "API for searching Google Jobs using specific queries.",
    "version": "v1.0.0"
  },
  "servers": [
    {
      "url": "https://serpapi.com"
    }
  ],
  "paths": {
    "/search": {
      "get": {
        "summary": "Search Google Jobs",
        "operationId": "searchJobs",
        "description": "Retrieves search results from Google Jobs for a given query.",
        "parameters": [
          {
            "name": "engine",
            "in": "query",
            "description": "Search engine to use, set to 'google_jobs'.",
            "required": true,
            "schema": {
```

```
          "type": "string",
          "enum": [
            "google_jobs"
          ]
        }
      },
      {
        "name": "q",
        "in": "query",
        "description": "Query to search for on Google Jobs.",
        "required": true,
        "schema": {
          "type": "string"
        }
      },
      {
        "name": "hl",
        "in": "query",
        "description": "Query to search for on Google Jobs.",
        "required": false,
        "schema": {
          "type": "string",
          "enum": [
            "ko"
          ]
        }
      },
      {
        "name": "api_key",
        "in": "query",
        "required": true,
        "schema": {
          "type": "string",
          "enum": [
            "내 SerpAPI API key 넣어주기"
          ]
        }
      }
```

```
                ],
                "responses": {
                    "200": {
                        "description": "Successful response with search results.",
                        "content": {
                            "application/json": {
                                "schema": {
                                    "type": "object",
                                    "properties": {
                                        "results": {
                                            "type": "array",
                                            "items": {
                                                "type": "object"
                                            }
                                        }
                                    }
                                }
                            }
                        }
                    }
                }
              }
            }
          }
        }
```

가장 기본적으로 바꿔주어야 하는 부분들은 액션의 이름과 설명입니다. `info` 부분의 `title`과 `description`에 Google Jobs 검색 엔진을 사용하겠다고 알려주었고, 그 밑으로 `summary`, `operationId`, `description` 부분도 해당 검색 엔진에 맞게 설명을 수정했습니다. 마지막으로 각 파라미터 값에서 `description` 부분도 업데이트했습니다.

두 번째로 수정해야 하는 부분은 파라미터 값들입니다. 이제는 기본 구글 검색 엔진이 아닌, Google Jobs 검색 엔진을 사용할 것이기 때문에 cURL에서 `engine="google_jobs"`로 설정했던 것처럼 Schema 코드에서도 업데이트해야 합니다. `description` 부분에서 검색 엔진을 `google_jobs` 엔진으로 설정해주었고, 마찬가지로 `schema` 부분의 `enum` 값에도

google_jobs로 바꾸어서 넣어주었습니다. 이렇게 설정해야 구글 검색 엔진 서비스 중에서 채용 정보만 따로 수집해서 보여주는 검색 엔진을 사용하겠다고 GPT가 이해합니다.

```
{
  "name": "engine",
  "in": "query",
  "description": "Search engine to use, set to 'google_jobs'.",
  "required": true,
  "schema": {
    "type": "string",
    "enum": ["google_jobs"]
  }
},
```

마지막으로 추가해야 하는 부분은 cURL 코드에서 새로 추가된 파라미터 값인 hl="ko"입니다. 이 파라미터를 추가하기 위해서는 다른 파라미터들과 같은 구조로 코드를 작성합니다. 가장 먼저 name에는 cURL에서 호출할 때 똑같은 이름인 "hl"로 설정해야 합니다. description 부분은 같고, required 부분은 해당 파라미터가 필수로 요구되는지 설정하는 곳입니다. "hl"은 필수 파라미터 값이 아니기 때문에 false로 지정하겠습니다. 마지막으로 여러 언어 중에서 한국어를 사용할 것이기 때문에 "enum": ["ko"]로 설정해주세요.

```
{
  "name": "hl",
  "in": "query",
  "description": "Query to search for on Google Jobs.",
  "required": false,
  "schema": {
    "type": "string",
    "enum": [
      "ko"
    ]
  }
},
```

이제 전체 코드를 복사해서 Schema 부분에 붙여넣어주세요. Schema는 Configure 화면에서 Actions 아래에 있는 **'Create new action'** 버튼을 클릭하면 나옵니다. 붙여넣을 때 꼭 자신의 SerpAPI 비밀번호를 "`내 SerpAPI API key 넣어주기`" 부분의 따옴표 사이에 넣어주세요.

3. 프롬프트 작성하기

다음 단계로 해야 할 것은 더 구체적인 앱을 만들기 위한 프롬프트 작성입니다. 검색 엔진을 호출해서 가져온 채용 정보들을 어떻게 활용할지, 사용자에게 어떤 식으로 제공해 줄지 알려줘야 합니다. 일단은 가장 첫 번째로 사용자는 이 앱에게 자신의 이력서를 업로드할 것입니다. 이력서를 업로드하면 GPT는 이력서 내용을 읽어서 분석한 후, 관련된 채용 정보를 SerpAPI를 통해 검색할 것입니다. 사용자에게 제공할 수 있는 데이터는 두 가지가 있습니다. 첫 번째로는 관련된 채용 정보들을 요약해서 알려주는 것과, 두 번째로는 각 채용 정보에 알맞은 자기소개서를 작성해주는 것입니다. 자기소개서는 자신의 이력서 내용와 채용 정보에 포함된 직업의 자격 요건, 업무 역할 등의 정보를 활용해서 작성할 것입니다. 이 모든 단계를 이제 프롬프트로 구성해보겠습니다.

가장 먼저 프롬프트의 첫 번째 줄에는 GPT의 역할을 알려줘야 합니다. '너는 사용자의 이력서 내용을 바탕으로 관련 채용 정보들을 찾아주고, 자기소개서까지 작성해주는 GPT 야'라고 작성할 수 있겠죠?

그다음으로 사용자의 이력서 정보를 GPT가 어떻게 활용할지 알려줘야 합니다. 이 부분은 GPT가 동시에 해야 하는 기능들이 여러 가지이기 때문에 단계별로 알려주기 위해 리스트 형태, 혹은 순번으로 나열하겠습니다.

1. 사용자가 이력서를 업로드하면 이력서 내용과 관련된 채용 정보들을 SerpAPI 액션인 searchJobs를 통해 찾아줘.
2. 찾은 채용 정보를 나열해줘. 정보를 나열할 때에는 Job 이름, 설명, Qualifications(자격 요건), Responsibilities(업무 역할) 내용을 꼭 포함해서 알려줘.
3. 사용자가 그중에서 지원하고 싶은 채용 정보가 있는지 물어봐줘.
4. 선택을 하면 해당 채용 정보와 사용자의 이력서 내용을 바탕으로 자기소개서를 작성해줘.

이런 식으로 단계별로 해야 하는 작업을 요청할 수 있습니다. 마지막으로 추가할 수 있는 몇 가지 프롬프트 엔지니어링 문구는 '단계별로 천천히 생각하면서 대답을 해줘'입니다. 여러 복잡한 작업을 GPT에게 요청을 할 때 할루시네이션을 할 수 있는 확률이 높아집니다. GPT는 빠른 속도로 생각하면서 일을 처리하려는 경향이 있기 때문에 천천히 차근차근 대답하도록 유도하는 것입니다.

이 모든 내용을 프롬프트로 결합했을 때 다음과 같이 구성됩니다.

너는 사용자의 이력서 내용을 바탕으로 관련 채용 정보를 찾아주고, 자기소개서까지 작성해주는 GPT야.
1. 사용자가 이력서를 업로드하면 이력서 내용과 관련된 채용 정보를 SerpAPI 액션인 searchJobs를 통해 찾아줘.
2. 찾은 채용 정보를 나열해줘. 정보를 나열할 때에는 Job 이름, 설명, Qualifications(자격 요건), Responsibilities(업무 역할) 내용을 꼭 포함해서 알려줘.
3. 사용자가 그중에서 지원하고 싶은 채용 정보가 있는지 물어봐줘.
4. 선택을 하면 해당 채용 정보와 사용자의 이력서 내용을 바탕으로 자기소개서를 작성해줘.
단계별로 천천히 생각하면서 답변을 해줘.

이 프롬프트를 복사해서 Configure 섹션에서 Instructions 부분에 붙여넣어주세요.

마지막으로 테스트하기 전, 꼭 Google Jobs 검색 엔진만 사용할 수 있도록 Capabilities 섹션에서 Web Browsing 기능을 꺼주세요.

4. 테스트 및 배포하기

앱과 대화하기 위해 가장 먼저 예시 이력서 파일을 업로드합니다.

파일명: Resume.docx
이력서
개인 정보
이름: 홍길동
주소: 서울특별시 강남구 역삼동
연락처: 010-1234-5678

이메일: honggildong@example.com

생년월일: 1990년 1월 1일

학력

2020. 3 - 2024. 2 서울대학교, 컴퓨터공학과 학사

경력

2022. 6 - 2023. 8 ABC 기술 회사, 소프트웨어 엔지니어 인턴

기술 및 능력

- Python, Java, C++ 프로그래밍 언어 능숙

- 웹 개발: HTML, CSS, JavaScript, React

- 데이터베이스 관리: MySQL, MongoDB

- 통신 능력 및 팀워크

자격증 및 인증

2023. 5 정보처리기사

이 예시 이력서를 DOCX 파일, PDF 파일, 혹은 텍스트 파일로 저장한 다음 오른쪽 화면의 입력창에서 클립 이모티콘을 클릭해서 파일을 업로드해주세요. 문서가 업로드가 완료되면 '제 이력서 내용을 바탕으로 관련된 채용 정보를 찾아주세요'라고 요청합니다.

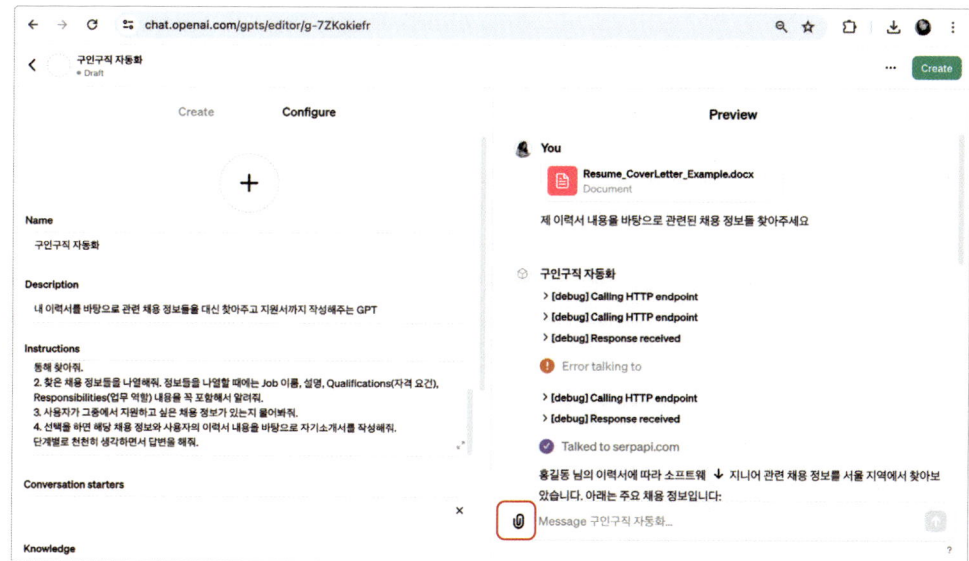

그럼 다음과 같이 SerpAPI의 웹사이트를 호출해서 Google Jobs 검색 엔진을 사용하여 관련 구인구직 정보를 가져옵니다.

1. 회사명: Sorcerics
   - 위치: 서울특별시
   - 직무 요약:
     - 소프트웨어 아키텍처 설계 및 개발
     - 하드웨어 엔지니어, 머신러닝 전문가와 협업
     - 프로젝트 요구 사항 파악 및 솔루션 제공
   - 자격 요건:
     - 컴퓨터 과학 학사 학위
     - Python, Java, C++ 등 프로그래밍 언어 능숙
     - AWS, Azure, Google Cloud 경험 우대
   - 책임:
     - 시스템 설계 및 아키텍처 개발
     - 다양한 분야의 전문가들과의 협력

2. 회사명: CLUMIO KOREA
   - 위치: 서울특별시
   - 직무 요약:
     - SaaS 플랫폼 개발 및 유지보수
     - 클라우드 환경에서 백업 서비스 구현
   - 자격 요건:
     - 컴퓨터 과학 강력한 배경 지식
     - 3년 이상의 관련 경력
     - 클라우드 서비스 운영 경험 및 Golang 개발 경험 우대
   - 책임:
     - 마이크로서비스 설계 및 구현
     - 데이터 백업 알고리즘 설계 및 최적화

이 채용 정보 중에서 관심 있으신 곳이 있으신가요? 선택하시면 해당 채용 정보를 기반으로 자기소개서를 작성해 드릴 수 있습니다.

프롬프트에 작성한 대로 각 직업의 이름, 설명, 업무, 자격 요건 등의 내용을 나열해주고 있습니다. 채용 링크도 같이 제공해주고 있네요. 또한 Google Jobs 검색 엔진을 호출할 때, "hl" 언어를 한국어로 설정해주었기 때문에 대한민국 내의 구인구직 정보를 불러왔습니다. 만약 영어로 설정하면 미국에 있는 채용 정보를 가져와주겠죠?

그다음으로 GPTs는 이 중에서 지원하고 싶은 채용 정보가 있는지 물어보겠습니다. '이 중에서 Sorcerics에 지원하고 싶어요. 자기소개서를 작성해줄 수 있나요?'라고 물어보면 이력서 내용과 채용 정보를 바탕으로 자기소개서를 대신 작성해주기 시작합니다.

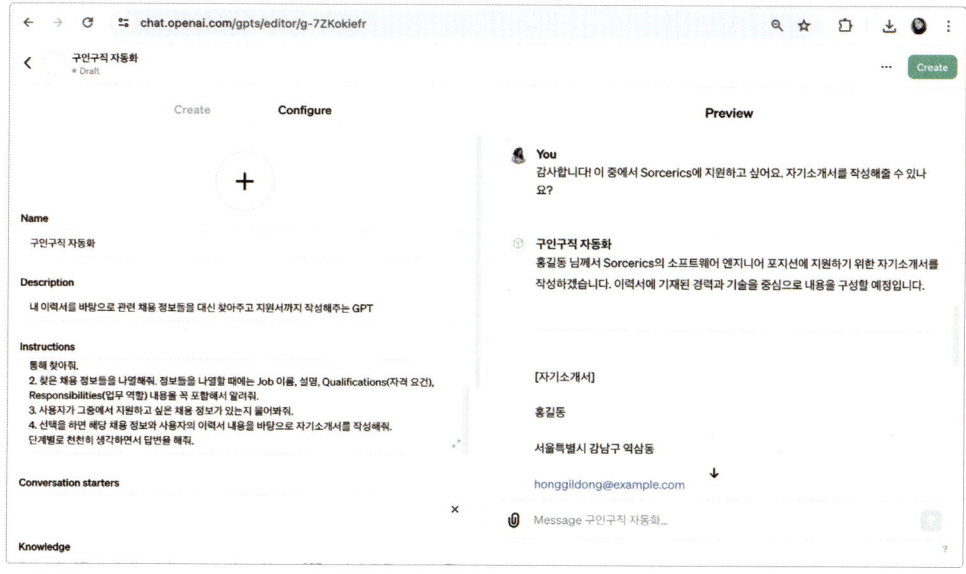

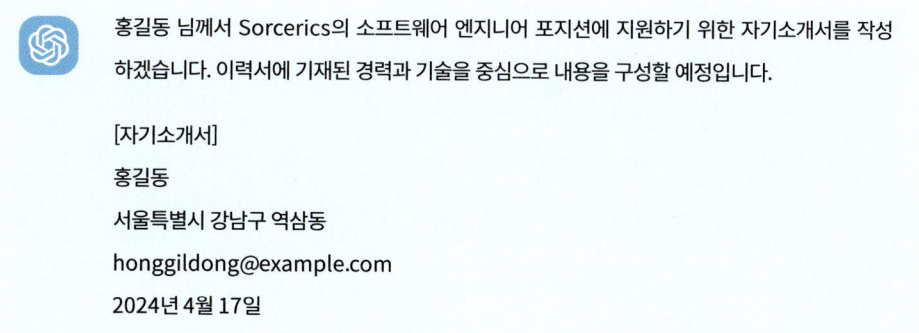

채용담당자님,

안녕하세요, 저는 서울대학교 컴퓨터공학과를 졸업하고, ABC 기술 회사에서 소프트웨어 엔지니어 인턴으로 근무한 경험이 있는 홍길동입니다. 최근 Sorcerics의 소프트웨어 엔지니어 직무 공고를 보고 귀사가 추구하는 기술 혁신과 창의적 문제 해결에 기여하고자 지원하게 되었습니다.

저는 Python, Java, C++ 언어에 능숙하며, 웹 개발, 데이터베이스 관리, 백엔드 개발 등 다양한 프로그래밍 분야에서 실력을 쌓아왔습니다. 특히 ABC 기술 회사에서는 대규모 데이터를 처리하는 클라우드 기반 시스템의 설계와 구축 프로젝트를 주도적으로 수행하며, 실시간 데이터 처리와 저장소 최적화를 담당했습니다. 이 경험은 저를 더욱더 효과적인 소프트웨어 아키텍트로 성장시켜 주었으며, Sorcerics의 기술 팀과 협력하여 더욱 혁신적인 프로젝트를 완성할 수 있게 할 것입니다.

또한, 다양한 팀 구성원들과 협력하여 프로젝트를 성공적으로 이끈 경험을 바탕으로, Sorcerics에서 요구하는 팀워크 및 커뮤니케이션 능력을 발휘할 자신이 있습니다. 팀 내에서의 협업을 통해 지식을 공유하고, 프로젝트 목표 달성을 위해 노력하는 과정에서 저는 끊임없이 배우고 발전하는 기회를 가질 수 있었습니다.

Sorcerics에서의 직무를 통해 제 기술적 능력을 한층 더 발전시키고, 귀사의 미래를 함께 만들어 나가는 일원이 되기를 희망합니다. 저의 열정과 경험이 Sorcerics의 더 큰 성장에 기여할 수 있도록 기회를 주신다면 감사하겠습니다.

면접 기회를 통해 제가 어떻게 귀사의 목표에 부합할 수 있는지 자세히 말씀드리고 싶습니다. 바쁘신 중에도 저의 자기소개서를 읽어주셔서 감사합니다. 기대를 가지고 긍정적인 답변을 기다리겠습니다.

감사합니다.
홍길동 드림

이 자기소개서 초안에 대해 추가하거나 수정하고 싶은 부분이 있으시면 알려주세요.

이 자기소개서는 처음에 업로드한 이력서의 경력과 기술을 바탕으로 작성되었습니다. 필요한 경우에는 개인적인 경험을 더하거나 수정하여 사용하면 됩니다. 그럼 이런 식으로 자기소개서를 완성합니다.

기존에는 나에게 맞는 채용 정보를 찾느라 여러 구인구직 웹사이트를 띄우며 하염없이 검색을 하고 자격 요건이 무엇인지, 해야 하는 업무가 무엇인지 일일이 확인해야 했습니다. 하지만 이제는 내 이력서를 업로드하기만 하면 인공지능이 내 경력과 연관성이 높은 채용 정보를 알아서 찾아주기 때문에 검색하는 데 소요하는 시간을 훨씬 단축할 수 있게 됐습니다.

또한 여러 회사를 동시에 지원할 때 각 회사에 맞는 자기소개서를 작성하느라 시간이 많이 걸렸을 것입니다. 이제는 GPT에게 나의 이력서 내용과 채용 공고에 나와 있는 정보를 바탕으로 알아서 자기소개서를 작성해달라고 할 수 있습니다. 만약 회사에 대해 더 자세한 정보를 알고 싶으면 GPT에게 이 회사에 대한 웹 검색을 해달라고도 요청할 수 있겠죠? 마찬가지로 마이크로소프트의 Bing 검색 엔진이 아닌 구글 검색 엔진을 사용해서 검색하고 싶다면 Schema 코드에서 검색 엔진 파라미터 값, `engine="google"`을 하나 더 추가해주면 됩니다. 한 개의 앱 내에서 여러 가지 검색 엔진을 사용하는 방법은 뒤에서 살펴보겠습니다.

네이버 뉴스 자동화

OpenAI의 GPT가 사전에 학습시킨 수많은 정보는 대부분 영어권 위주의 데이터입니다. 그렇기 때문에 GPT에게 한국어로 프롬프트를 요청하면 영어로 요청했을 때보다 이해력이 떨어지고 답변의 퀄리티가 낮을 때가 있습니다. 또한, 한국에게 특화된 정보가 학습되어 있지 않기 때문에 한국인이 원하는 결과를 못 받을 때가 많습니다. 예를 들어 한국 내의 실시간 인기 순위 뉴스가 어떤 것인지 확인하고 싶어도 GPT는 이 내용에 대한 지식이 없기 때문에 제대로 된 답변을 생성하지 않습니다.

이를 해결하고자 GPT에게 네이버 검색 엔진을 연동할 수 있습니다. 네이버에서도 여러 가지 검색 엔진 서비스를 제공하고 있어요. 네이버 광고, 이미지, 인물 정보, 뉴스, 영상 검색 엔진들이 포함돼 있습니다. 이번에는 네이버 검색 엔진은 어떻게 연동하는지, 그리고 네이버 뉴스 검색 엔진을 연동해서 가장 최신 뉴스를 GPT에게 불러오는 방법에 대해 살펴보겠습니다.

시작하기에 앞서, 네이버 자체에서도 개발자들을 위한 검색 API 서비스를 제공하고 있습니다. 네이버 로그인 API부터 블로그, 뉴스, 백과사전 등의 검색 엔진 API들을 제공합니다. 다만 이번 파트에서 SerpAPI를 사용하는 이유가 따로 있습니다. 네이버 자체 API를 사용하기 위해서는 두 가지 비밀번호 키(X-Naver-Client-Id, X-Naver-Client-Secret)가 필요한데 GPTs 내에서는 한 개의 API 키만을 저장할 수 있어서 두 가지를 호출하기가 어렵습니다. 그래서 한 개의 비밀번호만 요구되는 SerpAPI 서버를 호출해서 간단하게 네이버를 연동해보겠습니다.

1. GPTs Name, Description 설정하기

새로운 GPTs를 만들기 위해 사이드바에서 'Explore GPTs'를 클릭한 다음, 화면의 오른쪽 상단에서 '+ Create' 버튼을 클릭하세요. Name에 '네이버 뉴스 자동화'라고 입력하고, Description은 '최신 네이버 뉴스를 요약해주는 GPT'라고 넣어주세요.

2. GPTs와 SerpAPI 연동하기

이번에는 구글 검색 엔진이 아닌 네이버 검색 엔진을 연동할 것이기 때문에 사용되는 파라미터 값이 다릅니다. 먼저 SerpAPI 웹사이트의 사이드바에서 Naver Search API를 선택하세요. 사이드바에서 Naver Search API 아래를 보면 Ad Results(광고 결과), Images(이미지), Knowledge graph(인물 정보), News Results(뉴스 결과) 등 다양한 검색 서비스에 대한 문서가 있습니다.

일단은 기본적인 네이버 검색 엔진을 연동하기 위해 필요한 필수 파라미터 값들이 어떤 것들인지 확인해보겠습니다. 다음 화면을 보면 API Parameters 중에 빨간색으로 표시된 'Required'가 필수 요청 사항입니다. 검색어(query), 검색 엔진(engine), 비밀번호(api_key) 값이죠. 다만 한 가지 달라진 건 검색어 파라미터의 이름입니다. 구글 검색 엔진을 사용할 때 검색어 파라미터 값의 이름이 q였다면, 네이버 검색 엔진을 호출할 때에는 query입니다. Schema 코드를 짤 때 꼭 파라미터 이름들이 SerpAPI에서 쓰는 이름들과 같도록 해야 합니다.

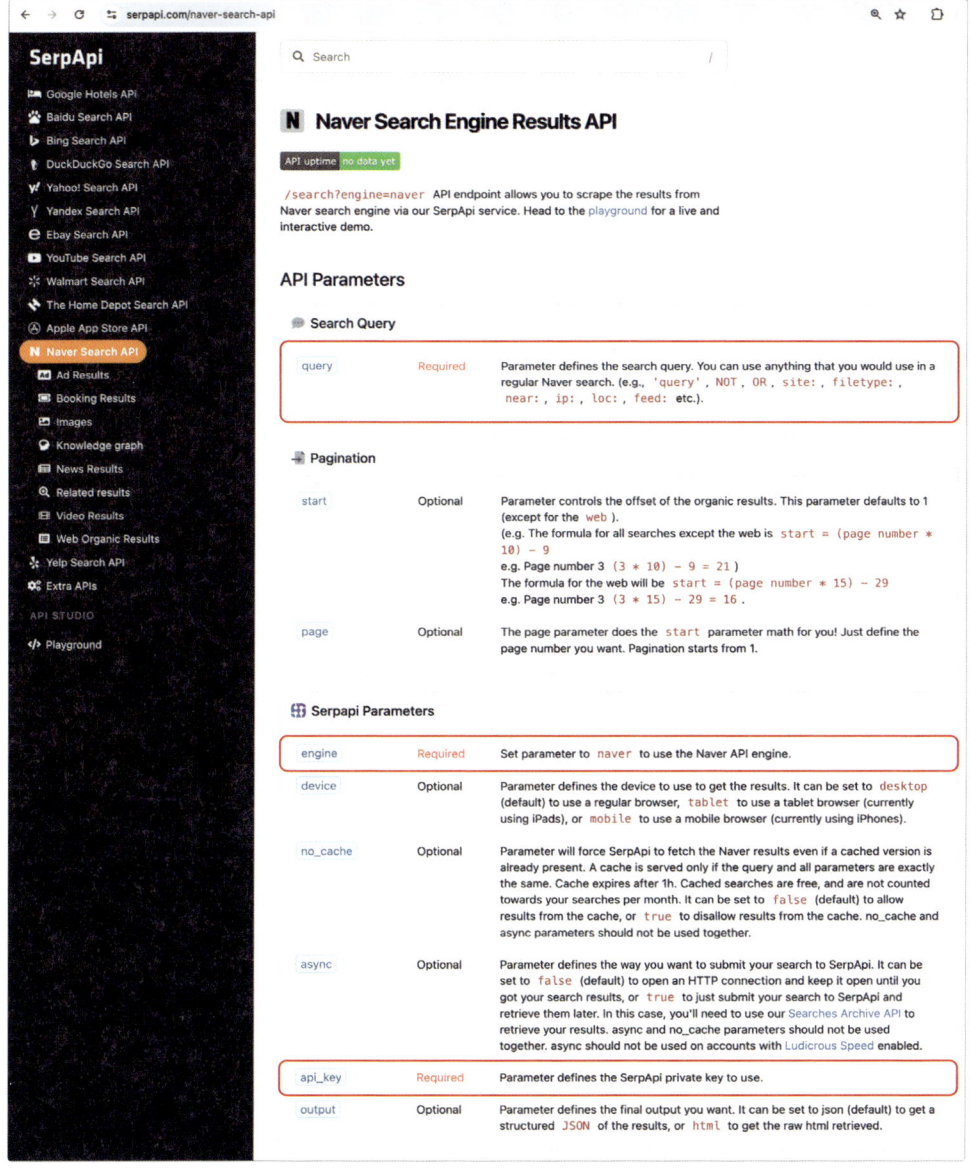

이 세 가지 필수 파라미터가 포함된 호출을 어떻게 하는지 cURL 코드를 통해 알아보겠습니다.

```
curl --get https://serpapi.com/search \
  -d engine="naver" \
```

```
-d query="paris" \
-d api_key="내 SerpAPI API key 넣어주기"
```

구글 검색 엔진을 호출할 때의 구조와 거의 비슷하지만, 검색어 파라미터의 이름이 q에서 query로 바뀌었습니다.

이제 이 정보를 토대로 OpenAI의 Schema 코드를 짜면 이런 식으로 구성됩니다.

```
{
  "openapi": "3.1.0",
  "info": {
    "title": "Naver API",
    "description": "API for searching Naver using specific queries.",
    "version": "v1.0.0"
  },
  "servers": [
    {
      "url": "https://serpapi.com"
    }
  ],
  "paths": {
    "/search": {
      "get": {
        "summary": "Search Naver",
        "operationId": "searchNaver",
        "description": "Retrieves search results from Naver for a given query.",
        "parameters": [
          {
            "name": "engine",
            "in": "query",
            "description": "Search engine to use, set to 'naver'.",
            "required": true,
            "schema": {
              "type": "string",
              "enum": [
                "naver"
              ]
```

```json
          }
        },
        {
          "name": "query",
          "in": "query",
          "description": "Query to search for on Naver.",
          "required": true,
          "schema": {
            "type": "string"
          }
        },
        {
          "name": "api_key",
          "in": "query",
          "required": true,
          "schema": {
            "type": "string",
            "enum": [
              "내 SerpAPI API key 넣어주기"
            ]
          }
        }
      ],
      "responses": {
        "200": {
          "description": "Successful response with search results.",
          "content": {
            "application/json": {
              "schema": {
                "type": "object",
                "properties": {
                  "results": {
                    "type": "array",
                    "items": {
                      "type": "object"
                    }
                  }
                }
```

```
                }
               }
              }
             }
            }
           }
          }
         }
        }
       }
      }
}
```

이 액션을 설명해주는 title(제목)과 description(설명) 부분을 모두 네이버 검색 엔진이 들어가도록 수정해주었고, 검색어 파라미터의 이름을 이젠 q가 아닌 query로 설정해주었습니다. 이 코드를 Schema에 넣으면 기본 네이버 검색 엔진이 탑재되는 것입니다.

하지만 만약 조금 더 구체적인 네이버 뉴스 결과물만 받아오고 싶다면 어떻게 해야 할까요? 이번에는 네이버 뉴스 검색 엔진을 연동하는 방법에 대해 알아보겠습니다. 다음과 같이 SerpAPI 사이드바에서 Naver Search API 아래에 있는 'News Results'를 클릭하세요. 그럼 어떻게 뉴스 검색 결과물들만 따로 받아오는지 cURL 코드를 통해 확인할 수 있습니다.

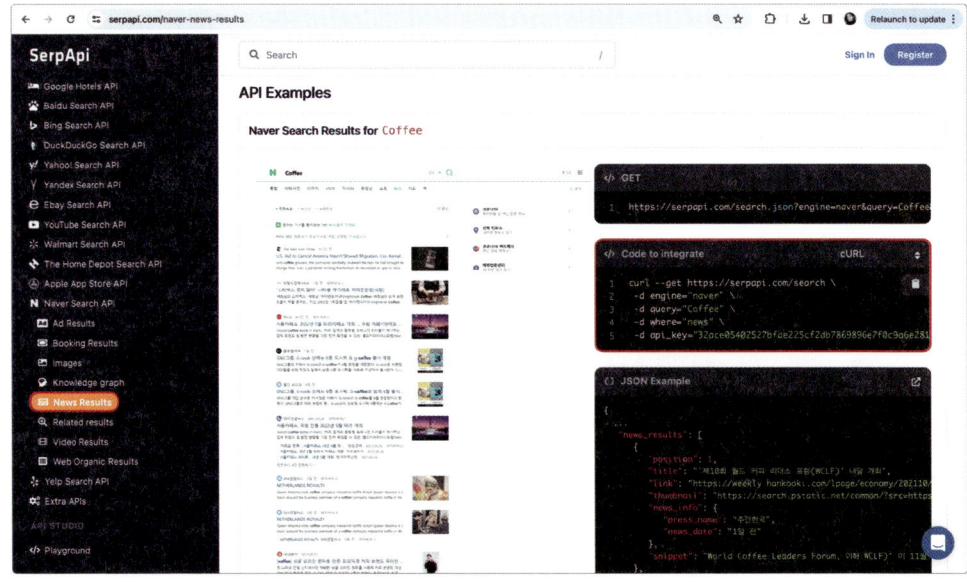

```
curl --get https://serpapi.com/search \
 -d engine="naver" \
 -d query="paris" \
 -d where="news" \
 -d api_key="내 SerpAPI API key 넣어주기"
```

engine, query, api_key 파라미터는 같지만 이번에는 where="news"라는 새로운 파라미터가 하나 추가되었습니다. 이는 결과물 중에서 뉴스 기사 결과물만 불러오겠다고 지정하는 것입니다.

그럼 이 코드 구조를 바탕으로 다음 코드 블록에 나와 있는 대로 Schema를 만들어줄 수 있습니다.

```
{
  "openapi": "3.1.0",
  "info": {
    "title": "Naver API",
    "description": "API for searching Naver using specific queries.",
    "version": "v1.0.0"
  },
  "servers": [
    {
      "url": "https://serpapi.com"
    }
  ],
  "paths": {
    "/search": {
      "get": {
        "summary": "Search Naver",
        "operationId": "searchNaver",
        "description": "Retrieves search results from Naver for a given query.",
        "parameters": [
          {
            "name": "engine",
            "in": "query",
            "description": "Search engine to use, set to 'naver'.",
```

```json
          "required": true,
          "schema": {
            "type": "string",
            "enum": [
              "naver"
            ]
          }
        },
        {
          "name": "query",
          "in": "query",
          "description": "Query to search for on Naver.",
          "required": true,
          "schema": {
            "type": "string"
          }
        },
        {
          "name": "where",
          "in": "query",
          "description": "Query to search for on Naver.",
          "required": true,
          "schema": {
            "type": "string",
            "enum": [
              "news"
            ]
          }
        },
        {
          "name": "api_key",
          "in": "query",
          "required": true,
          "schema": {
            "type": "string",
            "enum": [
              "내 SerpAPI API key 넣어주기"
            ]
```

```
                    }
                  }
                ],
                "responses": {
                  "200": {
                    "description": "Successful response with search results.",
                    "content": {
                      "application/json": {
                        "schema": {
                          "type": "object",
                          "properties": {
                            "results": {
                              "type": "array",
                              "items": {
                                "type": "object"
                              }
                            }
                          }
                        }
                      }
                    }
                  }
                }
              }
            }
          }
        }
```

여기서 한 가지 추가된 부분은 where 파라미터 값입니다. where 파라미터를 추가함으로써 SerpAPI 서버에 호출할 때 네이버 뉴스 검색 결과물만 불러오고 싶다고 알려주는 것입니다.

이제 이 코드를 복사해서 Schema 부분에 붙여넣어주세요. 붙여넣을 때 꼭 자신의 SerpAPI 비밀번호를 "내 SerpAPI API key 넣어주기" 부분의 따옴표 사이에 넣어주세요.

3. 프롬프트 작성하기

이제 프롬프트를 작성할 것입니다. 프롬프트를 굳이 작성하지 않아도 현재 단계에서는 네이버 검색 엔진을 연동한 상태이기 때문에 사용자가 'OOO 관련 뉴스 기사들 찾아줘'라고 요청해도 대신 검색을 해줍니다. 하지만 조금 더 정제된 뉴스 기사만 불러오고 싶거나 원하는 답변 형식이 있으면 프롬프트를 작성해야 합니다. 예를 들어, 오늘 하루에만 게시된 최신 뉴스 기사만 불러오기 위해서는 다음과 같이 프롬프트를 쓸 수 있습니다.

너는 사용자 대신 네이버 뉴스를 찾아주고 요약해주는 GPT야.
1. 사용자가 검색어를 입력하면 관련 뉴스를 SerpAPI 액션인 searchNaver를 통해 찾아줘.
2. 관련 기사를 다섯 가지 불러와줘. 뉴스 기사를 불러올때 꼭 가장 최신 뉴스만 불러오도록 해줘. 파라미터 값 중에 "news_date": "1일 전" 기사들만 가져와줘.
3. 각 뉴스의 제목, 날짜 및 시간, 간단한 내용 요약과 기사 링크를 꼭 포함해서 알려줘.

첫 번째 문장에는 GPT의 역할을 알려주고 있고, 그 뒤로는 단계별로 지시를 내리고 있습니다. 첫 번째 지시에서 SerpAPI를 통해 연동한 searchNaver 액션을 사용해서 기사들을 검색해달라고 하고 있습니다. 두 번째 지시에서는 오늘 하루 게시된 뉴스 기사만 불러오도록 하고 있습니다. 이 지시 사항에서 '파라미터 값 중에 "news_date": "1일 전" 기사들만 가져와줘.'의 문장이 추가된 이유에 대해 설명하겠습니다.

SerpAPI 웹사이트에 나와 있는 Naver Search API의 News Results 문서 페이지에 다음과 같은 예시 JSON 답변이 있습니다.

```
{
    "position": 1,
    "title": "'제10회 월드 커피 리더스 포럼(WCLF)' 내달 개최",
    "link": "https://weekly.hankooki.com/lpage/economy/202110/
wk20211025093233146380.htm?s_ref=nv",
    "thumbnail": "https://search.pstatic.net/common/?src=https%3A%2F%2Fimgnews.
pstatic.net%2Fimage%2Forigin%2F5723%2F2021%2F10%2F25%2F6978.jpg&type=ofullfill264_180_
gray&expire=2&refresh=true",
    "news_info": {
        "press_name": "주간한국",
```

```
            "news_date": "1일 전"
        },
        "snippet": 'World Coffee Leaders Forum, 이하 WCLF)' 이 11월 10~13일 서울 삼성
동 코엑스(COEX)에서 열린다. '월드커피리더스포럼'은 UN산하 국제커피기구(International
Coffee Organization)가 전 세계 최초로 공식 후원하는..."
    }
```

JSON Example 섹션에서 결과물의 예시 형태를 살펴보면 `"news_date": "1일 전"`이라는 파라미터 값이 있습니다. 이는 1일 전과 현재 시각 사이에 게시된 뉴스 기사임을 뜻하는 정보입니다. 다른 예시 기사들을 보면 '3일 전', '5일 전' 등의 파라미터 값들도 있습니다. 관련도순보다는 최신순으로, 1일 내에 게시된 기사들만 불러오고 싶기 때문에 프롬프트에 이 파라미터를 추가해준 것입니다.

마지막으로 세 번째 지시 사항에는 예시 JSON 결과물에서 불러온 정보들을 GPT가 자동으로 불러올 수 있도록 설정하는 것입니다. SerpAPI를 호출했을 때 뉴스 기사의 제목, 시간, 내용 요약, 기사 링크에 대한 정보가 GPT에게 제공되기 때문에 프롬프트에 자연어로 '각 뉴스의 제목, 날짜 및 시간, 간단한 내용 요약과 기사 링크를 꼭 포함해서 알려줘.'라고 요청하는 것입니다.

이제 프롬프트도 복사해서 Configure 섹션의 Instructions에 붙여넣어주세요.

4. 테스트 및 배포하기

앱을 테스트하기 위해 '생성 AI과 관련된 최신 뉴스들을 검색해주세요'라고 요청했습니다. 요청을 하면 다음과 같이 SerpAPI 액션을 호출하고 다음과 같은 실행 결과가 나옵니다.

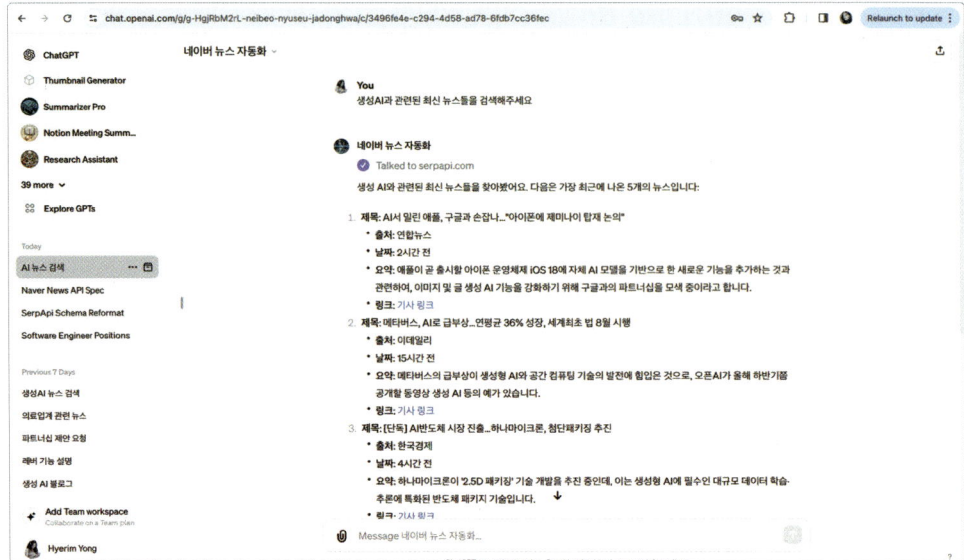

 생성 AI와 관련된 최신 뉴스들을 찾아봤어요. 다음은 가장 최근에 나온 5개의 뉴스입니다:

1. 제목: AI서 밀린 애플, 구글과 손잡나…"아이폰에 제미나이 탑재 논의"

　- 출처: 연합뉴스

　- 날짜: 2시간 전

　- 요약: 애플이 곧 출시할 아이폰 운영체제 iOS 18에 자체 AI 모델을 기반으로 한 새로운 기능을 추가하는 것과 관련하여, 이미지 및 글 생성 AI 기능을 강화하기 위해 구글과의 파트너십을 모색 중이라고 합니다.

　- 링크: [기사 링크](https://www.yna.co.kr/view/AKR20240318150300009?input=1195m)

2. 제목: 메타버스, AI로 급부상…연평균 36% 성장, 세계최초 법 8월 시행

　- 출처: 이데일리

　- 날짜: 15시간 전

　- 요약: 메타버스의 급부상이 생성형 AI와 공간 컴퓨팅 기술의 발전에 힘입은 것으로, 오픈AI가 올해 하반기쯤 공개할 동영상 생성 AI 등의 예가 있습니다.

　- 링크: [기사 링크](http://www.edaily.co.kr/news/newspath.asp?newsid=01105366638824632)

3. 제목: [단독] AI반도체 시장 진출…하나마이크론, 첨단패키징 추진

　- 출처: 한국경제

　- 날짜: 4시간 전

　- 요약: 하나마이크론이 '2.5D 패키징' 기술 개발을 추진 중인데, 이는 생성형 AI에 필수인 대규모 데이터 학습·추론에 특화된 반도체 패키지 기술입니다.

　- 링크: [기사 링크](https://www.hankyung.com/article/202403188331i)

4. 제목: 정부, 생성 AI 대응 지식재산 규범 연구반 발족

　- 출처: 지디넷코리아

　- 날짜: 2시간 전

　- 요약: 챗GPT로 대표되는 생성 AI 등장 이후 세계적으로 빅테크 기업이 AI 기술 경쟁에 뛰어들고 있으며, 생성 AI의 발전으로 새로운 지식재산 문제들이 대두되고 있습니다.

　- 링크: [기사 링크](https://zdnet.co.kr/view/?no=20240318182207)

5. 제목: 한국 AI의 글로벌 도전…업스테이지, 미국 법인 설립

　- 출처: 뉴시스

　- 날짜: 6시간 전

　- 요약: 업스테이지가 미국 법인을 설립하며 글로벌 시장 진출을 모색하고 있습니다. 자체 개발한 거대언어모델 '솔라'가 글로벌 기술 경쟁력을 인정받고 있어요.

　- 링크: [기사 링크](https://www.newsis.com/view/?id=NISX20240318_0002664763&cID=10406&pID=1...)

이 뉴스들이 생성 AI에 대한 최신 정보를 제공하는데 도움이 되길 바랍니다!

프롬프트에 작성한 대로 각 기사에 대한 제목, 날짜, 요약 내용과 링크를 첨부해서 답변을 생성했습니다. 이로써 네이버 뉴스 검색 엔진에 대한 테스트가 끝났습니다.

만약 뉴스 검색 결과물에 대한 옵션을 더 추가하고 싶다면 프롬프트에 작성해주면 됩니다. 예를 들어, 만약 "한국경제"에서 출간한 뉴스만 불러오고 싶다면 프롬프트에 추가 지시 사항으로 "press_name": "한국경제"인 기사들만 찾아줘'를 작성하면 됩니다. 이 파라미터는 "news_date": "1일 전"과 같이 JSON Example에 나와 있는 답변 결과물 형식 중에서 기사의 출처를 뜻하는 파라미터 값을 참고하여 작성한 프롬프트 문구입니다.

이번 파트에서 계속 연습한 것은 SerpAPI를 호출할 때 사용할 수 있는 다양한 파라미터 값들을 토대로 앱을 구현하는 방법입니다. 필수적으로 요구되는 파라미터 값들 외에도

옵션으로 추가할 수 있는 여러 파라미터가 있으니 각 검색 엔진별로 SerpAPI의 문서를 확인하면서 만드는 것을 추천합니다.

유튜브 추천 영상

기본적으로 GPT는 Bing 검색 엔진과도 연동이 되어 있기 때문에, 만약 특정 뉴스나 검색어와 관련된 영상을 찾아달라고 요청을 하면 웹 검색을 통해 관련 링크들을 불러옵니다. 예를 들어, '생성 AI와 관련된 영상을 몇 개 찾아줄 수 있어? 유튜브 링크도 같이 첨부해줘'라고 요청하면 다음과 같은 답변을 받습니다.

다음은 생성 AI와 관련된 몇 가지 유튜브 동영상 링크입니다:
1. "Introduction to Generative AI" - 생성 AI에 대한 기본적인 이해를 제공합니다. [동영상 보기](https://www.youtube.com/watch?v=G2fqAlgmoPo)
2. "Generative AI Foundations on AWS Technical Deep Dive Series" - AWS에서 제공하는 생성 AI에 대한 기술적 심층 분석 시리즈입니다. [동영상 시리즈 보기](https://www.youtube.com/playlist?list=PLhr1KZpdzukf-xb0lmiU3G89GJXaDbAIF)
3. "Hello World: Meet Generative AI | Amazon Web Services" - 아마존 웹 서비스에서 제공하는 생성 AI 소개 동영상입니다. [동영상 보기](https://www.youtube.com/watch?v=dBzCGcwYCJo)
4. "Generative AI explained in 2 minutes" - 생성 AI에 대한 간단한 설명을 2분 안에 제공하는 동영상입니다. [동영상 보기](https://www.youtube.com/watch?v=rwF-X5STYks)
5. "Master Generative AI: Your Step-by-Step Guide | Learn with Career Talk | How To | Tutorial" - 생성 AI에 대해 단계별로 배울 수 있는 가이드 동영상입니다. [동영상 보기](https://www.youtube.com/watch?v=KU_2l0cuFtY)
이 동영상들은 생성 AI에 대한 다양한 관점과 정보를 제공하여 이 분야에 대한 이해를 돕습니다.

구글, 아마존과 같은 대기업에서 생성 AI에 대해 설명하는 영상들에 대한 결과가 나오네요. 하지만 개인화되지 않은 검색 결과물이기 때문에 나에게 맞지 않는 검색 결과가 나오거나, 조회수나 구독자수가 낮은 영상을 불러오기도 합니다. 만약 조금 더 구체적으로 특정 유튜브 채널에 대해 물어보면 어떤 대답을 받게 될까요?

 유튜브에서 "10X AI Club" 채널 검색해서 가장 최신 동영상을 불러와줄 수 있어?

 "10X AI Club" 채널의 최신 동영상들은 유튜브 채널을 통해 확인할 수 있습니다. 다음 링크를 통해 채널에 접속하시면 최근에 업로드된 동영상들을 볼 수 있습니다: [10X AI Club 유튜브 채널](https://www.youtube.com/channel/UCuWyONMstc7XVweGiHS38ZA). 채널의 '동영상' 탭에서 최신 콘텐츠를 확인할 수 있습니다.

이번에는 특정 채널이나 영상에 대해 직접 접속을 하지 못하고 채널에 업로드된 영상들을 불러오고 있지 못합니다. 직접 링크를 클릭해서 들어가서 찾아야 하고, 그렇게 된다면 사실 굳이 GPT를 사용해서 검색할 필요가 없겠죠. 만약 구체적으로 원하는 영상들을 GPT 내에서 활용하고 싶다면 네이버 검색 엔진을 연동했던 것과 같이 SerpAPI를 통해 유튜브 검색 엔진을 연동할 수 있습니다.

예를 들어, 회사의 유튜브 채널에 업로드한 홍보 영상이나, 서비스 소개서, 제품에 대한 사용 방법 영상이 있다면 GPT 내에서 자동으로 불러오도록 할 수 있습니다. 그렇다면 이런 앱을 구상해볼 수 있습니다.

- 기업 고객 상담 서비스 GPTs: 특정 제품에 대한 사용 방법 영상이 있다면 매뉴얼 문구와 함께 추천 영상도 자동으로 첨부해주기

1. GPTs Name, Description 설정하기

유튜브 검색 엔진을 연동하는 방법에 대해 알아보겠습니다. 새로운 GPTs를 만들기 위해 사이드바에서 'Explore GPTs'를 클릭한 다음, 화면의 오른쪽 상단에서 '+ Create' 버튼을 클릭하세요. 이번에 만들 GPTs는 제 유튜브 채널인 10X AI Club을 연동하여 구독자들이 특정 GPTs 앱을 만들고 싶을 때 어떻게 해야 하는지 답변해주고, 관련 영상들도 불러올 수 있는 앱입니다. Name에는 '10X AI Club 질문과 답변'이라고 해주고, Description은 '10X AI Club에게 모르는 것 전부 물어보기'라고 입력하겠습니다.

2. GPTs와 SerpAPI 연동하기

SerpAPI 웹사이트의 사이드바에서 'YouTube Search API'를 클릭하세요. 유튜브 검색 엔진을 연동하기 위해서는 네이버 검색 엔진, 구글 검색 엔진을 연동했을 때와 마찬가지로 총 세 가지 필수 파라미터 값이 있습니다. 검색어, 검색 엔진, 비밀번호 값이죠. 파라미터 값들이 이름들이 어떻게 구성되어 있는지부터 확인하겠습니다.

다음 화면에서 API Parameters 섹션 밑에 있는 파라미터 값에 대한 설명문을 보면, 빨간색 글자로 'Required'이라고 쓰여 있는 파라미터들이 필수 요청 값입니다. 가장 첫 번째로 검색어에 대한 파라미터 값의 이름은 search_query라는 것을 확인할 수 있습니다. 이는 네이버 검색 엔진, 구글 검색 엔진과는 다른 이름의 검색어 파라미터 값이기 때문에 GPTs에 넣어줄 Schema 코드에서 업데이트해야 합니다.

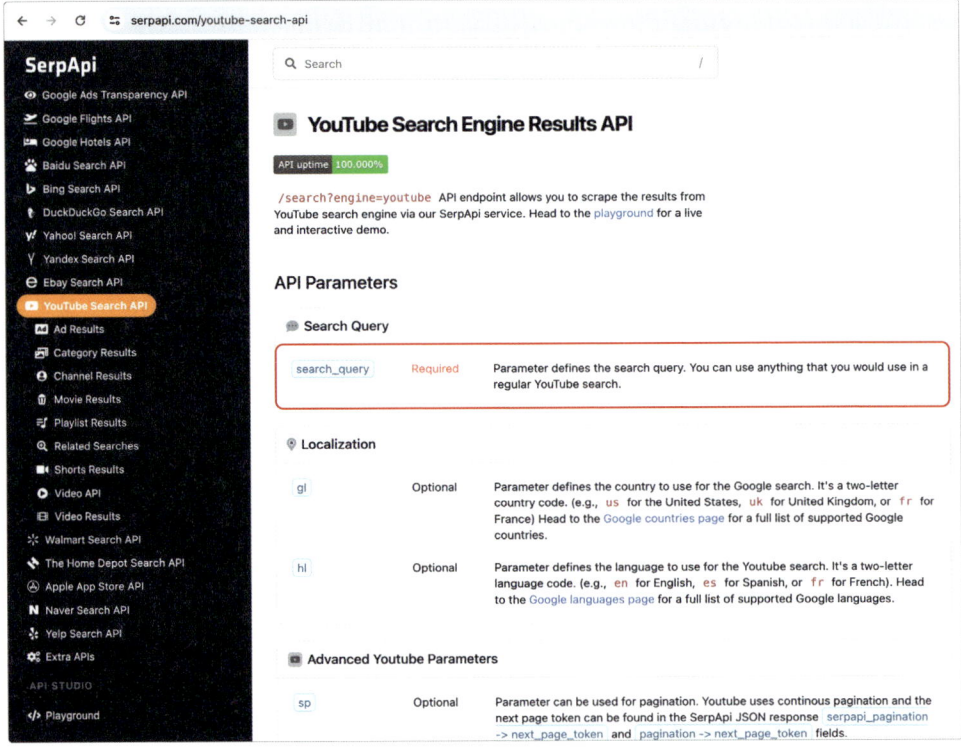

문서에서 밑으로 스크롤하면, engine과 api_key 파라미터 값 옆에 빨간색으로 'Required'가 표시되어 있는 것을 볼 수 있습니다. 이는 각각 검색 엔진과 비밀번호를 뜻하는 파라미터입니다.

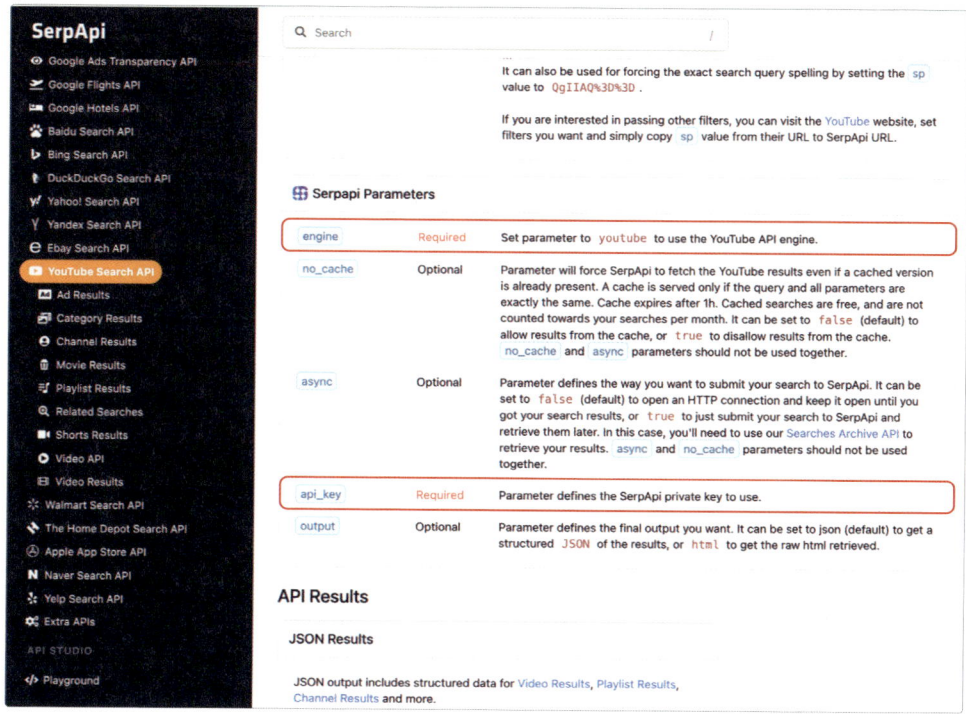

최종적으로 이 세개의 파라미터 값들이 실제 cURL 코드로 호출될 때 어떤 구조인지 살펴보겠습니다.

```
curl --get https://serpapi.com/search \
  -d engine="youtube" \
  -d search_query="star+wars" \
  -d api_key="내 SerpAPI API key 넣어주기"
```

SerpAPI 웹사이트 서버를 호출하여 engine, search_query, api_key 파라미터 정보들을 호출하여 '나는 유튜브 검색 엔진을 사용하여 스타워즈를 검색하겠다'라고 알려주고 있고, 내 고유 식별 번호인 비밀번호도 함께 보내주는 것입니다.

이를 이제 GPTs가 알아들을 수 있는 Schema 코드 구조로 바꿔야 합니다.

```json
{
  "openapi": "3.1.0",
  "info": {
    "title": "Youtube API",
    "description": "API for searching Youtube using specific queries.",
    "version": "v1.0.0"
  },
  "servers": [
    {
      "url": "https://serpapi.com"
    }
  ],
  "paths": {
    "/search": {
      "get": {
        "summary": "Search Youtube",
        "operationId": "searchYoutube",
        "description": "Retrieves search results from Youtube for a given query.",
        "parameters": [
          {
            "name": "engine",
            "in": "query",
            "description": "Search engine to use, set to 'youtube'.",
            "required": true,
            "schema": {
              "type": "string",
              "enum": [
                "youtube"
              ]
            }
          },
          {
            "name": "search_query",
            "in": "query",
            "description": "Query to search for on Youtube.",
            "required": true,
            "schema": {
```

```
              "type": "string"
            }
          },
          {
            "name": "api_key",
            "in": "query",
            "required": true,
            "schema": {
              "type": "string",
              "enum": [
                "내 SerpAPI API key 넣어주기"
              ]
            }
          }
        ],
        "responses": {
          "200": {
            "description": "Successful response with search results.",
            "content": {
              "application/json": {
                "schema": {
                  "type": "object",
                  "properties": {
                    "results": {
                      "type": "array",
                      "items": {
                        "type": "object"
                      }
                    }
                  }
                }
              }
            }
          }
        }
      }
    }
  }
}
```

기본적으로는 액션의 제목과 설명 부분에 유튜브가 들어가도록 업데이트했습니다. 첫 번째로, engine 파라미터에서 유튜브 검색 엔진을 사용하겠다고 알려주기 위해 "enum": ["youtube"]로 설정했습니다. 두 번째로, 검색어 파라미터 이름을 search_query로 수정했습니다. 마지막으로 api_key 파라미터 값의 이름과 구조는 다른 검색 엔진들과 같기 때문에 그대로 뒀습니다.

이제 이 코드를 복사해서 Actions 섹션에서 'Create new action' 버튼을 클릭한 다음, Schema 부분에 붙여넣어주세요. 붙여넣을 때 꼭 자신의 SerpAPI 비밀번호를 "내 SerpAPI API key 넣어주기" 부분의 따옴표 사이에 넣어주세요.

3. 프롬프트 작성하기

프롬프트를 작성하기 전, cURL 코드로 유튜브 검색 엔진을 호출했을 때 어떤 예시 답변을 받게 되는지부터 살펴보겠습니다. 살펴보는 이유는 어떤 정보들을 활용할 수 있는지 미리 확인해서 프롬프트를 어떤 식으로 작성해야 할지 구상하기 위해서입니다.

전체 검색 결과는 JSON 코드 형태의 답변을 받게 됩니다. 결과물에도 몇 가지 카테고리가 있습니다. 검색어와 관련된 광고 검색 결과, 영화 검색 결과, 채널 검색 결과, 영상 검색 결과 등을 받습니다. 그중에서 영상 검색 결과 카테고리 예시를 더 자세히 보겠습니다.

```
"video_results": [
  {
    "position_on_page": 3,
    "title": "Mandalorian Season 2 Episode 1 HUGE STAR WARS SPOILER Explained",
    "link": "https://www.youtube.com/watch?v=4ATKQVaehnM",
    "serpapi_link": "https://serpapi.com/search.json?engine=youtube_video&v=4ATKQVaehnM",
    "channel": {
      "name": "The Den of Nerds",
      "link": "https://www.youtube.com/channel/UC7luyQa73017d1o-VMwxc7Q",
      "thumbnail": "https://yt3.ggpht.com/a-/AOh14Gg2LySINJhqb3Gkp-kfG-ojdWfdsLcHEelXHA=s68-c-k-c0x00ffffff-no-rj-mo"
    },
```

```
      "published_date": "18 hours ago",
      "views": 21375,
      "length": "9:28",
      "description": "Star Wars The Mandalorian Season 2 Episode 1 is here! In this
video, we're breaking down the HUGE STAR WARS SPOILER ...",
      "extensions": [
        "New"
      ],
      "thumbnail": {
        "static": "https://i.ytimg.com/vi/4ATKQVaehnM/hq720.jpg?sqp=-oaymwEZCOgCEMoBSFX
yq4qpAwsIARUAAIhCGAFwAQ==&rs=AOn4CLBuE1kA9cATWJIvMWWoB4cip6zlKQ",
        "rich": "https://i.ytimg.com/an_webp/4ATKQVaehnM/mqdefault_6s.webp?du=3000&sqp=
CM349PwF&rs=AOn4CLBIIT-0M5T65bfE7-WN7a4g0cVsOQ"
      }
    }
]
```

위 예시 검색 결과에서 GPTs 앱 내에서 활용할 수 있는 여러 가지 형태의 데이터를 확인할 수 있습니다. 영상 제목(title), 링크(link), 채널 이름과 링크(channel name, link), 게시된 날짜 및 시간(published_date), 조회수(views), 영상 길이(length), 설명(description), 썸네일 이미지 링크(thumbnail) 등이 포함되어 있네요.

이번에 만들고자 하는 GPTs는 특정 유튜브 채널을 연동하여 관련 Q&A 챗봇을 만드는 것입니다. 만약 특정 채널만을 연동하기 위해서는 앞의 예시 검색 결과에서 어떤 데이터 값을 활용할 수 있을까요? 바로 channel 파라미터 값과, 그 아래에 속해 있는 채널의 이름을 알려주는 name 파라미터입니다. 프롬프트를 작성할 때 이 파라미터의 값이 연결하고 싶은 특정 채널 이름명이 되도록 설정해주면 됩니다. 예를 들어, 프롬프트에 'channel name'이 '10X AI Club'인 채널의 영상만 불러와주세요'라고 요청할 수 있습니다.

성공적으로 연동된다면 해당 채널 내의 영상 제목, 링크, 조회수, 설명 등과 같은 부수적인 정보도 함께 불러올 수 있게 됩니다. 그럼 이 정보를 활용하여 사용자가 특정 질문을 했을 때 답변과 함께 추천 영상까지 첨부해줄 수 있는거죠. 어떤 식으로 프롬프트를 구성했는지 살펴보겠습니다.

너는 사용자가 10X AI Club 유튜브 채널에게 질문을 하면 답변을 해주는 GPT야.

10X AI Club은 생성 AI에 대한 이론과 실습을 주로 다루는 채널이야. OpenAI, GPT-4, LLM을 활용한 프로젝트들을 프로그래밍에 대해 아무것도 모르더라도 개발이 가능하도록 기초부터 차근차근 쉽게 설명해주는 채널이야.

1. SerpAPI를 통해 "channel name"이 꼭 "10X AI Club"인 채널의 영상들만 불러오도록 해줘. 다른 채널 영상들은 불러오지 말아줘.
2. 사용자가 생성 AI와 관련된 질문을 하면 답변을 해주고, 관련된 내용을 다루고 있는 채널 내의 동영상을 추천해줘.
3. 동영상을 추천해줄 때 영상의 제목, 설명, 영상 길이, 조회수도 같이 포함해서 답변해줘.

예를 들어, 사용자가 'OpenAI Sora는 무엇인가요?'라고 질문하면 이런 식으로 답변해줘:

답변: OpenAI Sora는….

10X AI Club 추천 영상:
- 제목: 이제는 집에서 혼자 영화까지 만들 수 있어요.. | OpenAI Sora
- 설명: OpenAI Sora에 대해 설명하는 영상입니다.
- 영상 길이: 09:38
- 조회수: 10000

항상 프롬프트의 첫 번째 문장에는 GPT의 역할을 알려주는 문구를 넣어줍니다. 그다음으로는 GPT가 '10X AI Club'이라는 유튜브 채널에 대한 정보가 전혀 없기 때문에 대략적으로 어떤 내용을 주로 다루는 채널인지 설명해줍니다.

그다음으로는 단계별로 GPT에게 지시 사항을 알려줍니다. 가장 첫 번째로는 SerpAPI에서 연동한 유튜브 검색 엔진을 사용하여 특정 채널의 영상만을 불러오기 위해 문구에 'channel name이 10X AI Club인 채널의 영상만 불러와줘'라고 요청했습니다. 추가로 할루시네이션을 방지하기 위해 다른 채널 영상은 불러오지 않도록 지시를 합니다. 두 번째 지시 사항에는 GPT가 사용자의 질문에 어떻게 답변해야 하는지 알려줍니다. 답변과 함께 관련된 채널 내의 영상도 불러올 수 있도록 알려줍니다. 마지막으로는 위의 예시 JSON 결과물에서 살펴봤듯이, 영상을 불러올 때 영상의 제목, 설명, 조회수와 같은 부수적인 정보도 함께 사용자에게 제공하도록 합니다.

추가로 GPT에게 예시 답변 형식을 제공해서 원하는 방식대로 답변할 수 있도록 유도합니다. ** 표시를 통해 문장을 볼드체로 표시하도록 할 수 있습니다. 이 프롬프트를 복사해서 Instructions 부분에 붙여넣어주세요.

4. 테스트 및 배포하기

이제 바로 테스트를 해보겠습니다. 만약 '10X AI Club 질문과 답변' 앱에게 'OpenAI Sora가 어떤 것인지 알려주세요'라고 질문한다면 어떤 답변을 받게 될까요?

OpenAI Sora가 어떤 것인지 알려주세요.

OpenAI Sora는 OpenAI가 개발한 최신 AI 비디오 생성 모델입니다. 이 모델은 사용자가 입력한 텍스트를 기반으로 현실적이고 상세한 비디오를 생성할 수 있습니다. Sora는 OpenAI의 기존 기술을 기반으로 하며, 복잡한 장면과 애니메이션을 만들 수 있는 능력을 갖추고 있습니다.
10X AI Club 추천 영상:
📍 제목: 이제는 집에서 혼자 영화까지 만들 수 있어요… | OpenAI Sora
📍 설명: 하루하루 놀라움이 끊이질 않는 생성 AI 세계 Sora 소개와 기본 작동원리에 대해 설명드립니다.
📍 영상 길이: 17:12
📍 조회수: 10,081회
📍 [영상 링크](https://www.youtube.com/watch?v=DFaP0lhIcjI)

OpenAI의 비디오 생성 모델인 Sora에 대해 간단하게 설명하는 문구를 작성하고, 밑에는 10X AI Club 유튜브 채널에서 관련 내용을 다룬 영상을 같이 추천해줍니다. 프롬프트에 지시한 대로 영상의 제목, 설명, 길이, 조회수, 그리고 영상 링크까지 함께 첨부해서 알려주고 있네요.

다른 질문도 한번 물어보겠습니다.

Naver 검색 엔진을 GPT와 어떻게 연동하나요?

 Naver 검색 엔진을 GPT와 연동하는 방법은 API를 활용하는 것이 일반적입니다. 이 과정은 개발 지식이 필요하며, 몇 가지 단계로 나눌 수 있습니다:

1. **Naver API 접근**: 먼저, Naver 개발자 센터에 접속해서 Naver API에 대한 접근 권한을 얻어야 합니다. 이를 위해 필요한 클라이언트 ID와 클라이언트 시크릿을 발급받습니다.

2. **API 연동**: 발급받은 클라이언트 ID와 시크릿을 사용하여 Naver 검색 API에 요청을 보내는 코드를 작성합니다. 이때, 사용하는 프로그래밍 언어에 맞는 HTTP 클라이언트 라이브러리를 사용할 수 있습니다.

3. **GPT와의 통합**: GPT와의 연동은, API 요청 결과를 GPT에 전달하고, GPT가 이를 기반으로 답변을 생성하도록 하는 방식으로 이루어집니다. 예를 들어, 사용자의 질문을 Naver 검색 API로 전송하고, 그 결과를 GPT에 입력하여 관련 답변을 생성할 수 있습니다.

10X AI Club 추천 영상을 찾아보겠습니다. 잠시만 기다려 주세요.

10X AI Club 추천 영상:
- 제목: GPT에서 구글, 네이버, 유튜브 동시에 연동하기 | GPTs Action 활용법
- 설명: GPT와 다양한 외부 웹사이트(구글, 네이버, 유튜브 등)를 연동하는 방법을 자세히 설명하는 영상입니다.
- 영상 길이: 26:29
- 조회수: 7697
- [영상 링크](https://www.youtube.com/watch?v=ZUt5-TTXLX0)

이 영상에서는 GPT를 다른 웹 서비스와 연동하는 방법에 대해 자세히 설명하고 있으니, 네이버 검색 엔진과 GPT를 연동하는 데에도 도움이 될 것입니다. 마찬가지로 연동하는 방법에 대해 설명하고, 관련된 추천 영상을 10X AI Club 채널에서 찾아 답변해줍니다.

이렇게 자신의 유튜브 채널을 연동할 수도 있고, 회사 소유의 유튜브 채널이 있다면 마찬가지로 연동하여 추천 영상들을 불러오도록 할 수 있습니다. 만약 회사의 서비스 소개서나 매뉴얼 관련 PDF 파일도 있다면 GPTs 앱을 만들 때 Configure 섹션에서 Knowledge에 해당 문서들을 업로드하면 훨씬 구체적인 답변을 받을 수 있습니다.

업무적인 용도 외에도 교육 목적으로 GPTs 앱을 만들 수도 있습니다. 유튜브 검색 엔진을 연동하여 새로 배우고 싶은 학문 혹은 주제를 선정하여 GPT에게 물어보면 질문에 대한 답변도 받고, 추천 영상들도 자동으로 검색해서 불러올 수 있겠죠? 이렇듯 유튜브 검색 엔진을 활용해서 만들 수 있는 앱도 무궁무진합니다.

논문 리서치 자동화

GPTs 앱 스토어의 인기 순위에 항상 10위권 안에 들어가는 앱이 있습니다. 바로 Consensus라는 앱이죠. 이 앱은 Research & Analysis(리서치 및 분석) 카테고리에서도 거의 항상 대부분 1순위를 달리는 앱입니다.

- [링크] https://chat.openai.com/g/g-bo0FiWLY7-consensus

앱과 대화하며 어떤 기능들을 제공하는지 확인하겠습니다.

생성 AI와 관련된 논문들 찾아주세요.

Here are some recent papers related to Generative AI:
1. "Art and the science of generative AI" discusses the impact of generative AI on the media ecosystem, particularly in artistic media production like visual arts, music, literature, video, and animation. It highlights the need for interdisciplinary inquiry into culture, economics, law, algorithms, and the interaction of technology and creativity [(Epstein et al., 2023)](https://consensus.app/papers/science-generative-epstein/0d388e7aa712505192ce5219aacc67de/?utm_source=chatgpt).
2. "Tech Report Generative AI" explores generative AI as a sub-domain of AI that generates new and unique content, significantly affecting technology use. It's in the exploration phase with a focus on generating data indistinguishable from human-created content [(Cevallos et al., 2023)](https://consensus.app/papers/tech-report-generative-cevallos/419b8206c18d514d801c089ffbce01f9/?utm_source=chatgpt).

3. "Generative AI at Work" studies the use of a generative AI-based conversational assistant by customer support agents, finding a 14% average increase in productivity and improved customer sentiment [(Brynjolfsson, Li, & Raymond, 2023)](https://consensus.app/papers/work-brynjolfsson/828f9c8033095d109f72e71f2c6f9955/?utm_source=chatgpt).

4. "Generative AI meets copyright" addresses the legal implications and ongoing lawsuits in the US related to the use of creations as training data for generative AI systems and the competition with original works [(Samuelson, 2023)](https://consensus.app/papers/meets-copyright-samuelson/b57128c569c55b858ad412fb45207e06/?utm_source=chatgpt).

5. "Ethics of generative AI" explores the ethical concerns and challenges arising from AI technologies in clinical pathways and their potential impact on authorship, education, and research publications [(Zohny, McMillan, & King, 2023)](https://consensus.app/papers/ethics-generative-zohny/6a8b1596caa05a938a331d7b3bba254b/?utm_source=chatgpt).

In conclusion, generative AI is significantly impacting various sectors including media, technology, customer support, legal frameworks, and ethics. It's transforming creative processes and posing new challenges in terms of ethics, copyright, and productivity.

Like our GPT? Try our full AI-powered search engine and academic features for free at [consensus.app](https://consensus.app/?utm_source=chatgpt).

Consensus는 과학 연구와 관련된 정보를 제공하는 플랫폼으로, 과학 연구 논문을 쉽게 검색하고 이해할 수 있도록 도와줍니다. 사용자들은 위 예시와 같이 키워드를 입력하면 Consensus를 통해 다양한 학문 분야에 걸친 최신 연구 결과와 논문을 찾을 수 있으며, 복잡한 과학적 개념과 연구 결과를 일반인도 이해하기 쉬운 형태로 제공받을 수 있습니다.

만약 한국어로 답변해달라고 요청하면 바로 번역까지 해줍니다.

한국어로 답변해주세요.

 물론입니다. 여기 생성 AI와 관련된 논문의 한국어 요약입니다:
1. "예술과 생성 AI의 과학"은 미디어 생태계, 특히 시각 예술, 음악, 문학, 비디오 및 애니메이션과 같은 예술적 미디어 생산에 생성 AI가 미치는 영향을 논의합니다. 이는 문화, 경제, 법률, 알고리즘, 기술과 창의성의 상호작용에 대한 새로운 학제간 연구의 필요성을 강조합니다 [(Epstein et al., 2023)](https://consensus.app/papers/science-generative-epstein/0d388e7aa712505192ce5219aacc67de/?utm_source=chatgpt).
2. "생성 AI 기술 보고서"는 새롭고 독특한 콘텐츠를 생성하는 AI의 하위 분야인 생성 AI가 기술 사용에 혁명을 일으키고 있음을 탐구합니다. 현재 탐구 단계에 있으며, 인간이 만든 콘텐츠와 구별할 수 없는 데이터 생성에 중점을 둡니다 [(Cevallos et al., 2023)](https://consensus.app/papers/tech-report-generative-cevallos/419b8206c18d514d801c089ffbce01f9/?utm_source=chatgpt).
3. "직장에서의 생성 AI"는 고객 지원 에이전트가 사용하는 생성 AI 기반 대화형 어시스턴트의 사용을 연구하며, 평균 14%의 생산성 증가와 고객 만족도 향상을 발견했습니다 [(Brynjolfsson, Li, & Raymond, 2023)](https://consensus.app/papers/work-brynjolfsson/828f9c8033095d109f72e71f2c6f9955/?utm_source=chatgpt).
4. "저작권과 만나는 생성 AI"는 생성 AI 시스템을 위한 훈련 데이터로서 창작물의 사용과 원래 작품과의 경쟁과 관련된 미국 내 법적 함의 및 계류 중인 소송을 다룹니다 [(Samuelson, 2023)](https://consensus.app/papers/meets-copyright-samuelson/b57128c569c55b858ad412fb45207e06/?utm_source=chatgpt).
5. "생성 AI의 윤리"는 임상 경로에 AI 기술 도입으로 생기는 윤리적 문제와 도전을 탐구하며 저작권, 교육, 연구 출판물에 대한 잠재적 영향을 검토합니다 [(Zohny, McMillan, & King, 2023)](https://consensus.app/papers/ethics-generative-zohny/6a8b1596caa05a938a331d7b3bba254b/?utm_source=chatgpt).
결론적으로, 생성 AI는 미디어, 기술, 고객 지원, 법적 프레임워크 및 윤리를 포함한 여러 분야에 중요한 영향을 미치고 있습니다. 이는 창의적 과정을 변화시키고 윤리, 저작권, 생산성과 관련된 새로운 도전을 제기하고 있습니다.

해당 논문의 링크를 클릭해보면 Consensus 웹사이트로 넘어오게 되면서 논문의 PDF 파일과 더욱 구체적인 정보를 얻을 수 있습니다.

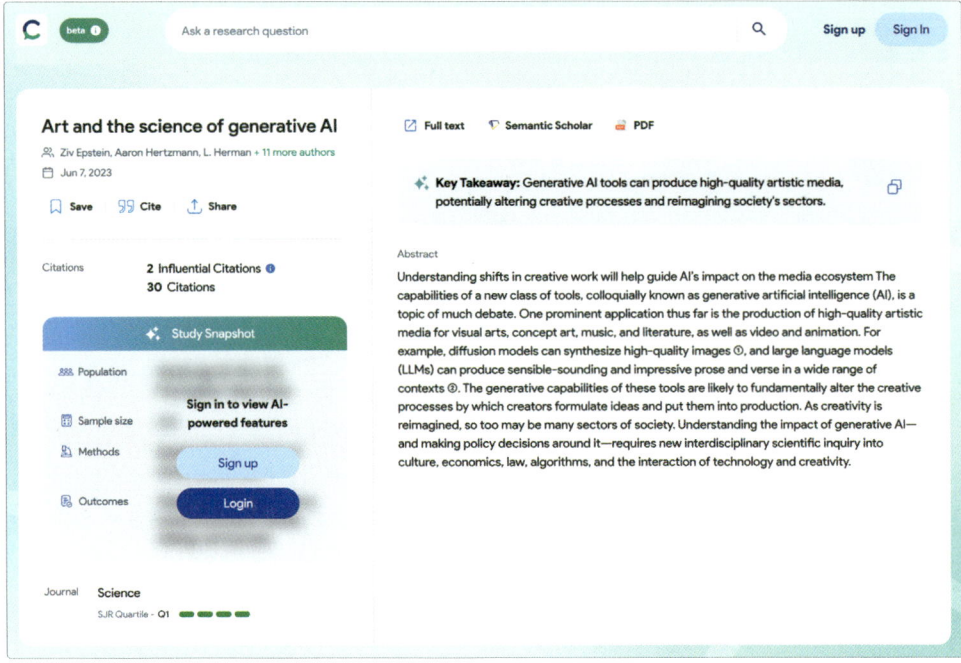

Consensus가 제공하고 있는 그 자체의 기능으로는 이런 용도로 활용할 수 있습니다.

- **학술 연구 자료 검색**: 연구자, 학생, 교수 등이 특정 주제에 대한 최신 연구 논문을 찾고 검토하기 위해 사용합니다.
- **교육 목적**: 교사나 교육자가 특정 과학적 개념을 교육하기 위해 관련 연구 자료를 참조합니다.
- **지식 탐색과 학습**: 일반 대중이 특정 과학적 주제에 대해 배우고 이해를 높이기 위해 사용합니다.
- **연구 동향 파악**: 연구원들이 자신의 전문 분야에서의 최신 연구 동향과 발전을 파악하는 데 사용합니다.

이런 기능을 GPT와 연동한다면 이런 장점이 있죠.

- **자연어 처리 기능**: GPT가 사용자가 입력한 복잡하거나 다양한 형태의 질문을 이해하고, 일일이 필요한 논문을 직접 찾으며 읽고 검색하는 것보다 바로 필요한 정보들을 불러오도록 할 수 있습니다.
- **복잡한 학술 정보의 간소화**: GPT는 복잡한 학술 내용을 사용자가 이해하기 쉬운 형태로 변환하고 요약하는 데 도움을 줍니다. 이를 통해 전문적인 지식에 대한 접근성이 높아집니다.
- **사용자 맞춤형 대응**: 다양한 사용자의 요구에 맞춰 질문에 대한 개별적이고 상세한 답변을 제공합니다. GPT는 사용자의 질문 스타일과 정보 필요성을 파악하고, 이에 맞는 답변을 생성합니다.

이러한 이유로 GPT와 Consensus의 연동은 사용자에게 더 효율적이고 만족스러운 정보 검색 및 학습 경험을 제공합니다. 만약 이런 앱을 직접 만들고 싶다면 어떻게 구현할 수 있을까요?

이번에는 두 가지 검색 엔진을 연동해볼 예정입니다. SerpAPI에서 제공하는 Google Scholar API와 Google Patents API를 연동할 것입니다. Google Scholar 검색 엔진은 Consensus와 같이 전 세계 학술 논문에 대한 정보를 검색할 수 있는 플랫폼이고, Google Patents는 특허 문서 및 과학 문헌을 검색할 수 있는 엔진입니다. 이 두 가지를 한 개의 앱에 연동하여 논문뿐만 아니라 특허 문서까지 대신 찾아줄 수 있도록 만들어보겠습니다.

특히나 이 앱에서는 이제 한 개의 검색 엔진만이 아닌 두 개의 검색 엔진을 사용할 것이기 때문에 구현 과정이 어떻게 되는지, Schema 코드가 어떻게 업데이트되는지 살펴보겠습니다.

1. GPTs Name, Description 설정하기

새로운 GPTs를 만들기 위해 사이드바에서 'Explore GPTs'를 클릭한 다음, 화면의 오른쪽 상단에서 '+ Create' 버튼을 클릭하세요. Name에 '논문 및 특허 검색 자동화'로 입력하고, Description은 'Google Scholar & Google Patents 검색 엔진'이라고 넣어주세요.

2. GPTs와 SerpAPI 연동하기

SerpAPI의 웹사이트에서 먼저 각각의 검색 엔진을 호출하기 위해 필요한 파라미터 값이 어떤 것들인지 확인하겠습니다.

Google Scholar API

SerpAPI 웹사이트의 사이드바에서 Google Scholar API를 클릭하세요.

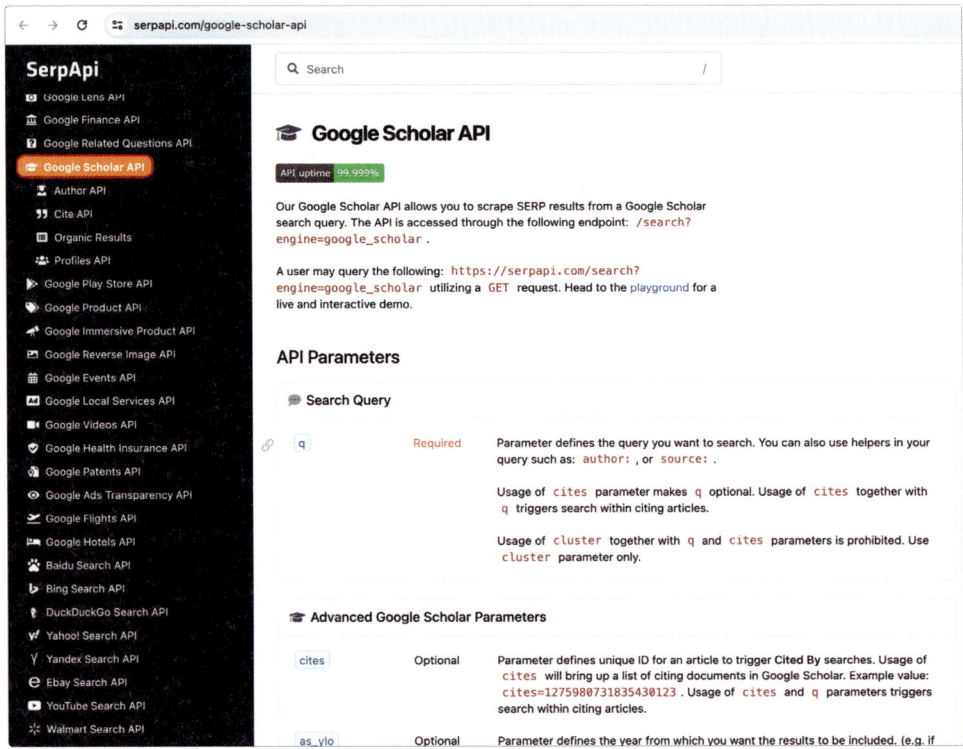

문서를 통해 Google Scholar 검색 엔진을 호출하기 위해 필요한 필수 파라미터 값이 무엇인지 cURL 코드에서 볼 수 있습니다.

```
curl --get https://serpapi.com/search \
 -d engine="google_scholar" \
 -d q="biology" \
 -d api_key="내 SerpAPI API key 넣어주기"
```

Google Scholar API는 구글의 여러 가지 검색 서비스 중 하나이기 때문에 필수 파라미터 값들의 이름이 기본적인 구글 검색 엔진을 호출할 때와 같습니다. 검색 엔진 파라미터 이름은 engine, 검색어는 q, 비밀번호는 api_key입니다.

이를 GPTs가 이해할 수 있도록 Schema 코드로 바꿔주면 이런 형태가 됩니다.

```
{
  "openapi": "3.1.0",
  "info": {
    "title": "Google Scholar API",
    "description": "API for searching Google Scholar using specific queries.",
    "version": "v1.0.0"
  },
  "servers": [
    {
      "url": "https://serpapi.com"
    }
  ],
  "paths": {
    "/search": {
      "get": {
        "summary": "Search Google Scholar",
        "operationId": "searchGoogleScholar",
        "description": "Retrieves search results from Google Scholar for a given query.",
        "parameters": [
          {
            "name": "engine",
            "in": "query",
            "description": "Search engine to use, set to 'google_scholar'.",
            "required": true,
            "schema": {
              "type": "string",
              "enum": [
                "google_scholar"
              ]
            }
          },
          {
            "name": "q",
            "in": "query",
```

```
          "description": "Query to search for on Google Scholar.",
          "required": true,
          "schema": {
            "type": "string"
          }
        },
        {
          "name": "api_key",
          "in": "query",
          "required": true,
          "schema": {
            "type": "string",
            "enum": [
              "내 SerpAPI API key 넣어주기"
            ]
          }
        }
      ],
      "responses": {
        "200": {
          "description": "Successful response with search results.",
          "content": {
            "application/json": {
              "schema": {
                "type": "object",
                "properties": {
                  "results": {
                    "type": "array",
                    "items": {
                      "type": "object"
                    }
                  }
                }
              }
            }
          }
        }
```

```
          }
        }
      }
    }
```

이전에 봤던 코드 구조이기 때문에 설명은 생략하겠습니다.

다만 더 자세한 검색 결과물을 얻고 싶다면 몇 가지 세부적으로 추가할 수 있는 파라미터 옵션이 있습니다. 문서에 as_ylo, as_yhi, hl와 같은 추가 파라미터 값을 사용하고 싶으면 어떻게 할 수 있는지 설명해주고 있습니다. as_ylo와 같은 경우에는 특정 연도 이후의 논문 결과만 받을 수 있도록 설정하는 것입니다. 예를 들어, as_ylo="2018"이면 2018년 이후의 논문만 찾고 싶다는 뜻입니다. 반대로 as_yhi는 특정 연도 이전의 결과물만 불러오겠다는 것입니다. 마지막으로 hl 파라미터는 검색 엔진의 언어를 설정하는 것입니다. hl="ko"이면 한국어로만 검색하고, 한국어 논문 결과값만 찾고 싶다는 뜻입니다.

이 파라미터들을 Schema 코드에 넣기 위해서는 아래 코드에서 빨간색으로 표시된 부분과 같이 as_ylo, hl 파라미터를 추가해주면 됩니다.

```
{
  "openapi": "3.1.0",
  "info": {
    "title": "Google Scholar API",
    "description": "API for searching Google Scholar using specific queries.",
    "version": "v1.0.0"
  },
  "servers": [
    {
      "url": "https://serpapi.com"
    }
  ],
  "paths": {
    "/search": {
      "get": {
        "summary": "Search Google Scholar",
        "operationId": "searchGoogleScholar",
```

```
            "description": "Retrieves search results from Google Scholar for a given
query.",
          "parameters": [
            {
              "name": "engine",
              "in": "query",
              "description": "Search engine to use, set to 'google_scholar'.",
              "required": true,
              "schema": {
                "type": "string",
                "enum": [
                  "google_scholar"
                ]
              }
            },
            {
              "name": "q",
              "in": "query",
              "description": "Query to search for on Google Scholar.",
              "required": true,
              "schema": {
                "type": "string"
              }
            },
            {
              "name": "as_ylo",
              "in": "query",
              "description": "Query to search for on Google Scholar.",
              "required": true,
              "schema": {
                "type": "string",
                "enum": [
                  "2018"
                ]
              }
            },
            {
              "name": "hl",
```

```
          "in": "query",
          "description": "Query to search for on Google Scholar.",
          "required": true,
          "schema": {
            "type": "string",
            "enum": [
              "ko"
            ]
          }
        },
        {
          "name": "api_key",
          "in": "query",
          "required": true,
          "schema": {
            "type": "string",
            "enum": [
              "내 SerpAPI API key 넣어주기"
            ]
          }
        }
      ],
      "responses": {
        "200": {
          "description": "Successful response with search results.",
          "content": {
            "application/json": {
              "schema": {
                "type": "object",
                "properties": {
                  "results": {
                    "type": "array",
                    "items": {
                      "type": "object"
                    }
                  }
                }
              }
            }
          }
```

```
        }
       }
      }
     }
    }
   }
  }
 }
}
```

이를 복사하여 Schema 부분에 붙여넣으면 자동으로 Google Scholar 검색 엔진이 연동되고, 따로 프롬프트를 작성하지 않아도 위에서 소개한 Consensus와 같은 앱을 바로 만들게 되었습니다.

Google Patents API

두 번째로 Google Patents 검색 엔진을 연동하기 위해 필요한 파라미터 값이 무엇인지 보겠습니다. SerpAPI 웹사이트의 사이드바에서 Google Patents API를 클릭하세요.

먼저 검색어 파라미터를 살펴보겠습니다. 똑같이 파라미터의 이름은 q이지만, 필수가 아니고 'Optional(선택)'이라고 되어 있습니다. 또한 한 번에 여러 가지 검색을 하고 싶으면 검색어를 세미콜론인 ;로 띄워 달라고 설명하고 있네요.

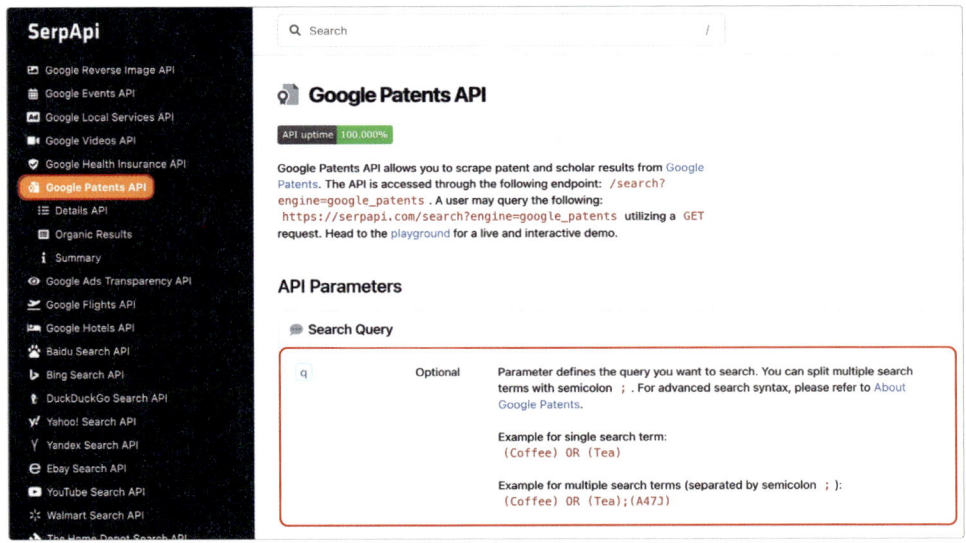

문서에서 아래로 스크롤하면, 다음과 같이 검색 엔진 파라미터인 engine과 비밀번호 파라미터인 api_key는 필수라고 표기되어 있습니다. engine은 google_patents로 설정해야 해당 검색 엔진을 사용하겠다고 SerpAPI 서버가 알 수 있습니다.

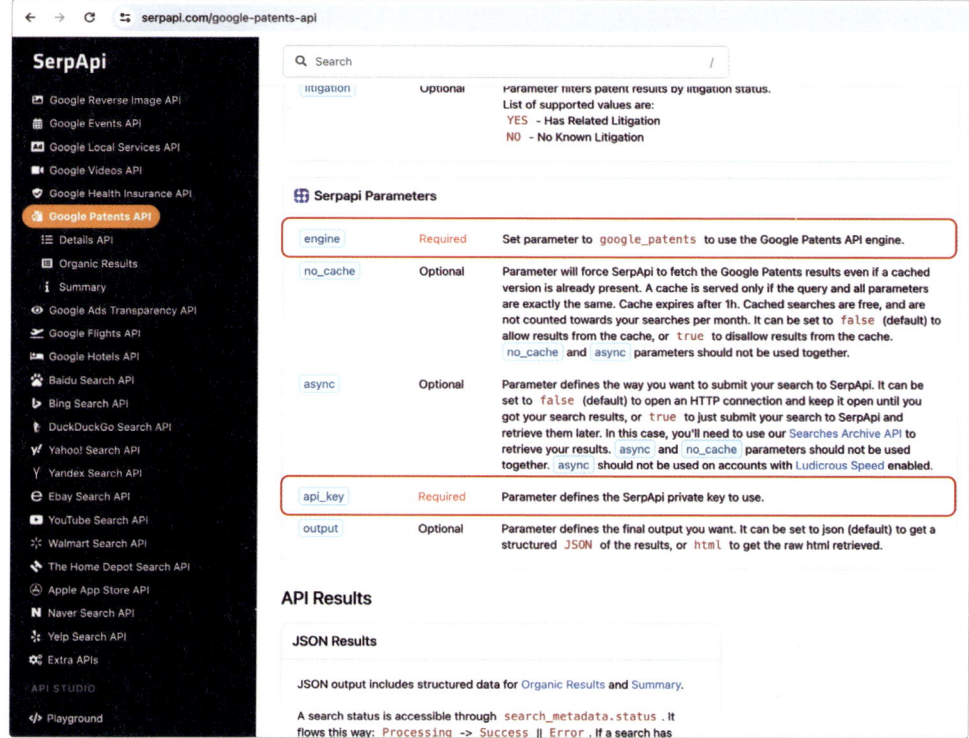

이 파라미터 값들을 사용해서 기본적으로 사용되는 cURL 코드는 이렇습니다.

```
curl --get https://serpapi.com/search \
 -d engine="google_patents" \
 -d q="Coffee" \
 -d api_key="내 SerpAPI API key 넣어주기"
```

또한 Google Scholar를 연동할 때 연도나 언어 파라미터를 선택적으로 추가한 것처럼, Google Patents를 연동할 때에도 선택할 수 있습니다.

예를 들어, Date Range라는 섹션을 보면, Google Scholar의 as_ylo, as_yhi 파라미터와 비슷한 역할을 하는 before, after 옵션이 있습니다. 만약 한국의 특허만 찾고 싶으면 country 파라미터 값을 KR로 설정해주면 되고, 언어도 한국어로 설정하고 싶다면 language 파라미터를 KOREAN으로 설정하면 됩니다.

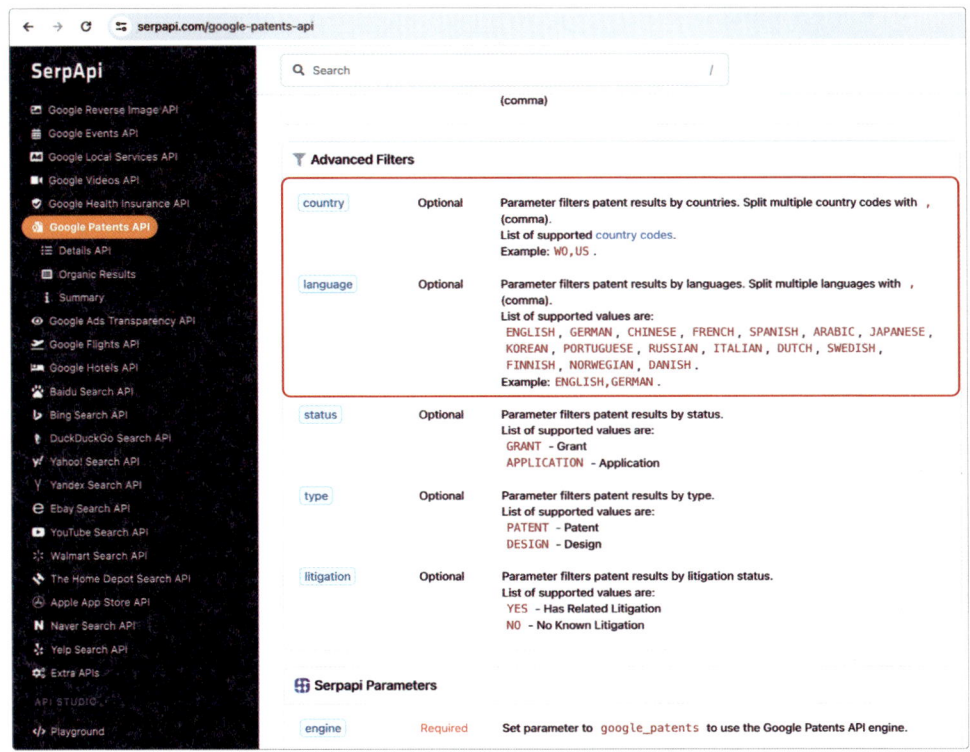

일단은 가장 기본적인 필수 파라미터만을 연동한 Schema 코드입니다.

```
{
  "openapi": "3.1.0",
  "info": {
    "title": "Google Patents API",
    "description": "API for searching Google Patents using specific queries.",
    "version": "v1.0.0"
  },
```

```json
    "servers": [
      {
        "url": "https://serpapi.com"
      }
    ],
    "paths": {
      "/search": {
        "get": {
          "summary": "Search Google Patents",
          "operationId": "searchGooglePatents",
          "description": "Retrieves search results from Google Patents for a given query.",
          "parameters": [
            {
              "name": "engine",
              "in": "query",
              "description": "Search engine to use, set to 'google_patents'.",
              "required": true,
              "schema": {
                "type": "string",
                "enum": [
                  "google_patents"
                ]
              }
            },
            {
              "name": "q",
              "in": "query",
              "description": "Query to search for on Google Scholar.",
              "required": false,
              "schema": {
                "type": "string"
              }
            },
            {
              "name": "api_key",
              "in": "query",
              "required": true,
```

```
          "schema": {
            "type": "string",
            "enum": [
              "내 SerpAPI API key 넣어주기"
            ]
          }
        }
      }
    ],
    "responses": {
      "200": {
        "description": "Successful response with search results.",
        "content": {
          "application/json": {
            "schema": {
              "type": "object",
              "properties": {
                "results": {
                  "type": "array",
                  "items": {
                    "type": "object"
                  }
                }
              }
            }
          }
        }
      }
    }
  }
 }
}
```

첫 번째로 engine 파라미터는 Google Patents 검색 엔진을 사용한다는 것을 명시하기 위해 "enum": ["google_patents"]로 설정했습니다. 두 번째로 검색어 파라미터인 q는 필수 값이 아니기 때문에 "required": false로 설정했습니다. 마지막으로 api_key 파라미터를 호출하는 코드는 그대로입니다. 그 외 이 액션에 대한 모든 제목과 설명도 Google Patents로 업데이트했습니다.

만약 이 코드를 복사하여 Schema 부분에 넣는다면 Google Patents 검색 엔진을 바로 연동하여 찾고 싶은 특허들을 GPT에게 대신 찾아달라고 요청할 수 있습니다.

검색 엔진 합치기

하지만 두 개의 검색 엔진, Google Scholar와 Google Patents를 한 개의 앱 내에서 사용하고 싶다면 어떤 식으로 코드를 짤 수 있을까요? 파라미터 부분의 코드를 합쳐준다고 생각하면 쉽습니다.

각 검색 엔진이 요구하는 기본 파라미터 값들은 검색 엔진, 검색어, 비밀번호입니다. 각 파라미터의 이름도 engine, q, api_key로 동일합니다. 그렇기 때문에 위 코드에서 engine, q, api_key에 대한 전체 코드 구조는 바뀌지 않습니다. 다만 합쳐야 할 부분은 두 가지의 검색 엔진을 연동하는 부분입니다.

```
{
  "name": "engine",
  "in": "query",
  "description": "Search engine to use, set to 'google_patents'.",
  "required": true,
  "schema": {
    "type": "string",
    "enum": [
      "google_patents"
    ]
  }
}
```

파라미터 중에서 engine 파라미터를 자세히 보면, 빨간색으로 표시된 "enum": ["google_patents"]에서 어떤 검색 엔진을 사용하고 싶은지 지정하고 있습니다. 두 개의 검색 엔진을 사용하기 위해서는 다음과 같이 바꿔줄 수 있습니다.

```
        {
          "name": "engine",
          "in": "query",
          "description": "Search engine to use, set to 'google_patents' or 'google_scholar.'",
          "required": true,
          "schema": {
            "type": "string",
            "enum": [
              "google_patents", "google_scholar"
            ]
          }
        }
```

먼저 "description" 부분에 GPT가 engine 파라미터를 통해 두 개의 검색 엔진을 사용할 것이라는 것을 설명해줍니다. 그다음으로는 직접 코드로 빨간색으로 표시된 부분의 "enum"에서 "google_patents" 혹은 "google_scholar" 검색 엔진을 설정해줍니다. 이렇게 두 개의 검색 엔진을 합칠 수 있습니다.

나머지 검색어 파라미터인 q와 비밀번호 파라미터인 api_key는 두 개의 검색 엔진을 호출할 때 동일하기 때문에 합칠 때 수정할 부분이 없습니다.

그렇다면 두 개의 검색 엔진을 한 개의 앱에서 호출할 수 있는 전체 코드는 이렇습니다.

```
{
  "openapi": "3.1.0",
  "info": {
    "title": "Google Research API",
    "description": "API for searching Google Scholar and Patents using specific queries.",
    "version": "v1.0.0"
  },
  "servers": [
    {
      "url": "https://serpapi.com"
```

```
    }
  ],
  "paths": {
    "/search": {
      "get": {
        "summary": "Search Google Research",
        "operationId": "searchGoogleResearch",
        "description": "Retrieves search results from Google Scholar and Patents for a given query.",
        "parameters": [
          {
            "name": "engine",
            "in": "query",
            "description": "Search engine to use, set to 'google_patents' or 'google_scholar.",
            "required": true,
            "schema": {
              "type": "string",
              "enum": [
                "google_patents", "google_scholar"
              ]
            }
          },
          {
            "name": "q",
            "in": "query",
            "description": "Query to search for on Google Scholar or Google Patents.",
            "required": false,
            "schema": {
              "type": "string"
            }
          },
          {
            "name": "api_key",
            "in": "query",
            "required": true,
            "schema": {
              "type": "string",
```

```
              "enum": [
                "내 SerpAPI API key 넣어주기"
              ]
            }
          }
        ],
        "responses": {
          "200": {
            "description": "Successful response with search results.",
            "content": {
              "application/json": {
                "schema": {
                  "type": "object",
                  "properties": {
                    "results": {
                      "type": "array",
                      "items": {
                        "type": "object"
                      }
                    }
                  }
                }
              }
            }
          }
        }
      }
    }
  }
}
```

이 코드를 이제 복사하여 Schema 부분에 넣어주세요. 마지막으로 "내 SerpAPI API key" 부분의 따옴표 사이에 자신의 SerpAPI 비밀번호로 대체해주세요.

3. 프롬프트 작성하기

프롬프트는 이전 파트와 비슷한 형식으로, 사용자가 검색어를 입력하면 어떻게 SerpAPI에서 연동한 검색 엔진을 활용할 것인지 알려줍니다. 예를 들어, 사용자가 논문을 찾아달라고 요청하면 engine: google_scholar를 사용하라고 하고, 특허를 찾아달라고 하면 engine: google_patents를 사용하도록 지정하는 것이죠.

또한 예시 답변 형식을 제공함으로써 더 정돈된 답변을 받을 수 있습니다. 어떤 정보를 제공할 수 있을까요? SerpAPI 서버를 호출해서 논문 혹은 특허 검색을 하면, 예시 JSON 결과물에는 문서의 제목, 저자, 설명, 링크 등의 정보가 있습니다. 이 정보를 정돈된 형태로 사용자에게 제공할 수 있도록 해주는 프롬프트를 '예시 답변' 부분에 작성합니다.

너는 사용자 대신 논문과 특허를 찾아주고 요약해주는 GPT야.
1. 사용자가 검색어를 입력하면 관련 논문을 찾고 싶은지, 특허를 찾고 싶은지 물어봐줘.
2. 논문을 찾아달라고 요청하면 SerpAPI 액션에서 engine: google_scholar를 이용하여 검색해줘.
3. 특허를 찾아달라고 요청하면 SerpAPI 액션에서 engine: google_patents를 이용하여 검색해줘.
4. 둘 다 요청하면 각각의 검색 엔진을 사용해서 찾아줘.
5. 결과물은 3개 정도 요약해서 찾아줘. 모두 한국어로 답변해주고, 논문 혹은 특허의 제목, 저자, 설명, 링크도 함께 포함해줘.

예시 답변:
[검색어] 관련 논문:
♀ 제목:
♀ 저자:
♀ 설명:
♀ 링크:
[검색어] 관련 특허:
♀ 제목:
♀ 저자:
♀ 설명:
♀ 링크:

프롬프트를 복사해서 Configure의 Instructions 섹션에 붙여넣어주세요.

4. 테스트 및 배포하기

바로 테스트해보겠습니다.

인공지능 관련 논문과 특허 찾아주세요.

네, 인공지능과 관련된 논문과 특허를 찾아드리겠습니다. 먼저 인공지능 관련 논문을 찾아볼까요, 아니면 특허를 먼저 찾아볼까요? 혹은 둘 다 동시에 찾아드릴까요?

둘 다 동시에 찾아주세요.

인공지능 관련 논문:
1. 제목: A Brief Survey of Deep Reinforcement Learning
   저자: Kai Arulkumaran, Marc Peter Deisenroth, Miles Brundage, Anil Anthony Bharath
   설명: 이 논문은 딥러닝과 강화학습이 결합된 분야인 딥 강화학습에 대한 개요를 제공합니다. 딥 강화학습은 최근 몇 년간 빠르게 발전하고 있는 분야로, 인공지능 연구에서 중요한 위치를 차지하고 있습니다. 이 논문은 이 분야의 기초적인 개념과 알고리즘, 그리고 주요 연구 결과들을 종합적으로 다룹니다.
   링크: [Google Scholar](https://scholar.google.com/scholar?hl=en&as_sdt=0%2C5&q=A+Brief+Survey+of+Deep+Reinforcement+Learning&btnG=)

2. 제목: Learning to simulate dynamic environments with gameGAN
   저자: Seung Wook Kim, Jonah Philion, Antonio Torralba, Sanja Fidler
   설명: 이 연구는 동적 환경을 시뮬레이션하는 방법에 대해 탐구하며, GameGAN이라는 새로운 모델을 소개합니다. GameGAN은 게임 환경을 모방하는 데 사용되는 신경망 기반의 모델로, 이를 통해 복잡한 환경과 상호작용하는 방법을 배울 수 있습니다.
   링크: [Google Scholar](https://scholar.google.com/scholar?hl=en&as_sdt=0%2C5&q=Learning+to+simulate+dynamic+environments+with+gameGAN&btnG=)

3. 제목: Towards AI-complete question answering: A set of prerequisite toy tasks
   저자: Jason Weston, Antoine Bordes, Sumit Chopra, Alexander M. Rush, Bart van Merriënboer, Armand Joulin, Tomas Mikolov

설명: 이 논문에서는 인공지능이 완전한 질문 응답(Question Answering) 시스템을 구축하기 위한 기본적인 '장난감' 과제들을 제시합니다. 이 과제들은 AI가 인간처럼 사고하고 이해할 수 있는 능력을 개발하는 데 필요한 여러 요소들을 포함하고 있습니다.

링크: [Google Scholar](https://scholar.google.com/scholar?hl=en&as_sdt=0%2C5&q=Towards+AI-complete+question+answering%3A+A+set+of+prerequisite+toy+tasks&btnG=)

인공지능 관련 특허:

1. 제목: 휴대용 디바이스들에서의 사용자 행위에 대한 자동화된 응답 및 사용자 행위의 감지

  저자: 브라이언 후피, 애플 인크.

  설명: 이 특허는 휴대용 디바이스에서 사용자의 행동을 감지하고, 이를 바탕으로 자동화된 반응을 제공하는 기술에 관한 것입니다. 인공지능을 활용하여 사용자의 행위에 기반한 응답을 생성하는 방법이 포함되어 있습니다.

  링크: [Google Patents](https://patents.google.com/patent/KR101202128B1/ko)

2. 제목: 운전 로그 및 인공지능모델을 이용하여 고장 진단을 하는 인공 지능 기기 및 그 방법

  저자: 한종우, 엘지전자 주식회사

  설명: 이 특허는 인공지능 기술을 이용하여 운전 로그 및 기기의 상태를 분석하고 고장을 진단하는 방법에 관한 것입니다. 이 기술은 인공지능 모델을 활용하여 고장 가능성이 있는 부분을 식별하고, 적절한 대응 조치를 취할 수 있도록 합니다.

  링크: [Google Patents](https://patents.google.com/patent/KR102367831B1/ko)

3. 제목: 인공지능 건조기

  저자: 채종훈, 엘지전자 주식회사

  설명: 이 특허는 건조기에 인공지능을 적용하여 보다 효율적인 건조 성능을 달성하는 기술에 관한 것입니다. 인공지능은 건조기의 다양한 조건을 분석하고 최적의 건조 모드를 선택하여 에너지 효율성을 높이고 사용자의 만족도를 개선합니다.

  링크: [Google Patents](https://patents.google.com/patent/KR102177970B1/ko)

프롬프트에 작성한대로 논문 및 특허를 구분해주고 있고, 각 문서별로 제목, 저자, 설명, 링크 정보를 포함해서 답변을 제공합니다. 링크를 클릭하면 해당 문서를 더 자세히 살펴보고 다운로드할 수 있는 웹사이트로 넘어갑니다.

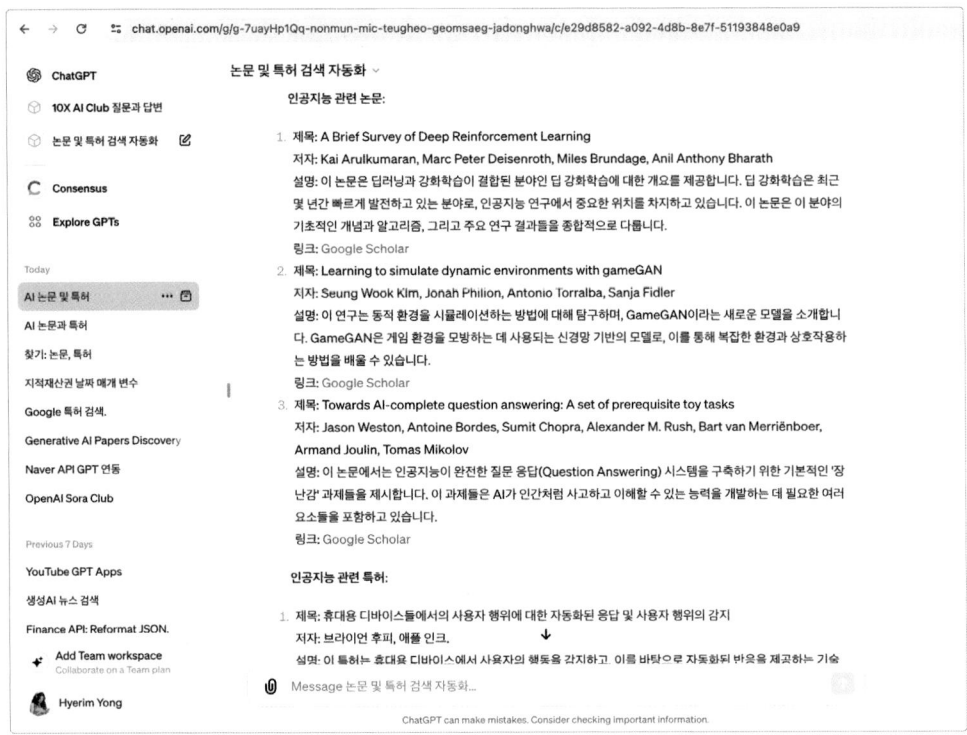

　이로써 구글의 논문과 특허 검색 엔진을 연동하여 가장 기본적인 검색 및 요약 기능을 할 수 있는 앱을 만들었습니다. 이 앱을 더욱 고도화하기 위해서는 어떤 기능들을 추가할 수 있을까요? 만약 검색과 요약해주는 기능뿐만 아니라 실제로 보고서 혹은 출처 부분을 대신 작성해주길 원한다면 프롬프트를 어떻게 업데이트할 수 있을까요? 보고서의 양식을 프롬프트에 '예시 답변' 부분과 같이 업로드하면 됩니다.

　예를 들어, 이 부분을 프롬프트에 추가할 수 있습니다. 참고문헌 양식을 제공해서 찾은 논문 혹은 특허들을 이런 형식으로 작성해달라고 요청하는 것입니다.

참고문헌 양식은 이렇습니다. 검색해서 찾은 논문 혹은 특허들을 다음 양식처럼 작성해주세요.
참고문헌
김영희. (2020). 디지털 시대의 교육 혁신 방안 연구. *한국교육학연구*, 16(3), 45-67.
박준서. (2021). 인공지능 기술의 발전과 사회적 영향. *과학기술저널*, 12(2), 123-145. https://doi.org/10.12345/ai.tech.2021.02
이철수, 홍길동. (2019). 지속 가능한 환경을 위한 신재생 에너지 솔루션. *환경과학회지*, 35(4), 234-256.
최지은. (2018). 현대 소설에서 나타나는 도시의 의미 분석. *문학연구*, 22(1), 88-109.

혹은 만약 작성하고자 하는 보고서의 양식 및 목차에 대한 파일이 있다면, 그 엑셀 시트 혹은 PDF 파일을 Configure 섹션에서 Knowledge에 업로드하면 됩니다. 그럼 SerpAPI의 엔진들이 탑재된 앱이 대신 검색해주고, 보고서를 작성해주는 것까지 대신 해줄 수 있게 되는 것이죠. 그뿐만 아니라, 회사에 대한 소개 보고서나 연구하고자 하는 과제 자료들을 함께 Knowledge에 업로드하면 더 개인화된 생성 AI 앱을 만들 수 있습니다.

여행 일정 자동화

업무 자동화와 관련된 앱 외에 더 창의적인 기능들을 할 수 있는 앱은 어떤 것들이 있을까요? SerpAPI에서 제공하고 있는 여러 다양한 검색 엔진 중에서 이번 파트에서는 구글 지도를 활용한 앱을 만들 예정입니다. 구글 지도를 GPTs와 연동하면 다음과 같은 다양한 앱을 만들 수 있습니다.

- **여행 추천 및 계획 도우미**: 사용자의 관심사, 예산, 여행 기간에 기반하여 맞춤형 여행 계획을 제안합니다. Google Maps의 정보를 활용하여 명소, 식당, 호텔 등을 추천하고 경로를 계획할 수 있습니다.
- **실시간 교통 상황 및 경로 안내 서비스**: 사용자의 출발지와 목적지를 입력받아 최적의 경로와 예상 소요 시간을 안내합니다. 또한, 현재 교통 상황에 기반한 실시간 교통 정보도 제공할 수 있습니다.
- **점심 시간 식사 추천 서비스**: 회사의 거리, 예산, 개인 취향을 고려하여 점심 시간마다 매번 고민할 필요 없이 몇 가지 음식점을 추천해주는 앱을 만들 수 있습니다.

이 중에서 여행 추천 및 계획 일정표를 세워주는 앱을 만드는 구체적인 방법을 살펴보겠습니다. 이전 파트와 마찬가지로, SerpAPI를 통해 Google Maps 엔진을 연동하는 단계는 계속 연습해왔기 때문에 꽤 간단합니다. 하지만 '여행 추천 및 계획 도우미'와 같은 여러 기능을 수행해야 하는 GPT를 만들 때에는 프롬프트를 어떻게 구성하는지가 매우 중요해집니다.

1. GPTs Name, Description 설정하기

새로운 GPTs를 만들기 위해 사이드바에서 'Explore GPTs'를 클릭한 다음, 화면의 오른쪽 상단에서 '+ Create' 버튼을 클릭하세요. Name에 '여행 일정 도우미'라고 작성하고, Description에 '개인화된 여행 맛집, 관광 추천 여행 도우미'로 쓰겠습니다.

2. GPTs와 SerpAPI 연동하기

Google Maps를 연동하기 위해 SerpAPI 웹사이트의 사이드바에서 Google Maps API를 클릭해주세요. Google Maps API를 클릭하면 아래에 더 자세한 검색 서비스들이 있습니다. Autocomplete API, Contributor Reviews API, Direction API, Local Results 등이 있죠. 이 중에서 GPTs 앱에 유용하게 쓰일 수 있는 검색 엔진은 가장 기본적인 Google Maps API와 Directions API입니다.

Google Maps API를 호출했을 때 받는 결과물은 흔히 네이버지도나 카카오지도를 검색했을 때 근처 추천 맛집 장소들을 불러올 때와 같습니다. 반면 Directions API는 출발 지점에서부터 도착 지점까지 최적의 경로를 알려주는 검색 엔진입니다. Google Maps API는 여행지에서 가볼만한 유명 관광 명소, 맛집 등을 추천해줄 수 있도록 사용할 것이고, Directions API는 숙소에서 관광 명소와의 거리를 계산하여 최적의 루트를 짤 수 있는 일정표를 만들 때 사용할 것입니다.

각각의 API를 호출하는 코드를 먼저 만들어본 후, 두 개의 검색 엔진을 한 개의 앱 내에서 동시에 사용할 수 있도록 Schema 코드를 합치겠습니다.

Google Maps API

Google Maps가 필수적으로 요구하는 파라미터 값이 다른 검색 엔진과는 사뭇 다릅니다. 호출하기 위해 기본적으로 어떤 파라미터 값들이 사용되는지 cURL 코드를 통해 바로 살펴보겠습니다.

```
curl --get https://serpapi.com/search \
  -d engine="google_maps" \
  -d q="pizza" \
  -d ll="@40.7455096,-74.0083012,15.1z" \
  -d type="search" \
  -d api_key="내 SerpAPI API key 넣어주기"
```

이 코드를 호출하게 되면 어떤 결과물을 받게 되는지 다음 예시 이미지를 통해 볼 수 있습니다. 뉴욕 맨해튼 지도에서 'pizza'를 검색하면 관련 인기 피자 맛집들을 추천해주고 지도에 위치들을 표시해줍니다. 각 상점의 이름, 평점, 여는 시간 및 주소를 제공해주고 있네요. 이 결과물을 어떻게 불러온 것일까요?

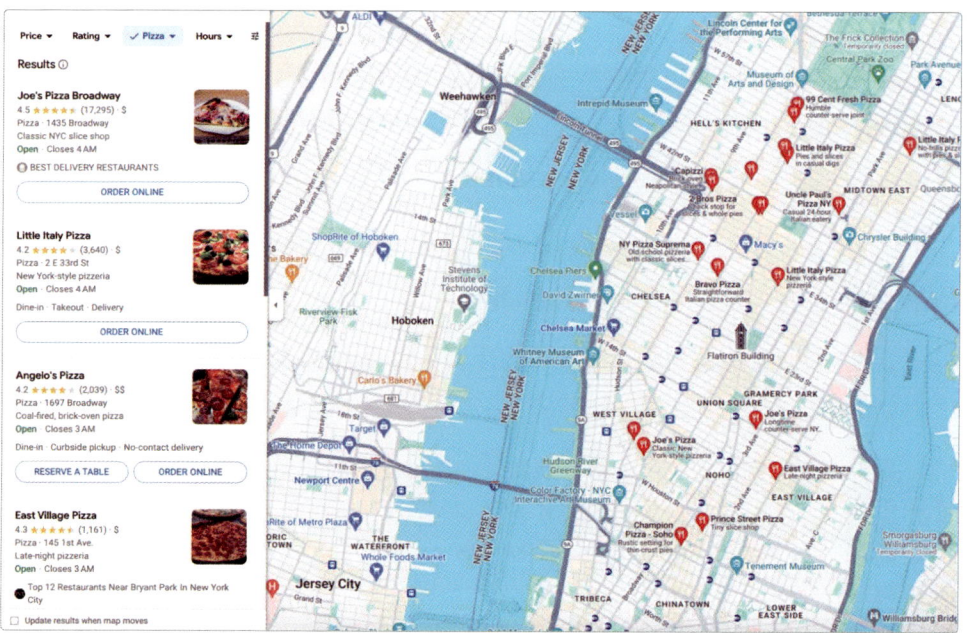

다시 cURL 코드로 돌아오겠습니다. 코드의 가장 첫 번째 줄에는 SerpAPI 웹사이트 링크를 제공함으로써 이 서버를 호출하겠다고 명시하고 있고, 그 아래에는 필요한 파라미터 정보를 각각 제공하고 있습니다.

- engine="google_maps": 이 파라미터는 engine으로, google_maps 검색 엔진을 사용하겠다고 알려주는 것입니다.
- q="pizza": 이 파라미터는 검색어인 q로, pizza를 파라미터에 저장시켜 피자 맛집들을 찾고 싶다고 알려주고 있습니다.
- ll="@40.7455096,-74.0083012,15.1z": 이 파라미터는 자신의 현재 위치의 경도와 위도 정보를 알려주는 값입니다. 더 자세하게 풀어 쓰자면, @ + latitude + , + longitude + , + zoom 형태로 저장되어 있습니다. @ 뒤에 위도, 경도, 그리고 줌인/줌아웃 값을 저장하는 형식입니다. 이 정보는 GPT에게 자신의 현 주소를 준 후 위도와 경도 정보를 계산해달라고 요청할 수 있습니다.
- type="search": 이 파라미터는 두 가지 옵션이 있습니다. search라고 지정하거나 place로 지정할 수 있습니다. search로 지정하면 검색어 파라미터인 q를 통해 자연어 검색어로 찾겠다는 의미이고, place로 지정하면 data 파라미터로 찾고자 하는 위치의 정확한 위도와 경도 데이터를 통해 찾겠다는 뜻입니다.
- api_key="내 SerpAPI API key 넣어주기": 마지막으로 api_key는 자신의 SerpAPI 비밀번호를 저장하는 파라미터입니다.

이 중에서 필수 파라미터 값들은 engine, type, api_key입니다. 만들고자 하는 '여행 일정 도우미' GPT는 보통 '파리', '도쿄' 등과 같이 검색어를 통해 정보를 검색할 것이기 때문에 type="search"로 지정하고 검색어 파라미터 q를 사용할 것입니다.

또한 검색하고자 하는 지역이 어디인지, 자신의 현재 숙소 혹은 회사 위치가 어디인지 GPT에게 알려줘야 하기 때문에 ll 파라미터도 사용할 것입니다. 사용자가 자신의 현 위치의 주소를 GPT에게 알려주면 해당 주소를 위도와 경도 값으로 변환한 후 이 파라미터에 저장하도록 설정할 것입니다.

어떤 파라미터 값들이 사용되는지 확인했으니 이제 GPT가 알아들을 수 있는 Schema 코드 형태로 변환하겠습니다.

```
{
  "openapi": "3.1.0",
  "info": {
    "title": "Google Maps API",
    "description": "API for searching Google Maps using specific queries.",
    "version": "v1.0.0"
  },
  "servers": [
    {
      "url": "https://serpapi.com"
    }
  ],
  "paths": {
    "/search": {
      "get": {
        "summary": "Search Google Maps",
        "operationId": "searchGoogleMaps",
        "description": "Retrieves search results from Google Maps for a given query.",
        "parameters": [
          {
            "name": "engine",
            "in": "query",
            "description": "Search engine to use, set to 'google_maps'.",
            "required": true,
            "schema": {
              "type": "string",
              "enum": [
                "google_maps"
              ]
            }
          },
          {
            "name": "q",
            "in": "query",
            "description": "Query to search for on Google Maps.",
            "required": false,
            "schema": {
              "type": "string"
```

```
          }
        },
        {
          "name": "ll",
          "in": "query",
          "description": "Latitude and longitude for the search, followed by zoom level.",
          "required": false,
          "schema": {
            "type": "string"
          }
        },
        {
          "name": "type",
          "in": "query",
          "description": "Type of the search.",
          "required": true,
          "schema": {
            "type": "string",
            "enum": [
              "search"
            ]
          }
        },
        {
          "name": "api_key",
          "in": "query",
          "required": true,
          "schema": {
            "type": "string",
            "enum": [
              "내 SerpAPI API key 넣어주기"
            ]
          }
        }
      ],
      "responses": {
        "200": {
```

```
              "description": "Successful response with search results.",
              "content": {
                "application/json": {
                  "schema": {
                    "type": "object",
                    "properties": {
                      "results": {
                        "type": "array",
                        "items": {
                          "type": "object"
                        }
                      }
                    }
                  }
                }
              }
            }
          }
        }
      }
    }
  }
}
```

cURL에서 호출한 형식과 그대로 설정했습니다. engine에는 google_maps를 지정하고, q, ll, type 파라미터를 추가해 각 파라미터에 대한 설명도 함께 적어주었습니다. type 파라미터에는 좀 더 구체적으로 "enum": ["search"]의 설정을 추가해서 검색어 q 파라미터를 통해 검색하겠다는 것을 알려줍니다.

Directions API

두 번째로 살펴볼 것은 Directions API입니다. Directions API는 실시간으로 최적의 경로를 찾아주는 검색 엔진입니다. 마찬가지로 cURL 코드를 보겠습니다.

```
curl --get https://serpapi.com/search \
 -d engine="google_maps_directions" \
 -d start_addr="Austin-Bergstrom+International+Airport" \
```

```
     -d end_addr="5540+N+Lamar+Blvd,+Austin,+TX+78756,+USA" \
     -d api_key="내 SerpAPI API key 넣어주기"
```

engine 파라미터에는 Directions API 검색 엔진인 google_maps_directions로 설정해줍니다. 다음으로는 start_addr는 시작 지점의 주소, end_addr는 도착 지점의 주소입니다. 이 파라미터를 토대로 호출하면 다음과 같은 JSON 결과물을 받게 됩니다.

```
    "directions": [
      {
        "travel_mode": "Driving",
        "via": "183 Toll",
        "distance": 21397,
        "duration": 970,
        "formatted_distance": "13.3 miles",
        "formatted_duration": "16 min",
        "extensions": [
          "Fastest route now due to traffic conditions",
          "This route has tolls."
        ],
        "trips": [
          {
            "travel_mode": "Driving",
            "title": "Get on State Hwy 71 W in Del Valle from Hotel Dr and Spirit of Texas Dr",
            "distance": 1351,
            "duration": 139,
            "formatted_distance": "0.8 mi",
            "formatted_duration": "2 min",
            "details": [
              {
                "title": "Head southwest on Presidential Blvd toward Service Dr",
                "action": "straight",
                "distance": 3,
                "duration": 0,
                "formatted_distance": "10 ft",
                "formatted_duration": "0 sec"
              },
```

```
            ...
            {
              "title": "Turn  left   to merge onto  State Hwy 71 W",
              "action": "merge",
              "distance": 489,
              "duration": 41,
              "formatted_distance": "0.3 mi",
              "formatted_duration": "41 sec",
              "geo_photo": "https://geo0.ggpht.com/cbk?cb_client=unknown_client.gws&output=thumbnail&thumb=2&panoid=5VuJaV4okpHOIlrk6vjVzA&w=203&h=100&yaw=35&pitch=0&thumbfov=114&ll=30.215779,-97.663537",
              "gps_coordinates": {
                "latitude": 30.215778597115996,
                "longitude": -97.66353692926126
              }
            }
          ]
        },
        ...
      ]
    },
    "durations": [
    {
      "travel_mode": "Driving",
      "duration": 970,
      "formatted_duration": "16 min"
    },
    {
      "travel_mode": "Transit",
      "duration": 3660,
      "formatted_duration": "1 hr 1"
    },
    {
      "travel_mode": "Walking",
      "duration": 21457,
      "formatted_duration": "6 hr"
    },
    {
```

```
            "travel_mode": "Cycling",
            "duration": 3615,
            "formatted_duration": "1 hr"
        }
    ]
}
```

맨 첫줄에 있는 directions라는 파라미터 아래로 "travel_mode": "Driving"이 있습니다. travel_mode 파라미터는 어떤 수단으로 이동할 것인지 알려주는 값으로, Driving(차), Two-wheeler(오토바이), Transit(대중교통), Walking(걷기), Cycling(자전거), Flight(비행기), Best(최적의 경로) 옵션들이 존재합니다.

만약 다른 이동 수단들을 제외하고 차로 이동할 수 있는 경로들만 알고 싶다면 cURL 코드를 호출할 때 travel_mode=0으로 지정할 수 있습니다. 숫자 0은 Driving을 뜻하는 것으로, 아래는 각 이동 수단을 의미하는 숫자입니다.

- 6: Best (Default)
- 0: Driving
- 9: Two-wheeler
- 3: Transit
- 2: Walking
- 1: Cycling
- 4: Flight

그다음으로는 차로 이동했을 때 총 거리(formatted_distance)가 얼마인지, 걸리는 시간(formatted_duration)이 얼마인지 알려줍니다. 거리 단위가 킬로미터가 아닌 miles로 표시되어 있어서 km로 변환하고 싶다면 cURL 코드에서 호출할 때 distance_unit=0 파라미터를 추가하면 됩니다. 0은 km, 1은 miles를 뜻합니다.

빨간색으로 표시된 trips라는 부분에 이제 차 이동 수단을 선택했을 경우 더 자세한 이동 경로를 알려줍니다. 내비게이션 정보를 여기에 저장하는 것이죠.

마지막으로 durations에는 각 이동 수단별로 걸리는 시간들을 취합한 정보가 있습니다. 운전은 16분, 대중교통은 1시간 1분, 걷기는 6시간, 자전거는 1시간 정도 걸린다고 알려주고 있습니다.

즉 Directions API를 호출하면 도착 지점까지 이동하기 위해 가장 최적의 이동 수단 옵션이 무엇인지, 시간과 거리는 얼마나 되는지, 이동 경로에 대한 정보를 제공해줍니다. 이를 활용하여 여행 관광지를 최적의 루트로 돌아다닐 수 있는 일정표를 짜볼 것입니다.

cURL 코드를 Schema 코드로 변환하면 다음과 같습니다.

```
{
  "openapi": "3.1.0",
  "info": {
    "title": "Google Directions API",
    "description": "API for searching Google Directions using specific queries.",
    "version": "v1.0.0"
  },
  "servers": [
    {
      "url": "https://serpapi.com"
    }
  ],
  "paths": {
    "/search": {
      "get": {
        "summary": "Search Google Directions",
        "operationId": "searchGoogleDirections",
        "description": "Retrieves search results from Google Maps Directions for a given query.",
        "parameters": [
          {
            "name": "engine",
            "in": "query",
            "description": "Search engine to use, set to 'google_maps_directions'.",
            "required": true,
            "schema": {
```

```
          "type": "string",
          "enum": [
            "google_maps_directions"
          ]
        }
      },
      {
        "name": "start_addr",
        "in": "query",
        "description": "Start address",
        "required": false,
        "schema": {
          "type": "string"
        }
      },
      {
        "name": "end_addr",
        "in": "query",
        "description": "End address",
        "required": false,
        "schema": {
          "type": "string"
        }
      },
      {
        "name": "distance_unit",
        "in": "query",
        "description": "Type of the search.",
        "required": false,
        "schema": {
          "type": "string",
          "enum": [
            "0"
          ]
        }
      },
      {
        "name": "api_key",
        "in": "query",
```

```
            "required": true,
            "schema": {
              "type": "string",
              "enum": [
                "내 SerpAPI API key 넣어주기"
              ]
            }
          }
        ],
        "responses": {
          "200": {
            "description": "Successful response with search results.",
            "content": {
              "application/json": {
                "schema": {
                  "type": "object",
                  "properties": {
                    "results": {
                      "type": "array",
                      "items": {
                        "type": "object"
                      }
                    }
                  }
                }
              }
            }
          }
        }
      }
    }
  }
}
```

cURL에 나온 engine, start_addr, end_addr, api_key는 그대로 넣어준 다음, 추가로 distance_unit 파라미터를 넣어서 거리 계산 단위가 킬로미터가 될 수 있도록 "enum": ["0"]으로 설정했습니다.

검색 엔진 합치기

이제 이 둘의 검색 엔진을 합치기 위해서는 어떻게 해야 할까요? 일단은 두 개의 검색 엔진이 같은 서버인 SerpAPI 웹사이트를 호출하기 때문에 한 개의 액션만 만들어주면 됩니다. 또 다른 액션을 추가할 필요가 없습니다. 대신 각 엔진마다 사용하는 파라미터가 다르기 때문에 이 부분들만 합치면 됩니다.

첫 번째로 공통적으로 쓰이는 파라미터 값이 어떤 것들인지 확인하겠습니다. engine과 api_key는 똑같이 사용되고 있습니다. 하지만 Google Maps API는 q, ll, type을 쓰고 있고 Directions API는 start_addr, end_addr, distance_unit을 사용하고 있습니다.

이전 파트에서 Google Scholar API와 Google Patents API를 합칠 때와는 달리 여기서는 각 엔진마다 사용하는 파라미터가 다르기 때문에 조금 더 복잡해집니다. 각 엔진을 사용할 때 필요한 파라미터 값들의 코드를 한 개의 Schema 코드 내에 합친다고 생각하면 됩니다.

```
{
  "openapi": "3.1.0",
  "info": {
    "title": "Google Maps API",
    "description": "API for searching Google Maps and Directions using specific queries.",
    "version": "v1.0.0"
  },
  "servers": [
    {
      "url": "https://serpapi.com"
    }
  ],
  "paths": {
    "/search": {
      "get": {
        "summary": "Search Google Maps",
        "operationId": "searchGoogleMaps",
        "description": "Retrieves search results from Google Maps & Directions for a
```

```
given query.",
        "parameters": [
          {
            "name": "engine",
            "in": "query",
            "description": "Search engine to use, set to 'google_maps' or 'google_maps_directions'.",
            "required": true,
            "schema": {
              "type": "string",
              "enum": [
                "google_maps", "google_maps_directions"
              ]
            }
          },
          {
            "name": "q",
            "in": "query",
            "description": "Query to search for on Google Maps.",
            "required": false,
            "schema": {
              "type": "string"
            }
          },
          {
            "name": "ll",
            "in": "query",
            "description": "Latitude and longitude for the search, followed by zoom level. Use for Google Maps",
            "required": false,
            "schema": {
              "type": "string"
            }
          },
          {
            "name": "type",
            "in": "query",
            "description": "Type of the search. Use for Google Maps",
```

```json
      "required": false,
      "schema": {
        "type": "string",
        "enum": [
          "search"
        ]
      }
    },
    {
      "name": "start_addr",
      "in": "query",
      "description": "Start address. Use for Directions",
      "required": false,
      "schema": {
        "type": "string"
      }
    },
    {
      "name": "end_addr",
      "in": "query",
      "description": "End address. Use for Directions",
      "required": false,
      "schema": {
        "type": "string"
      }
    },
    {
      "name": "distance_unit",
      "in": "query",
      "description": "Type of the search. Use for Directions",
      "required": false,
      "schema": {
        "type": "string",
        "enum": [
          "0"
        ]
      }
    },
```

```
          {
            "name": "api_key",
            "in": "query",
            "required": true,
            "schema": {
              "type": "string",
              "enum": [
                "내 SerpAPI API key 넣어주기"
              ]
            }
          }
        ],
        "responses": {
          "200": {
            "description": "Successful response with search results.",
            "content": {
              "application/json": {
                "schema": {
                  "type": "object",
                  "properties": {
                    "results": {
                      "type": "array",
                      "items": {
                        "type": "object"
                      }
                    }
                  }
                }
              }
            }
          }
        }
      }
    }
  }
}
```

두 개의 검색 엔진에서 각각 사용하는 파라미터 값들에 대한 코드가 합쳐진 것을 확인했나요? engine 파라미터에는 "enum": ["google_maps", "google_maps_directions"]로 설정해줌으로써 두 가지 검색 엔진을 사용한다는 것을 알려줍니다. 그 밑으로는 각 엔진별로 쓰이는 파라미터에 대한 코드 블록들을 추가했습니다. 즉 google_maps 엔진은 q, ll, type, api_key를 사용하고, google_maps_directions 엔진은 start_addr, end_addr, distance_unit, api_key를 사용합니다. GPT가 각 파라미터가 어떤 엔진에 쓰이는 값인지 더 잘 구별할 수 있도록 각 파라미터의 description에 Google Maps API에 쓰이는 값인지, Directions API에 쓰이는 값인지 설명했습니다.

이제 연동할 준비가 완료되었습니다. 이 코드를 복사해서 Schema 섹션에 붙여넣어주세요. SerpAPI 비밀번호도 꼭 "내 SerpAPI API key 넣어주기" 따옴표 사이에 복사해주세요.

3. 프롬프트 작성하기

이제 본격적으로 프롬프트를 어떻게 구현하는지에 따라 GPTs 앱이 할 수 있는 기능이 굉장히 다양해질 것입니다. 프롬프트의 가장 첫 번째 문장에는 GPT의 역할을 알려줍니다.

 당신은 사용자의 개인 취향에 맞게 여행지 추천, 맛집 추천, 일정표 계획을 짜주는 GPT입니다.

그다음으로는 사용자가 이 앱을 어떻게 활용할 것인지 고민해보는 것입니다.

- Google Maps API: 사용자의 관심사를 바탕으로 맛집, 카페, 관광지 추천하기
- Directions API: 사용자의 숙소 위치와 여행지들 간의 거리를 계산해서 최적의 루트 계산 후 일정표 짜주기

첫 번째로, 사용자의 개인 취향과 관심사를 바탕으로 Google Maps 검색을 해야 한다면 GPT가 사용자에게 어떤 질문들을 할 수 있을까요? 예산이 어떻게 되는지, 관심사가 유적지와 박물관 위주인지, 혹은 카페 및 맛집 투어인지 질문을 하게끔 프롬프트에 설정할 수 있습니다. 이런 식으로 말이죠.

검색을 하기 전에 사용자에게 몇 가지 질문을 합니다. 질문을 한꺼번에 하지 말고 꼭 한 번에 한 개씩 해주세요:

1. 여행하고자 하는 장소는 어디입니까?
[주관식 답변]

2. 여행 예산은 어느 정도인가요?
　A. 경제적 (저렴한)
　B. 보통
　C. 고급 (비싼)
　D. 무제한

3. 여행 스타일을 선택하세요.
　A. 박물관 및 관광
　B. 음식 투어
　C. 자연 탐방
　D. 모험 및 액티비티

4. 선호하는 음식 유형은 무엇입니까?
　A. 현지 전통 음식
　B. 인터내셔널 요리
　C. 건강식
　D. 길거리 음식

5. 여행 중 중요하게 생각하는 것은 무엇입니까?
　A. 문화 체험
　B. 휴식 및 리프레시
　C. 쇼핑 및 엔터테인먼트
　D. 교육적 경험

　이제 사용자의 취향에 대한 정보를 충분히 받아냈으니 이를 토대로 Google Maps를 검색할 수 있습니다. 크게 두 가지로, 관광지와 맛집을 검색하도록 할 것입니다. 이를 하기 위해서는 사용자가 설정한 위치를 바탕으로 검색해야 합니다. Google Maps API를 호출할 때 사용자의 현 위치를 저장하는 파라미터는 ll이었습니다. ll 파라미터는 `@ + latitude + , + longitude + , + zoom` 형태입니다. 직접 위도와 경도에 대한 정보를 계산하기 어려우니, 사용자가 제공한 위치를 GPT에게 이 형식과 같게 계산해달라고 요청할 것입니다.

이제 사용자의 개인 취향 정보를 바탕으로 검색을 실행해주세요.
SerpAPI 액션을 통해 연동한 "searchGoogleMaps" function의 Google Maps API로 1) 관광지(Things to do), 2) 맛집(Restaurants) 추천을 해주세요.
검색을 할 때, 사용자가 알려준 위치 정보를 위도와 경도로 변환해서 "ll" 파라미터에 저장한 다음 검색해주세요.
ll 파라미터 형식은 다음과 같습니다: @ + latitude + , + longitude + , + zoom
예시: @40.7455096,-74.0083012,14z

답변할 때 세 개씩 추천해주고, 왜 이를 추천했는지도 간단하게 한 문장 내로 설명해주세요.

##예시 답변
주요 관광지
- 관광 명소 이름
- 평점
- 설명
- 티켓 가격
- 관련 링크
맛집 추천
- 식당 이름
- 평점
- 설명
- 가격
- 가격대 및 설명
- 관련 링크

그럼 사용자의 취향과 관심사를 바탕으로 맞춤 검색을 해줍니다. 관광지 세 곳과 맛집 세 곳을 추천해주죠. 이 중에서 사용자에게 마음에 드는 곳들을 선택하게 한 다음, 각 장소의 위치를 고려하여 최적의 경로가 어떻게 되는지 계산하도록 할 것입니다. 이를 하기 위해서는 사용자에게 숙소 위치와 여행을 며칠 동안 하는지에 대한 정보 또한 미리 받아서 계산하도록 설정할 수 있습니다. 이 모든 정보를 바탕으로 일정표를 작성해달라고 요청합니다.

 추천해준 후, 사용자에게 마음에 드는 곳들을 선택하라고 물어봐주세요.

사용자가 마음에 드는 곳을 선택했다면 다음 질문을 물어봐주세요:
"이제 여행 일정표를 만들어 드리겠습니다. 그 전에, 여행 기간은 며칠이며, 숙소 위치는 어디인가요?"

일정표를 만들 때에는 SerpAPI의 "searchGoogleMaps" function에서 google_maps_directions 엔진을 사용해서 검색해주세요. Don't use google_maps engine.
사용자에게 받은 정보를 바탕으로 여행 일정표를 만들어주세요. 꼭 표로 시각화해주세요.

##표를 만들 때 고려해야 할 사항:
- 천천히 단계별로 생각하면서 계산해줘
- 사용자의 취향과 관심사가 반영돼야 함
- 숙소(start_addr)와 관광지 혹은 맛집(end_addr) 거리가 멀지 않아야 함
- 숙소에서부터 출발해서 각 관광지/맛집에서 소요하는 시간 예측해서 시간표 작성
각 관광지/맛집 사이의 거리와 소요 시간을 계산해서 최적의 best optimal route를 계산해야 함

##표에 들어갈 정보:
- 관광지 혹은 맛집 이름, 설명, 가격대
- 위치
- 숙소 혹은 이전 관광지/맛집에서부터의 거리 및 소요되는 시간
- 시간표

프롬프트를 작성할 때 중요한 부분은 GPT가 두 가지 검색 엔진 중에서 어떤 것을 사용해야 할지 혼동하지 않도록 명시해야 한다는 것입니다. 일정표를 만들 때에는 꼭 google_maps_directions 엔진을 사용해서 검색해달라고 요청합니다. 할루시네이션을 방지하게 위해 영어로 한 번 더 'Don't use google_maps engine'이라고 해줍니다.

일정표를 만들 때 고려해야 하는 몇 가지 사항도 함께 알려줍니다. 숙소에서부터 각 관광지와 맛집 사이의 거리와 소요 시간을 고려해서 최적의 경로로 일정표를 만들도록 합니

다. 마지막으로 표에 들어갈 정보도 구체화하면 다음과 같은 답변을 받을 수 있습니다. 전체 프롬프트는 다음과 같습니다.

 당신은 사용자의 개인 취향에 맞게 여행지 추천, 맛집 추천, 일정표 계획을 짜주는 GPT입니다. 검색을 하기 전에 사용자에게 몇 가지 질문을 합니다. 질문을 한꺼번에 하지 말고 꼭 한 번에 한 개씩 해주세요:

1. 여행하고자 하는 장소는 어디입니까?
[주관식 답변]

2. 여행 예산은 어느 정도인가요?
  A. 경제적 (저렴한)
  B. 보통
  C. 고급 (비싼)
  D. 무제한

3. 여행 스타일을 선택하세요.
  A. 박물관 및 관광
  B. 음식 투어
  C. 자연 탐방
  D. 모험 및 액티비티

4. 선호하는 음식 유형은 무엇입니까?
  A. 현지 전통 음식
  B. 인터내셔널 요리
  C. 건강식
  D. 길거리 음식

5. 여행 중 중요하게 생각하는 것은 무엇입니까?
  A. 문화 체험
  B. 휴식 및 리프레시
  C. 쇼핑 및 엔터테인먼트
  D. 교육적 경험

질문이 끝나면 이제 사용자의 개인 취향 정보를 바탕으로 검색을 실행해주세요.

SerpAPI 액션을 통해 연동한 "searchGoogleMaps" function의 Google Maps API로 1) 관광지(Things to do), 2) 맛집(Restaurants) 추천을 해주세요.

검색을 할 때, 사용자가 알려준 위치 정보를 위도와 경도로 변환해서 "ll" 파라미터에 저장한 다음 검색해주세요.

ll 파라미터 형식은 다음과 같습니다: @ + latitude + , + longitude + , + zoom

예시: @40.7455096,-74.0083012,14z

답변할 때 세 개씩 추천해주세요.

##예시 답변

주요 관광지

- 관광 명소 이름

- 평점

- 설명

관련 링크

맛집 추천

- 식당 이름

- 평점

- 식당 설명

- 대표 추천 메뉴

- 가격

- 가격대 및 설명

관련 링크

추천해준 후, 사용자에게 마음에 드는 곳들을 선택하라고 물어봐주세요.

사용자가 마음에 드는 곳을 선택했다면 다음 질문을 물어봐주세요:
"이제 여행 일정표를 만들어 드리겠습니다. 그 전에, 여행 기간은 며칠이며, 숙소 위치는 어디인가요?"

일정표를 만들 때에는 SerpAPI의 "searchGoogleMaps" function에서 google_maps_directions 엔진을 사용해서 검색해주세요. Don't use google_maps engine.
사용자에게 받은 정보를 바탕으로 여행 일정표를 만들어주세요. 꼭 표로 시각화해주세요.

##표를 만들 때 고려해야 할 사항:

- 천천히 단계별로 생각하면서 계산해줘
- 사용자의 취향과 관심사가 반영돼야 함
- 숙소(start_addr)와 관광지 혹은 맛집(end_addr) 거리가 멀지 않아야 함
- 숙소에서부터 출발해서 각 관광지/맛집에서 소요하는 시간 예측해서 시간표 작성

각 관광지/맛집 사이의 거리와 소요 시간을 계산해서 최적의 best optimal route를 계산해야 함

##표에 들어갈 정보:

- 관광지 혹은 맛집 이름, 설명, 가격대
- 위치
- 숙소 혹은 이전 관광지/맛집에서부터의 거리 및 소요되는 시간
- 시간표

여러분의 파리 2일 여행 일정표를 완성했습니다! 숙소에서 출발하여 루브르 박물관, 에펠탑을 방문하고 다시 숙소로 돌아오는 경로를 계획했습니다. 다음은 여행 일정표입니다:

Day 1

시간	장소 및 활동	이동수단	소요 시간	거리
오전 10:00	숙소 출발: 8 Rue St Charles, 75015 Paris	도보	-	-
오전 10:05	출발지에서 루브르 박물관으로 이동	대중교통	30분	5.1km
오전 10:35	**루브르 박물관 방문**	-	-	-
오후 12:35	루브르 박물관에서 에펠탑으로 이동	대중교통	24분	4.6km
오후 1:00	**에펠탑 방문**	-	-	-
오후 3:00	에펠탑에서 숙소로 이동	대중교통	10분	1.1km
오후 3:10	숙소 도착	-	-	-

프롬프트를 복사해서 Instructions 부분에 넣어주세요.

4. 테스트 및 배포하기

만든 내용을 바탕으로 테스트해보겠습니다.

 안녕하세요!

대화를 시작하면 프롬프트에 작성한 대로 가장 먼저 여행하고자 하는 장소가 어디인지 물어봅니다.

 안녕하세요! 여행 일정을 계획하시는 데 도움이 되도록 준비되어 있습니다. 먼저, 여행하고자 하는 장소가 어디인지 알려주실 수 있나요?

 파리, 프랑스

장소 답변을 하면 개인 취향 및 관심사를 물어보는 질문들을 한 개씩 하기 시작합니다.

 파리, 프랑스로 여행 계획이시군요! 좋습니다. 다음으로 여행 예산에 대해 알려주실 수 있나요?
A. 경제적 (저렴한)
B. 보통
C. 고급 (비싼)
D. 무제한

 C

 고급 여행을 원하시는군요! 그럼 여행 스타일에 대해서도 알려주실 수 있을까요?
A. 박물관 및 관광
B. 음식 투어
C. 자연 탐방
D. 모험 및 액티비티

A

박물관 및 관광을 선호하시는군요! 이제 선호하는 음식 유형에 대해서 알려주세요.
A. 현지 전통 음식
B. 인터내셔널 요리
C. 건강식
D. 길거리 음식

A

현지 전통 음식을 선호하시는군요! 마지막으로, 여행 중 중요하게 생각하는 것이 무엇인지 알려주세요.
A. 문화 체험
B. 휴식 및 리프레시
C. 쇼핑 및 엔터테인먼트
D. 교육적 경험

사용자의 관심사를 받은 후 이제 SerpAPI의 Google Maps API를 호출해서 가장 먼저 갈만한 관광지 세 곳을 추천해줍니다. 관광지별로 이름, 평점, 설명, 링크를 제공해줍니다.

파리의 주요 관광지 추천
1. 에펠탑 (Eiffel Tower)
- 평점: 4.7
- 설명: 19세기에 지어진 330m 높이의 상징적인 타워로, 전망대까지 엘리베이터와 계단을 이용할 수 있습니다.
- 에펠탑 정보 바로가기
2. 루브르 박물관 (Louvre Museum)
- 평점: 4.7
- 설명: 역사적인 궁전에서 대규모 예술 컬렉션을 감상할 수 있으며, 로마 조각에서부터 '모나리자'까지 다양한 작품을 소장하고 있습니다.

- 루브르 박물관 정보 바로가기

3. 개선문 (Arc de Triomphe)

- 평점: 4.7

- 설명: 나폴레옹의 승리를 기념하여 건설된 상징적인 개선문으로, 관측 데크가 있습니다.

- 개선문 정보 바로가기

여행지 중 마음에 드는 곳을 선택하세요.

일정표를 작성하기 위해 사용자에게 마음에 드는 곳들을 선택하라고 요청합니다.

 세 곳 다 가고 싶어요!

그다음으로는 맛집 세 곳을 추천해줍니다. 평점, 설명, 대표 메뉴, 가격대, 홈페이지 링크를 제공해주고 있네요.

 파리의 맛집 추천

1. Au Pied de Cochon

- 평점: 4.3

- 식당 설명: 파리의 클래식한 브라세리로, 아침부터 현지 요리와 전통 샤르쿠테리를 제공합니다.

- 대표 메뉴: 샤르쿠테리 보드

- 가격대: $$$

- Au Pied de Cochon 정보 바로가기

2. GrandCœur

- 평점: 4.4

- 식당 설명: 고급스러운 프랑스식 레스토랑으로 프랑스 전통 요리를 현대적인 감각으로 재해석한 메뉴를 제공합니다.

- 대표 메뉴: 현대적 프랑스 요리

- 가격대: $$$

- GrandCœur 정보 바로가기

3. To Restaurant Paris

- 평점: 4.4

- 식당 설명: 일본식 프랑스 퓨전 요리를 선보이는 고급스러운 레스토랑으로 다양한 시음 메뉴와 칵테일을 즐길 수 있습니다.
- 대표 메뉴: 일본-프랑스 퓨전 요리
- 가격대: $$$
- To Restaurant Paris 정보 바로가기

이 중에서 마음에 드는 곳이 있으신가요?

마찬가지로 가고 싶은 곳을 선택해달라고 사용자에게 요청합니다.

 세 곳 다 좋습니다

이제 일정표를 본격적으로 만들기 위해 사용자에게 여행 기간과 숙소 위치에 대한 정보를 물어봅니다.

 네, 선택하셔서 감사합니다! 그럼 이제 여행 일정표를 만들어 드리겠습니다. 그 전에, 여행 기간은 며칠이며, 숙소 위치는 어디인가요?

 여행 기간 3일, 숙소 위치: 8 Rue St Charles, 75015 Paris, France

이를 토대로 3일 파리 여행 일정표를 만들어줍니다. 이제는 Google Maps API가 아닌 Directions API를 사용해서 숙소와 각 관광지 및 음식점 사이의 거리와 소요 시간을 계산한 후 최적의 여행 일정 경로를 생성해줍니다.

 기반으로 3일간의 파리 여행 일정표를 만들어 보았습니다. 시간은 대략적인 예상이므로, 현지 상황에 따라 유동적으로 조정하시기 바랍니다.
1일차
1. 숙소 출발 - 8 Rue St Charles, 75015 Paris, France
2. 에펠탑 방문
- 소요 시간: 도보로 약 14분

- 설명: 파리의 상징, 멋진 전망을 즐길 수 있는 타워

3. 루브르 박물관 방문

- 소요 시간: 차로 약 6분
- 설명: 세계적으로 유명한 예술작품을 소장한 박물관

4. GrandCœur 레스토랑 점심 식사

- 소요 시간: 루브르 박물관에서 도보로 약 5분
- 대표 메뉴: 현대적 프랑스 요리
- 가격대: $$$

5. 개선문 방문

- 소요 시간: 차로 약 11분
- 설명: 나폴레옹의 승리를 기념하는 개선문

2일차

1. Au Pied de Cochon 레스토랑에서 아침 식사

- 숙소에서 차로 약 15분
- 대표 메뉴: 샤르쿠테리 보드
- 가격대: $$$

2. 루브르 박물관 추가 탐방 (이전 날 방문하지 못한 전시물 감상)

- Au Pied de Cochon에서 도보로 약 10분
- 에펠탑 주변 산책 및 휴식
- 루브르 박물관에서 차로 약 6분

3. To Restaurant Paris 저녁 식사

- 에펠탑에서 차로 약 10분
- 대표 메뉴: 일본-프랑스 퓨전 요리
- 가격대: $$$

3일차

1. 개선문 주변 산책 및 쇼핑

- 숙소에서 차로 약 15분

2. GrandCœur 레스토랑 점심 식사

- 개선문에서 차로 약 11분
- 대표 메뉴: 현대적 프랑스 요리
- 가격대: $$$

3. 루브르 박물관 마지막 방문 및 기념품 구매

- GrandCœur에서 도보로 약 5분

4. Au Pied de Cochon에서 저녁 식사
- 루브르 박물관에서 도보로 약 10분
- 대표 메뉴: 샤르쿠테리 보드
- 가격대: $$$

각 장소 간 이동은 대중교통이나 택시를 이용하시면 편리합니다. 일정에 대해 수정하거나 추가하고 싶은 부분이 있다면 언제든지 말씀해주세요!

 이를 토대로 시간표 및 일정표를 만들어서 표로 시각화해주세요!

그럼 다음과 같이 답변해줍니다.

파리 3일 여행 일정표

날짜	시간	활동	장소	이동 방법	이동 소요 시간	체류 시간	비고
1일 차	09:00	숙소 출발	8 Rue St Charles				
	09:15	에펠탑 방문	Eiffel Tower	도보	14분	2시간	파리의 상징
	11:30	루브르 박물관 이동		차	6분		
	11:45	루브르 박물관 방문	Louvre Museum			3시간	예술작품 소장
	15:00	GrandCœur 점심 식사	GrandCœur	도보	5분	1시간	현대적 프랑스 요리
	16:15	개선문 이동		차	11분		
	16:30	개선문 방문	Arc de Triomphe			1시간 30분	나폴레옹의 승리 기념
2일 차	09:00	Au Pied de Cochon 아침 식사	Au Pied de Cochon	차	15분	1시간	샤르쿠테리 보드
	10:30	루브르 박물관 추가 탐방	Louvre Museum	도보	10분	3시간	미처 보지 못한 전시
	14:00	에펠탑 주변 산책 및 휴식	Eiffel Tower	차	6분	2시간	파리의 상징
	16:30	To Restaurant Paris 저녁 식사	To Restaurant Paris	차	10분	1시간 30분	일본-프랑스 퓨전 요리

표를 복사해서 엑셀 시트에 붙여넣으면 다운로드하거나 다른 여행 인원들과 공유할 수 있는 파일이 생성됩니다.

날짜	시간	활동	장소	이동 방법	이동 소요 시간	체류 시간	비고
1일차	9:00	숙소 출발	8 Rue St Charles				
	9:15	에펠탑 방문	Eiffel Tower	도보	14분	2시간	파리의 상징
	11:30	루브르 박물관 이동		차	6분		
	11:45	루브르 박물관 방문	Louvre Museum			3시간	예술작품 소장
	15:00	GrandCœur 점심 식사	GrandCœur	도보	5분	1시간	현대적 프랑스 요리
	16:15	개선문 이동		차	11분		
	16:30	개선문 방문	Arc de Triomphe			1시간 30분	나폴레옹의 승리 기념
2일차	9:00	Au Pied de Cochon 아침 식사	Au Pied de Cochon	차	15분	1시간	샤르퀴테리 보드
	10:30	루브르 박물관 추가 탐방	Louvre Museum	도보	10분	3시간	미처 보지 못한 전시
	14:00	에펠탑 주변 산책 및 휴식	Eiffel Tower	차	6분	2시간	파리의 상징
	16:30	To Restaurant Paris 저녁 식사	To Restaurant Paris	차	10분	1시간 30분	일본-프랑스 퓨전 요리
3일차	9:00	개선문 주변 산책 및 쇼핑	Arc de Triomphe	차	15분	2시간	역사적인 건축물
	11:30	GrandCœur 점심 식사	GrandCœur	차	11분	1시간	현대적 프랑스 요리
	13:00	루브르 박물관 마지막 방문	Louvre Museum	도보	5분	2시간	세계적인 미술품
	15:30	Au Pied de Cochon 저녁 식사	Au Pied de Cochon	도보	10분	1시간 30분	샤르퀴테리 보드

이로써 여행 일정 계획표를 대신 세워주는 GPTs 앱을 만들었습니다.

만약 한 단계 더 나아가고 싶다면 어떤 기능들을 추가할 수 있을까요?

- **여행 비용 계산 도우미**: 총 인원이 몇 명인지, 각 여행지에서 얼마 소요했는지를 고려하여 한 명당 내야 하는 비용 계산하기
- **숙소 검색 자동화**: 주요 관광지 근처의 호텔 대신 찾아주기. 예산, 위치 등을 고려하여 필터링할 수 있음 (Google Maps API)
- **항공권 검색 자동화**: 예산, 위치, 지역, 날짜 정보를 토대로 항공권 검색 자동화하기(Google Flights API)

여러 가지 기능과 검색 엔진을 탑재하여 고도로 발달된 인공지능 여행 도우미를 만들 수 있을 것입니다. 각 기능에 대한 프롬프트와 Schema 코드를 한 번씩 만들어보길 권장합니다.

여러 검색 엔진 연동하기

앞에서 여러 검색 엔진을 한 개의 앱 내에서 연동하는 방법에 대해 소개했습니다. 이 파트에서는 조금 더 본격적으로, 구글 검색 서비스뿐만 아니라 구글 검색 엔진을 네이버, 유튜브, 혹은 다른 검색 엔진과도 연동시키기 위해서는 어떻게 Schema 코드를 작성해야 하는지 살펴볼 예정입니다.

논문 검색과 여행 일정 자동화 사례에서 공통적으로 계속 연습했던 것은 첫 번째로, engine 파라미터에 사용하고자 하는 여러 검색 엔진 값을 "enum": ["google_maps", "google_maps_directions"]에 설정해주는 것이었습니다. 두 번째로는 각 검색 엔진을 호출할 때 필요한 파라미터 값들에 대한 코드 블록을 추가하는 것이었습니다. 즉, 여러 검색 엔진을 동시에 사용하고 싶다면 engine 파라미터에 검색 엔진들의 명칭을 "enum" 안에 저장하고, 각 엔진이 요구하는 필수 파라미터 값을 구현한 코드를 추가해주면 됩니다.

이번 예시로는 이전 파트들에서 연동한 모든 검색 엔진들을 한꺼번에 연동해볼 것입니다. 구글뿐만 아니라 유튜브, 네이버 검색 엔진을 한 번에 연동하는 방법에 대해 살펴볼 것입니다. 책에 나와 있는 코드를 보기 전에, 지금 한번 직접 만들어서 GPTs 앱에서 실습해보길 추천합니다.

코드 작성하기

세 가지의 검색 엔진들을 한 개의 앱 내에서 사용하기 위해서는 가장 첫 번째로 각 검색 엔진이 필요로 하는 파라미터 값들이 어떤 것들인지 살피는 것입니다. 구글 검색 엔진은 engine, q, api_key를 호출합니다.

```
curl --get https://serpapi.com/search \
 -d engine="google" \
 -d q="Coffee" \
 -d api_key="내 SerpAPI API key 넣어주기"
```

네이버 검색 엔진은 engine, query, api_key를 호출합니다.

```
curl --get https://serpapi.com/search \
 -d engine="naver" \
 -d query="paris" \
 -d api_key="내 SerpAPI API key 넣어주기"
```

마지막으로 유튜브 검색 엔진은 engine, search_query, api_key를 호출합니다.

```
curl --get https://serpapi.com/search \
 -d engine="youtube" \
 -d search_query="star+wars" \
 -d api_key="내 SerpAPI API key 넣어주기"
```

세 개의 검색 엔진 파라미터 값을 살펴보면, engine과 api_key 파라미터 값은 동일한 이름입니다. 다만 검색어를 저장하는 파라미터는 구글은 q, 네이버는 query, 유튜브는 search_query로 되어 있습니다. 각각 다르기 때문에 Schema 코드를 작성할 때 검색어 파라미터는 한 개가 아닌 총 세 개의 다른 파라미터로 구성될 것입니다. 바로 한번 모든 검색 엔진이 합쳐진 코드를 살펴보겠습니다.

```
{
  "openapi": "3.1.0",
  "info": {
    "title": "Multiple Search API",
    "description": "API for searching Google, Youtube, Naver using specific queries.",
    "version": "v1.0.0"
  },
  "servers": [
    {
      "url": "https://serpapi.com"
    }
  ],
  "paths": {
    "/search": {
      "get": {
        "summary": "Search Naver, Google, or Youtube",
        "operationId": "searchEngine",
```

```
            "description": "Retrieves search results from Naver, Google, or Youtube for a
given query.",
        "parameters": [
          {
            "name": "engine",
            "in": "query",
            "description": "Search engine to use, set to 'naver' or 'google' or
'youtube'.",
            "required": true,
            "schema": {
              "type": "string",
              "enum": ["google", "naver", "youtube"],
            }
          },
          {
            "name": "q",
            "in": "query",
            "description": "Query to search for on Google.",
            "required": false,
            "schema": {
              "type": "string"
            }
          },
          {
            "name": "query",
            "in": "query",
            "description": "Query to search for on Naver.",
            "required": false,
            "schema": {
              "type": "string"
            }
          },
          {
            "name": "search_query",
            "in": "query",
            "description": "Query to search for on Youtube.",
            "required": false,
            "schema": {
```

```
          "type": "string"
        }
      },
      {
        "name": "api_key",
        "in": "query",
        "required": true,
        "schema": {
          "type": "string",
          "enum": [
            "내 SerpAPI API key 넣어주기"
          ]
        }
      }
    ],
    "responses": {
      "200": {
        "description": "Successful response with search results.",
        "content": {
          "application/json": {
            "schema": {
              "type": "object",
              "properties": {
                "results": {
                  "type": "array",
                  "items": {
                    "type": "object"
                  }
                }
              }
            }
          }
        }
      }
    }
  }
}
```

첫 번째로 engine 파라미터 코드 블록을 보면, "enum": ["google", "naver", "youtube"]을 설정함으로써 SerpAPI 웹사이트를 호출할 때 이 세 가지의 검색 엔진을 사용하겠다고 알려주는 것입니다.

그다음으로는 각 검색 엔진이 사용하는 각자의 파라미터 코드를 넣어야 합니다. 검색어 파라미터의 이름이 각 엔진마다 다르기 때문에 engine처럼 한 개의 파라미터 내에서 통합할 수 없고, 한 개씩 일일이 넣어줘야 합니다. 즉 구글 검색 엔진을 위한 검색어 파라미터 q에 대한 코드 블록도 넣어주고, 그 뒤로 네이버 검색 엔진의 query 파라미터, 유튜브 검색 엔진의 search_query 파라미터에 대한 코드를 넣어주는 것입니다.

마지막으로 확인해야 할 것은 각 파라미터 값이 필수인지, 선택인지 설정해주는 것입니다. 각 파라미터의 코드 블록을 보면 required라는 설정값이 있습니다. "required": true이면 필수 파라미터 값이고, false면 선택 값임을 알려주는 것입니다. 원래 각 엔진을 호출할 때 검색어 파라미터는 필수이므로, "required": true이어야 합니다. 하지만 이번에는 여러 검색 엔진을 동시에 사용할 것이기 때문에 각 검색 엔진의 검색어 파라미터를 전부 "required": true로 설정하면 오류가 납니다. 만약 구글 검색 엔진을 호출하고 싶으면 검색어 파라미터 q만을 호출해야 하는데, query, search_query까지 "required": true로 설정되어 있으면 호출될 때 cURL 코드가 이런 식으로 요청됩니다.

```
curl --get https://serpapi.com/search \
 -d engine="google" \
 -d q="Coffee" \
 -d query="Coffee" \
 -d search_query="Coffee" \
 -d api_key="내 SerpAPI API key 넣어주기"
```

이렇게 요청되면 잘못된 형식이기 때문에 제대로 검색을 하지 못합니다. 그렇기 때문에 여러 엔진을 사용할 때에는 각 검색 엔진이 필요로 하는 파라미터 값들에 대한 required 설정을 전부 false로 해야 합니다.

이제 이 코드를 바탕으로 GPT에게 '구글 검색 엔진을 사용해서 검색해줘' 혹은 '네이버 검색 엔진을 사용해서 검색해줘'라고 요청하면 engine 파라미터에서 google 혹은 naver를 선택한 다음, 각 엔진이 사용하는 검색어 파라미터를 사용해서 SerpAPI 웹사이트를 호출할 것입니다. 코드를 복사한 후 Schema에 넣어주세요.

테스트하기

프롬프트는 따로 작성하지 않고 가장 기본적인 검색 기능을 잘하는지 테스트하겠습니다. 가장 먼저 네이버 검색 엔진을 테스트해보겠습니다.

네이버 검색 엔진을 사용해서 '생성 AI' 관련 뉴스 기사들을 검색해줘

네이버 검색 결과에 따르면, 최근 '생성 AI'와 관련된 다양한 뉴스 기사들이 있습니다. 주요 기사들을 살펴보면:

1. **1인 미디어 특별단속 나선 中…생성형 AI 통제도 강화**:
   중국이 생성형 AI와 관련된 콘텐츠에 대한 통제를 강화한다는 내용입니다. 대중이 혼동하거나 오해할 수 있는 콘텐츠를 정리하고, 이 기술을 사용해 루머를 조장하거나 과대 마케팅 광고 등을 만드는 불법 계정을 삭제할 계획입니다【출처: 뉴시스】.

2. **AI와 함께 쓴 기사 퓰리처상 최종 후보 올랐다**:
   인공지능을 활용하여 작성된 기사가 퓰리처상의 최종 후보에 올랐다는 뉴스입니다. AI 관련 기술의 발전에 따라 이사회에서는 AI를 활용해 더 나은 기사를 쓸 수 있다는 결론을 내렸습니다【출처: 미디어오늘】.

3. **카카오, AI 생성 모델에 '비가시성 워터마크' 도입… "딥페이크 근절 차원"**:
   카카오가 AI를 이용한 생성 콘텐츠에 대한 부작용을 방지하기 위해 '비가시성 워터마크'를 도입한다는 내용입니다. 이는 딥페이크 등의 문제를 근절하기 위한 조치로, AI로 생성된 기사는 사용자가 쉽게 인지할 수 있도록 표기될 예정입니다【출처: 뉴데일리】.

4. **"국내 AI 대체 가능 일자리 327만 개…이중 60%는 전문직"**:
   한국에서 AI가 대체할 수 있는 일자리가 전체 일자리의 상당 부분을 차지할 것으로 예상된다는 분석입니다. 특히 전문직 일자리가 AI에 의해 대체될 가능성이 높다고 합니다【출처: SBS】.

이러한 기사들은 최근 생성 AI와 관련된 사회, 경제, 기술적 변화와 발전에 대한 다양한 시각을 제공합니다.

각 기사 제목, 링크, 그리고 간단한 설명을 첨부했습니다. 다음으로는 구글 검색 엔진을 사용해서 검색하겠습니다.

 이번에는 구글 검색 엔진만을 사용해서 'GenAI'에 대한 기사들을 찾아줘

 구글 검색 결과에 따르면, 다음과 같은 'GenAI' 관련 뉴스 기사들이 있습니다:
1. **[Weekly Generative AI News and Top Stories](https://www.adweek.com/programmatic/weekly-genai-watch-nov-3/)**: Adweek에서 제공하는 주간 생성 AI 뉴스 및 주요 이야기를 다루는 기사입니다.
2. **[GenAI likely to add $66-80 billion to financial services GVA](https://www.business-standard.com/industry/news/genai-could-add-80-billion-to-financial-services-gva-by-2030-shows-data-124021900907_1.html)**: Business Standard에서 보도한 기사로, GenAI가 2030년까지 금융 서비스 총부가가치(GVA)에 66-80억 달러를 추가할 가능성에 대해 다루고 있습니다.
3. **[Reflecting on the Top 5 GenAI News Stories that Shaped](https://www.linkedin.com/pulse/reflecting-top-5-genai-news-stories-shaped-2023-robert-phillips-caztc)**: LinkedIn에서 제공하는 2023년을 형성한 상위 5개 GenAI 뉴스 스토리에 대한 리뷰입니다.

이러한 기사들은 최근 생성 AI(GenAI)의 사회적, 경제적 영향 및 발전에 대한 다양한 관점을 제공합니다.

마찬가지로 기사 제목, 링크, 그리고 짧은 설명을 제공했네요. 마지막으로 유튜브 검색 엔진을 통해 검색하겠습니다.

 이번에는 유튜브 검색 엔진을 사용해서 '생성 AI'에 대한 영상들을 3가지만 추천해줘

 YouTube 검색 결과를 통해 '생성 AI'에 관한 여러 영상들을 찾을 수 있었습니다. 여기에서 몇 가지 추천드릴 만한 영상들은 다음과 같습니다:
1. **"[함께배우기] 83일차, AI 배우기 Part1. 생성형 AI(AI는 시간과 비용을 아껴주는 혁신)"**: 이 영상은 생성형 AI에 대한 기본적인 설명과 AI가 시간과 비용을 절약해주는 방법에 대해 다루고 있습니다. [영상 링크](https://www.youtube.com/watch?v=1H16uf4CCTQ)

2. **"챗GPT로 촉발된 생성형 AI 시대! 개념, 기술, 그리고 플랫폼 총정리 | [REAL SUMMIT 2023] AI & Data 트랙 1-2. 장원진 상무"**: 이 영상에서는 챗GPT를 중심으로 한 생성형 AI의 개념, 기술, 플랫폼에 대해 상세히 설명하고 있습니다. [영상 링크](https://www.youtube.com/watch?v=ndHo5SBojbc)

3. **"ChatGPT의 핵심개념인 '생성형 AI'를 쉽게 이해시켜드립니다 | 서울대 AI박사 (LLM, NLP)"**: 생성형 AI의 핵심 개념을 쉽게 이해할 수 있도록 서울대 AI 박사가 설명하는 영상입니다. [영상 링크](https://www.youtube.com/watch?v=3dEzMRL5VMk)

이 영상들은 생성 AI에 대한 이해를 높이고 다양한 관점에서 이 기술을 바라볼 수 있는 기회를 제공할 것입니다. 영상의 제목, 링크, 설명을 같이 제공하고 있습니다. 즉 이런 식으로 여러 가지 검색 엔진을 GPT 내에서 바로 활용할 수 있습니다.

그렇다면 이제 네이버, 유튜브, 구글 검색 외에도 구글 지도, 구글 논문 및 특허, 구글 주식 검색 엔진 등을 함께 활용하고 싶다면 어떻게 해야 할까요? 똑같은 방식으로 각 검색 엔진의 명칭을 engine 파라미터의 enum 부분에 나열한 다음, 각 엔진을 호출할 때 필요한 파라미터 값들에 대한 코드를 나열하면 됩니다. 주의해야 할 점은 engine과 api_key 파라미터를 제외한 나머지 파라미터 값들에 대한 required 설정을 false로 해야 합니다.

마지막으로 프롬프트를 작성할 때, GPT가 해야 하는 기능이 여러 가지인 경우 각 기능이 어떤 검색 엔진을 사용해야 하는지 명확하게 알려줘야 합니다. 이 예시는 여행 일정 도우미 앱을 만들 때처럼 프롬프트를 작성해주면 됩니다. 자세하게 알려주지 않으면 GPT가 여러 가지 검색 엔진 중에서 어떤 엔진과 어떤 파라미터 값들을 사용해야 하는지 혼란이 오기 때문에 할루시네이션을 할 가능성이 매우 높습니다.

마무리하며

이 책을 통해 여러분은 대략 15가지의 다양한 업무 자동화 애플리케이션을 직접 만들어 봤습니다. 외부 액션을 연동하며 여러 가지 기능을 할 수 있는 GPTs를 만들었지만, 이 책의 전반에 걸쳐 가장 중요한 부분은 바로 '프롬프트 엔지니어링'을 잘하는 법입니다. 앞으로 다양한 버전의 인공지능 모델을 접하게 될 것이고, 각 모델마다 특징과 성능은 다르지만, 모든 모델에서 필요한 공통적인 기술이 바로 이 프롬프트 엔지니어링입니다. 어떻게 생성 AI 모델과 대화해야 내 요청을 정확히 이해하고 원하는 대로 수행할 수 있는지를 알면 어떤 모델을 사용하든 이 기술은 크게 도움이 될 것입니다.

이 기술은 자연어만을 사용해 생성 AI 앱을 만드는 경우뿐만 아니라, 직접 코드를 작성하여 프로그램을 만들 때에도 매우 유용합니다. 예를 들어, 코드 내에서 OpenAI API를 호출할 때에도 프롬프트를 자연어로 작성해야 합니다. 프롬프트 작성 방법에 따라 답변의 길이와 품질이 결정되며, 이는 사용된 토큰의 양에 따라 토큰 비용이 발생합니다. 만약 프롬프트를 제대로 작성하지 않는다면 할루시네이션이 계속 발생되면서 많은 토큰 비용이 낭비될 것입니다. 따라서 어떤 상황에서든 프롬프트 엔지니어링을 잘한다면, 효과적이고 비용 대비 효율적인 생성 AI 앱을 만들 수 있습니다.

각 장에는 많은 정보가 담겨 있기 때문에 모든 내용을 기억하기 어려울 수 있습니다. 하지만 GPTs 앱을 만들 때 프롬프트에 들어가야 하는 필수 정보들은 꼭 기억하기 바랍니다. 다음과 같은 주요 지침을 기억하세요.

1. 프롬프트의 첫 문장에는 GPT가 수행할 역할을 명시할 것.
2. 두 번째 문장에는 사용자가 앱과 어떻게 상호 작용할 것인지, 어떤 정보를 기반으로 답변을 제공해야 하는지를 설명할 것.
3. Zapier나 SerpAPI와 같은 외부 액션을 사용한다면, 이러한 액션을 GPT가 어떻게 사용해야 하는지 설명할 것.
4. 가능하다면 예시 답변 형식을 제공할 것.

프롬프트를 작성할 때 다음의 팁을 기억하세요.

1. 프롬프트를 문장 형태로 나열하는 것보다는 리스트 형식으로 간결하게 지시할 것.

2. 특정 부분에서 계속 오류가 발생한다면, 문제가 되는 부분의 프롬프트를 영어로 재작성하여 테스트해볼 것.

GPT 사용 중 오류가 발생하거나 응답이 생성되지 않는 경우, 다음과 같은 조치를 취해보세요.

1. 페이지를 새로고침해보세요.

2. 로그아웃 후 다시 로그인해보세요.

3. 문제가 지속되면 웹사이트의 쿠키 데이터를 삭제하고 다시 로그인해보세요.

4. 계속 문제가 해결되지 않는다면 다른 네트워크를 시도해보세요. 핫스팟이나 VPN(미국 서버로 설정)을 사용해보세요.

5. 모든 조치를 취했음에도 문제가 지속된다면, OpenAI 서버 측에 문제가 있을 수 있습니다. 많은 요청을 한 번에 보내면 서버에서 차단될 수 있으니, 몇 시간 후에 다시 시도해보세요.

6. 참고로, GPT-4는 일정한 사용량을 초과하면 몇 시간 후에 다시 사용하라는 메시지가 표시됩니다. 이 경우 기다릴 수밖에 없습니다.

마지막으로 책에 있는 모든 실습들과 관련하여 문제가 발생하거나 질문이 있으면 디스코드 채널에서 문의해주세요.

- [링크] https://discord.gg/GDaBHMMv9f

찾아보기

A - D

API	151
API Key	141
Bing	150
ChatGPT	1
ChatGPT 모바일 앱	93
Configure	30
Consensus	214
Create	27
cURL	156
Deep Learning	3
Directions API	243

G - P

Gmail	62
Google Jobs API	176
Google Maps API	239
Google Patents API	224
Google Scholar API	218
GPTs	24
GPTs Store	37
Natural Language Processing	3
Naver Search API	190
NLP	3
OpenAI	2
parameter	4
Private API Key	153

S - Z

Schema	152
SerpAPI	151
Supervised Learning	2
Transformer	3
vector	4
Web Browsing	172
YouTube Search API	204
Zapier	41
zero-shot	5

ㄱ - ㄷ

검색 엔진	150
고객 서비스 이메일	60
구글 검색	161
구글 문서	104
구글 시트	78
구글 캘린더	49
구글 폼	131
네이버 뉴스	189
노션	96
논문 리서치	213
뉴스레터 마케팅	110
데이터 분석	77
딥러닝	3

ㅁ - ㅇ

미팅 요약 정리	89
벡터	4
생각 정리	96
스케줄 관리	45
스키마	152
슬랙	90
액션	117
여행 일정	237
유튜브 추천 영상	202
입사 지원서	175

ㅈ - ㅎ

자연어 처리	3
제로샷	5
지도학습	2
토큰	3
파라미터	4
프롬프트 엔지니어링	9
할루시네이션	9